新商科"互联网+教育"
电子商务专业系列教材

电子商务物流

陈德慧 ◎ 主编

赵英霞　吴彦艳 ◎ 副主编

电子工业出版社
Publishing House of Electronics Industry
北京·BEIJING

内 容 简 介

本书以电子商务物流的作业流程和最新发展为主线，分为 11 章，内容包括电子商务物流概述、电子商务物流运作模式、电子商务装卸搬运与运输、电子商务采购与仓储管理、电子商务包装与流通加工、电子商务配送与配送中心、电子商务物流信息技术、电子商务逆向物流、电子商务冷链物流、电子商务供应链管理和电子商务物流新模式。本书适合作为电子商务专业及其他相关专业的本专科教材或参考书，亦可供相关从业人员参考使用。

未经许可，不得以任何方式复制或抄袭本书之部分或全部内容。
版权所有，侵权必究。

图书在版编目（CIP）数据

电子商务物流/陈德慧主编. —北京：电子工业出版社，2022.8
ISBN 978-7-121-44003-8

Ⅰ.①电… Ⅱ.①陈… Ⅲ.①电子商务—物流 Ⅳ.①F713.365.1

中国版本图书馆 CIP 数据核字（2022）第 127508 号

责任编辑：刘淑敏
印　　刷：北京七彩京通数码快印有限公司
装　　订：北京七彩京通数码快印有限公司
出版发行：电子工业出版社
　　　　　北京市海淀区万寿路 173 信箱　　邮编：100036
开　　本：787×1092　1/16　印张：13.75　字数：370 千字
版　　次：2022 年 8 月第 1 版
印　　次：2025 年 1 月第 3 次印刷
定　　价：49.80 元

凡所购买电子工业出版社图书有缺损问题，请向购买书店调换。若书店售缺，请与本社发行部联系，联系及邮购电话：（010）88254888，88258888。
质量投诉请发邮件至 zlts@phei.com.cn，盗版侵权举报请发邮件至 dbqq@phei.com.cn。
本书咨询联系方式：（010）88254199，sjb@phei.com.cn。

前言 Preface

电子商务（简称电商）在国民经济和社会发展中具有重要的地位和作用，已成为国民经济发展的新动力。伴随电子商务的高速发展，电子商务企业间竞争日益激烈，服务质量已成为电子商务企业竞争的关键，物流成为各个电子商务企业增强竞争力的重要途径，物流的配送速度和质量也成为衡量企业的重要指标。由于电子商务企业客户需求分散且多样化，需送货上门，多为小批量、多品类、多频次送货，与传统物流相比，客户分布范围更广且流程更为复杂，运作环境和方式也发生了巨大变化。这对电子商务物流服务水平提出了更高的要求，需提供更加完备、迅速和灵活的电子商务物流服务才能保证"以客户为中心"理念的最终实现。因此，如何建立现代物流体系，加强对物流的现代化管理，使其适应电子商务的需要，已成为当前电子商务理论和实践的一项重要课题。

本书从电子商务物流的基本认知及电子商务与物流的关系入手，在讲解电子商务物流基础知识和电子商务物流运作模式的基础上，结合电子商务物流的发展实际，以电子商务物流运作活动为主线，对电子商务环境下的装卸搬运与运输、采购与仓储管理、包装与流通加工、配送与配送中心、物流信息技术进行详述；同时针对电子商务实践中退换货常态化、生鲜电商迅猛发展、物流与其他环节协同作业的特点，将退换货涉及的逆向物流、生鲜电商涉及的冷链物流、物流与其他环节协同作业涉及的供应链管理进行重点阐述；并且紧密结合电子商务物流的最新发展动态，详细介绍绿色物流、智慧物流、跨境电子商务物流等最新发展模式。

本书由陈德慧担任主编，赵英霞、吴彦艳担任副主编。陈德慧对本书的框架结构、各章节的结构进行了总体策划。具体编写分工为：哈尔滨商业大学陈德慧编写第1、2、7、11章；哈尔滨商业大学赵英霞编写第5、6、10章；哈尔滨商业大学吴彦艳编写第3、4、8、9章；易静编写前言与参考文献，并负责全书统稿工作；隋东旭老师对书稿进行了细致的审读。

本书知识体系全面，重点突出，体现了综合性、交叉性、实践性、应用性的课程特点。在编写过程中，本书在着重阐述电子商务物流的基础知识和理论的同时，结合大量的图表和案例来论述，使读者对电子商务物流具有更直观、更清晰的认知和理解。同时，紧跟电子商务物流的发展动态，紧密结合国内外最新理论研究成果和先进实践经验，将物联网、大数据、云计算、区块链等电子商务智能技术，以及绿色物流、智慧物流、跨境电子商务物流等最新发展模式做了详细介绍，更具新颖性。

本书可作为高等院校电子商务、物流管理及相关专业学生的教材，也可作为企事业单位电子商务及物流与管理相关从业人员的参考书。

本书配有电子课件、课后自测习题答案等配套教学资源，有需要者可登录华信教育资源网

（www.hxedu.com.cn）免费获取。本书编者参考、引用和借鉴了许多专家学者的资料，由于编写体例限制，没有在文中一一注明，仅在参考文献中列出。在此，谨向各位专家学者表示诚挚的谢意，若因疏忽导致部分资料没有指出来源或出处，在此先表歉意。由于电子商务物流近年发展迅速，加之编者水平有限，本书尚有许多不足之处，恳请各位专家和读者批评指正。

编　者

目录 Contents

第1章 电子商务物流概述 ·············· 1
  1.1 物流认知 ························· 2
    1.1.1 物流概念的产生与发展 ······ 2
    1.1.2 物流的概念 ···················· 4
    1.1.3 物流的分类 ···················· 4
    1.1.4 物流的功能 ···················· 6
    1.1.5 物流系统 ······················· 7
  1.2 电子商务物流认知 ··············· 8
    1.2.1 电子商务物流的概念 ········· 8
    1.2.2 电子商务物流的特点 ········· 9
    1.2.3 电子商务物流的发展
        现状 ···························· 10
    1.2.4 电子商务物流的发展
        趋势 ···························· 11
  1.3 电子商务与物流的关系 ········· 12
    1.3.1 电子商务对物流的
        影响 ···························· 12
    1.3.2 物流对电子商务的
        影响 ···························· 13
  课后自测习题 ························· 15

第2章 电子商务物流运作模式 ······ 17
  2.1 自营物流 ··························· 18
    2.1.1 自营物流认知 ················ 18
    2.1.2 自营物流的电商企业
        类型 ···························· 18
    2.1.3 自营物流的优缺点 ·········· 19
  2.2 第三方物流 ······················· 20
    2.2.1 第三方物流认知 ············· 20
    2.2.2 第三方物流的分类 ·········· 21
    2.2.3 第三方物流的优缺点 ······ 21
  2.3 物流联盟 ··························· 22

    2.3.1 物流联盟认知 ················ 22
    2.3.2 物流联盟的组建方式 ······ 22
    2.3.3 物流联盟的优缺点 ·········· 23
  2.4 第四方物流 ······················· 24
    2.4.1 第四方物流认知 ············· 24
    2.4.2 第四方物流的特点 ·········· 24
    2.4.3 第四方物流的模式 ·········· 26
    2.4.4 第四方物流的优缺点 ······ 26
  2.5 电子商务物流模式比较分析
      及选择 ···························· 27
    2.5.1 电子商务物流模式比较
        分析 ···························· 27
    2.5.2 电子商务物流模式选择 ··· 28
  课后自测习题 ························· 29

第3章 电子商务装卸搬运与运输 ······ 31
  3.1 电子商务装卸搬运 ··············· 32
    3.1.1 装卸搬运认知 ················ 32
    3.1.2 电子商务装卸搬运的
        特点 ···························· 33
    3.1.3 电子商务装卸搬运机
        械设备 ························ 34
    3.1.4 电子商务装卸搬运合
        理化 ···························· 37
  3.2 电子商务运输 ···················· 39
    3.2.1 运输认知 ······················ 39
    3.2.2 电子商务运输的功能 ······ 41
    3.2.3 电子商务运输的分类 ······ 42
    3.2.4 电子商务运输合理化 ······ 43
  课后自测习题 ························· 44

第4章 电子商务采购与仓储管理 ······ 47
  4.1 电子商务采购管理 ··············· 48

  4.1.1 采购管理认知……48
  4.1.2 电子商务采购技术……48
  4.1.3 电子商务采购作业流程……50
 4.2 电子商务仓储管理……51
  4.2.1 仓储认知……51
  4.2.2 电子商务仓库……52
  4.2.3 电子商务物品入库管理……55
  4.2.4 电子商务物品保管与养护……56
  4.2.5 电子商务物品出库管理……56
  4.2.6 电子商务仓储合理化……58
 4.3 电子商务库存管理……59
  4.3.1 库存认知……59
  4.3.2 传统库存控制方法……60
  4.3.3 电子商务库存控制方法……64
 课后自测习题……66

第5章 电子商务包装与流通加工……68
 5.1 电子商务包装……69
  5.1.1 包装认知……69
  5.1.2 电子商务包装的分类……72
  5.1.3 电子商务包装材料及容器……73
  5.1.4 电子商务包装技术……75
  5.1.5 电子商务包装合理化……80
 5.2 电子商务流通加工……81
  5.2.1 流通加工认知……81
  5.2.2 流通加工与生产加工的比较……81
  5.2.3 电子商务流通加工的作用……82
  5.2.4 电子商务流通加工的分类……83
  5.2.5 电子商务流通加工合理化……84
 课后自测习题……85

第6章 电子商务配送与配送中心……89
 6.1 电子商务配送……90
  6.1.1 电子商务配送认知……90
  6.1.2 电子商务配送的特点……90
  6.1.3 电子商务配送的必要条件……91
  6.1.4 电子商务配送的功能要素……92
  6.1.5 电子商务配送的模式与流程……93
 6.2 电子商务配送中心……97
  6.2.1 电子商务配送中心认知……97
  6.2.2 电子商务配送中心的分类……98
  6.2.3 电子商务配送中心作业流程……99
 6.3 电子商务物流配送中心规划……100
  6.3.1 电子商务配送中心选址规划……100
  6.3.2 电子商务配送中心布局规划……105
  6.3.3 电子商务配送中心车辆路径优化……107
 课后自测习题……109

第7章 电子商务物流信息技术……111
 7.1 条码技术……112
  7.1.1 条码认知……112
  7.1.2 条码的类型……114
  7.1.3 条码系统的组成……116
  7.1.4 条码技术在电子商务物流中的应用……117
 7.2 射频识别技术……118
  7.2.1 射频识别技术认知……118
  7.2.2 射频识别技术的组成……119
  7.2.3 射频识别技术在电子商务物流中的应用……119
 7.3 电子数据交换技术……121
  7.3.1 电子数据交换技术认知……121
  7.3.2 电子数据交换技术的组成及工作过程……121

目录

  7.3.3 电子数据交换技术在电子商务物流中的应用 …… 122
7.4 信息自动跟踪技术 …… 123
  7.4.1 地理信息系统 …… 123
  7.4.2 全球定位系统 …… 124
7.5 电子商务智能技术 …… 126
  7.5.1 物联网技术 …… 126
  7.5.2 云计算技术 …… 127
  7.5.3 大数据技术 …… 128
  7.5.4 人工智能技术 …… 128
  7.5.5 区块链技术 …… 129
课后自测习题 …… 129

第8章 电子商务逆向物流 …… 131
8.1 电子商务逆向物流认知 …… 132
  8.1.1 逆向物流的概念 …… 132
  8.1.2 电子商务逆向物流产生的驱动因素 …… 133
  8.1.3 电子商务逆向物流的特点 …… 134
  8.1.4 电子商务逆向物流的分类 …… 135
8.2 电子商务逆向物流的运作模式及流程 …… 137
  8.2.1 电子商务逆向物流运作模式 …… 137
  8.2.2 电子商务逆向物流运作流程 …… 138
8.3 电子商务逆向物流系统设计与实施 …… 140
  8.3.1 电子商务逆向物流系统设计 …… 140
  8.3.2 电子商务逆向物流系统实施 …… 141
课后自测习题 …… 143

第9章 电子商务冷链物流 …… 145
9.1 电子商务冷链物流认知 …… 146
  9.1.1 冷链物流的概念 …… 146
  9.1.2 电子商务冷链物流的特点 …… 147
  9.1.3 电子商务冷链物流的分类 …… 148
  9.1.4 电子商务冷链物流的适用范围 …… 149
9.2 电子商务冷链物流市场分析及运作模式 …… 150
  9.2.1 电子商务冷链物流市场分析 …… 150
  9.2.2 电子商务冷链物流运作模式 …… 152
9.3 电子商务冷链物流行业标准及硬件设备 …… 153
  9.3.1 电子商务冷链物流行业标准 …… 153
  9.3.2 电子商务冷链物流硬件设备 …… 156
课后自测习题 …… 161

第10章 电子商务供应链管理 …… 163
10.1 供应链管理认知 …… 164
  10.1.1 供应链的概念与结构 …… 164
  10.1.2 供应链的特征与类型 …… 165
  10.1.3 供应链管理的概念与内容 …… 168
  10.1.4 供应链管理的目标与原则 …… 171
  10.1.5 物流管理与供应链管理的关系 …… 172
10.2 电子商务供应链管理模式 …… 174
  10.2.1 推动型供应链管理 …… 174
  10.2.2 拉动型供应链管理 …… 175
  10.2.3 两种模式的比较分析 …… 176
10.3 电子商务供应链管理 …… 177
  10.3.1 电子商务在供应链管理中的应用 …… 178
  10.3.2 电子商务对供应链管理的影响 …… 179
  10.3.3 电子商务供应链管理的特点 …… 179

10.3.4 电子商务供应链管理方法 …… 180
　　10.3.5 电子商务供应链管理整合 …… 182
　课后自测习题 …… 184

第11章 电子商务物流新模式 …… 187
11.1 绿色物流 …… 188
　　11.1.1 绿色物流认知 …… 188
　　11.1.2 绿色物流的特点 …… 189
　　11.1.3 绿色物流管理 …… 190
　　11.1.4 绿色物流在电子商务中的应用 …… 193
11.2 智慧物流 …… 194
　　11.2.1 智慧物流认知 …… 194
　　11.2.2 智慧物流的作用 …… 195
　　11.2.3 智慧物流技术 …… 196
　　11.2.4 智慧物流在电子商务中的应用 …… 198
11.3 跨境电子商务物流模式 …… 199
　　11.3.1 跨境电子商务物流认知 …… 199
　　11.3.2 跨境电子商务物流的特点 …… 200
　　11.3.3 跨境电子商务物流的分类 …… 201
　　11.3.4 跨境电子商务物流的模式 …… 202
　课后自测习题 …… 209

参考文献 …… 211

第 1 章　电子商务物流概述

1. 理解物流的概念与组成
2. 熟悉电子商务物流及其特点
3. 掌握物流的分类与功能
4. 掌握电子商务与物流的相互影响

抖音加码电商物流，要求快递使用自家电子面单

网上流传一张抖音平台通知截图，图中显示"抖音店铺在 8 月 1 日之后就不能使用菜鸟、拼多多等电子面单号段"，再度引发抖音进军物流行业的猜想。与此同时，业内传出消息，抖音正在招兵买马，吸纳物流人才。

1. 力推自有电子面单

电子面单是快递企业或平台向商家提供的包含客户收派件信息的面单，相当于快递包裹的"身份证"。使用电子面单不仅能节约纸张、提高快递员的工作效率，还可以隐藏收件人的隐私信息，避免消费者个人隐私泄露。

更重要的是，电子面单能积累重要的用户数据，因此各大电商平台都希望使用自己的电子面单。早在 2014 年 5 月，菜鸟就联合 14 家快递公司推出了电子面单；之后，京东和拼多多也先后推出了自己的电子面单，并规定平台客户只能使用自家电子面单系统。

有数据显示，抖音电商的日均发货量已经达到 2 000 万单，其中涉及庞大的用户数据。推出自己的电子面单，对于构建供应链大数据具有重要意义。

实际上，2021 年 3 月，抖音就推出了属于自己的电子面单系统，抖店也在 5 月 24 日发布了《关于推荐商家使用抖音电商电子面单的公告》。界面新闻记者通过抖店推荐的一些打单工具了解到，目前抖音的电子面单已支持中通、圆通、申通、百世、韵达、顺丰、邮政、EMS、极兔、京东、众邮等快递企业。

2. 抖音电商离不开物流

自 2018 年开始，抖音便把电商作为战略级投入方向，并在 2020 年 "618" 前夕成立了电商事业部。据 2021 年 4 月彭博社的一则报道，抖音 2021 年日活跃用户数量目标为 6.8 亿个，预计全年电子商务规模将达到 5 000 亿~6 000 亿元。

2021年5月，抖音电商宣布与京东达成200亿元成交总额的年度合作，将京东商品接入抖音小店及全抖音平台小店，用户通过抖音购买京东商品无须跳转，并享受京东提供的物流和售后。业内认为，抖音自身缺少成熟的电商体系和供应链，和京东合作能快速弥补这一短板。但是，和其他平台合作终不是长久之计，一个新电商巨鳄的崛起，终究离不开自有的物流体系。

2021年4月，有消息称，抖音电商已经在广东、云南、浙江、河南等全国多个地区拿地建仓，对珠宝玉石、酒类、保健品类等需要鉴定的产品进行集中采购发货。

界面新闻记者查询字节跳动招聘页面发现，抖音正在大力招聘电商物流和跨境电商相关人才，与物流相关的岗位约有40个，其中15个为研发类，覆盖物流产品研发、数据仓库建设、物流服务商管理、驿站、末端揽派、物流供应链、物流算法甚至跨境出口相关的物流网络等环节。

抖音投入物流领域，会采取类似菜鸟的平台模式，还是像拼多多一样"绑定"自己的快递品牌，这个问题目前尚不可知。

对此，快递咨询机构双壹咨询总经理龚福照对界面新闻记者表示，抖音做电子面单的逻辑容易理解，但要推出自己的快递品牌，相对来说就比较难。"现在做自己的品牌并不是明智之举。快递企业的机会窗口已经过去了，政府对快递经营许可证的审批发放也比较慎重，哪吒快递至今都没有拿到。"他说。

贯铄企业首席执行官、上海交通委邮政快递专委会副主任赵小敏也对界面新闻记者指出，如今快递市场的泡沫正在释放，企业估值在下降，对正处在上升期的抖音来说，亲自做快递，一是成本高，二是售后的压力也会转嫁给自己。通过资本的方式收购、整合一家快递公司，可能性更大。

思考：抖音加码电商物流有何重要意义？为何说抖音电商离不开物流？

资料来源：白帆，抖音加码电商物流，要求快递使用自家电子面单，界面新闻

1.1 物流认知

物流是伴随流通的出现而发展的。人类社会出现商品生产后，生产和消费便逐渐分离，产生了连接生产和消费的中间环节——流通。随着工业的发展，社会生产和消费规模越来越大，流通对生产的反作用也越来越突出。产需分离越来越大，分工越来越细，就必须依靠流通来解决和弥合。这就促使流通迅速发展，物流也就在这一发展中逐渐成长起来。

1.1.1 物流概念的产生与发展

物流的概念最早起源于20世纪初的美国。从20世纪初到现在一个多世纪的时间里，物流概念的产生和发展经历了物流概念孕育、分销物流学和现代物流学三个阶段，如图1-1所示。

1. 第一阶段：物流概念孕育

从20世纪初到50年代中期，这一阶段是物流概念的孕育阶段。此阶段的特点有三个：一是出现在局部范围，主要是在美国；二是属于少数几个人提出的物流概念；三是意见不统一。这主要有两种意见：一是美国市场营销学者阿奇·萧于1915年提出的Physical Distribution的物流概念。他是从市场分销的角度提出的。二是美国少校琼西·贝克于1905年提出的

图 1-1 物流概念的发展阶段

Logistics 的物流概念。他是从军事后勤的角度提出的。这两种意义不同的概念，在此阶段并存的原因在于，它们分别在各自的专业领域中独立运用，二者之间没有冲突，同时没有一个统一的物流学派来进行统一规范，也无须得到社会广泛一致的认可。

2. 第二阶段：分销物流学

这一阶段从 20 世纪 50 年代中期开始到 80 年代中期，其基本特征是，分销物流学（Physical Distribution）的概念发展后占据了统治地位；物流概念从美国走向了全世界，形成了一个比较统一的物流概念；形成和发展了物流管理学；也形成了物流学派、物流产业和物流领域。在此阶段，物流方面的研究成果不断涌现，有关物流管理的研讨会也不断举行，推动了物流管理学的形成和物流管理实践的广泛推广。

随着分销物流研究的不断丰富和发展，人们发现物流活动不仅仅存在于分销领域，企业内部生产领域的物流活动也十分频繁，有待深入研究。1965 年，美国 J. A. 奥列基博士提出独立需求和相关需求的概念，并指出订货点法的物资资源配置技术只适用于独立需求物资；而企业内部的生产过程相互之间的需求则是一种相关需求，应当用物资需求计划。在物资需求计划发展的基础上，受物资需求计划思想原理的启发，20 世纪 80 年代又产生了应用于分销领域的分销资源计划。在物资需求计划和分销资源计划发展的基础上，为了把二者结合起来运用，20 世纪 90 年代又出现了物流资源计划和企业资源计划。

这一时期，日本丰田公司创造的准时化生产技术及相应的看板技术是生产领域物流技术的典范代表。它不仅在生产领域创造了一种革命性的哲学和技术，而且为整个物流管理学提供了一种理想的物流思想理论和技术，现在已被应用到物流的各个领域。

> **知识拓展**
>
> **准时化生产方式**
>
> 准时化生产方式（Just In Time，JIT）又称无库存生产方式、零库存、一个流或者超级市场生产方式。准时化生产方式基本思想可概括为"在需要的时候，按需要的量生产所需的产品"，也就是通过生产的计划和控制及库存的管理，追求一种无库存或库存达到最小的生产系统。准时化生产方式的核心是追求一种无库存的生产系统，或使库存达到最小的生产系统。为此，日本丰田公司开发了包括"看板"在内的一系列具体方法，并逐渐形成了一套独具特色的生产经营体系。准时化生产方式以准时生产为出发点，首先暴露出生产过量和其他方面的浪费，然后对设备、人员等进行淘汰、调整，达到降低成本、简化计划和提高控制的目的。在生产现场控制技术方面，准时化生产方式的基本原则是在正确的时

间，生产正确数量的零件或产品。它将传统生产过程中前道工序向后道工序送货，改为后道工序根据"看板"向前道工序取货。看板系统是准时化生产方式生产现场控制技术的核心，但准时化生产方式不仅仅是看板管理。

所有这些企业内部物流理论和技术的强劲发展，逐渐引起了人们的关注。分销物流的概念显然不能包含它们，这使原来只关注分销物流的人们意识到，仅使用分销物流的概念已经不适合。特别是到20世纪80年代中期，随着物流活动进一步集成化、一体化、信息化，改换物流概念的想法就更加强烈了，于是就进入了物流概念发展的第三阶段。

3. 第三阶段：现代物流学

从20世纪80年代中期至今，叫作现代物流学阶段。第二阶段物流业的发展，使全世界都意识到，物流已不仅限于分销领域，而是已涉及包括企业物资供应、企业生产、企业分销及企业废弃物再生等全范围和全领域。原来的分销物流概念，已经不适应这种形势，应该扩大概念的内涵，因此人们决定放弃使用 Physical Distribution，而采用 Logistics 作为物流的概念。

值得指出的是，这一阶段的物流概念 Logistics 虽然和第一阶段的军事后勤学上的物流概念 Logistics 字面相同，但是意义已不完全相同。第一阶段军事后勤学上的 Logistics 概念主要是指军队物资供应调度上的物流问题，而新时期的 Logistics 概念则是在各个专业物流全面高度发展的基础上基于企业供、产、销等全范围、全方位的物流问题，无论是广度、深度还是涵盖的领域、档次都有不可比拟的差别，因此这个阶段的 Logistics 不能译为后勤学，更不能译为军事后勤学，而应当译为现代物流学。它是一种适应新时期所有企业（包括军队、学校、事业单位）的集成化、信息化、一体化的物流学概念。

1.1.2 物流的概念

物流是一个控制原材料、制成品、产成品和信息的系统，从供应开始经各种中间环节的转让及拥有而到达最终消费者手中的实物运动，以此实现组织的明确目标。现代物流是经济全球化的产物，也是推动经济全球化的重要服务业。世界现代物流业呈稳步增长态势，欧洲、美国、日本成为当前全球范围内的重要物流基地。

在《中华人民共和国国家标准：物流术语（GB/T 18354—2021）》（以下简称《物流术语》）中将物流定义为："根据实际需要，将运输、储存、装卸、搬运、包装、流通加工、配送、信息处理等基本功能实施有机结合，使物品从供应地向接收地进行实体流动的过程。"

总体来说，物流是包括运输、搬运、储存、保管、包装、装卸、流通加工和物流信息处理等基本功能的活动，它是由供应地流向接收地以满足社会需求的活动，是一种经济活动。

1.1.3 物流的分类

物流的分类维度和分类方法较多，按照不同的标准，物流可作不同的分类。通常，物流可以按以下五种方式分类。

1. 按物流的范畴分类

按照物流的范畴来划分，物流可分为社会物流和企业物流两大类型。社会物流，也称宏观物流或大物流，是指社会再生产总体的物流活动，包括设备制造、仓储、配送、包装、运输、信息服务等，公共物流和第三方物流贯穿其中。企业物流，也称微观物流或小物流，是指生产或流通企业围绕其经营活动所发生的物流活动，包括生产物流、销售物流、供应物流、回收物流和废弃物物流等。

2．按物流的作用领域分类

根据作用领域的不同，物流又可分为生产领域的物流和流通领域的物流。

生产领域的物流贯穿生产的整个过程。生产的全过程从原材料的采购开始，便要求有相应的供应物流活动。在生产的各工艺流程之间，需要原材料、半成品的物流过程，即所谓的生产物流；部分余料、可重复利用的物资的回收，就是所谓的回收物流；废弃物的处理则需要废弃物物流。

流通领域的物流主要是指销售物流。在当今买方市场条件下，销售物流活动带有极强的服务性，以满足买方的需求，最终实现销售。在这种市场前提下，销售往往以送达用户并经过售后服务才算终止，因此企业销售物流的特点便是通过包装、送货、配送等一系列物流实现销售。

3．按物流提供服务的主体分类

根据提供服务的主体的不同，物流又可分为第一方物流、第二方物流、第三方物流和第四方物流。

第一方物流是指卖方、生产者或者供应方组织的物流活动，也称供方物流、自营物流。这些组织的主要业务是生产和供应商品，进行物流网络及设备的投资、经营与管理。

第二方物流是指供应链中由分销商承担的自己采购的商品的物流活动，也称需方物流。批发商到工厂取货、送货给零售店或者客户、自建物流和配送网络、保有库存等都属于第二方物流活动。

第三方物流是指由物资流动的提供方和需求方之外的第三方去完成物流服务的运作方式，也称合同物流。第三方就是指提供物流交易双方的部分或全部物流功能的外部服务提供者。

第四方物流是指一个供应链集成商，调集和管理组织自己及具有互补性服务提供的资源、能力和技术，以提供一个综合的供应链解决方案。

4．按物流的服务区域分类

根据物流的服务区域不同，可将物流分为地区物流、国内物流和国际物流。

地区物流是指根据行政区域地理位置划分的一定区域内的物流。相对于国际物流、国内物流而言，地区物流的范围比较小。地区物流可以按行政区域划分（如华东地区物流），可以按省区划分（如广东物流），也可以按经济圈划分（如苏锡常物流），还可以按地理区域划分（如长三角物流、珠三角物流等）。

国内物流是指一个国家内发生的物流活动，物流活动的空间范围局限在一个国家领土、领空、领海内。就其地理概念而言，国内物流较国际物流的范围小，它也可包括一些地区物流。

国际物流是指国与国之间、洲际之间开展的物流活动，它包括多国之间或洲际之间开展的物流活动。这种物流是国际贸易的一个必然组成部分，各国之间的相互贸易最终通过国际物流来实现。跨国公司的发展使得企业经济活动范围遍布世界各国，经济全球化、市场国际化进程随之加快，国际物流的重要性将更为突出。

5．按物流活动范围和业务性质分类

按照物流在社会再生产过程中不同阶段的活动范围和业务性质，物流可分为五种类型。

（1）供应物流，是指从物资（主要指生产资料）供给者，经过采购、运输、储存、加工、包装、装卸搬运、配送，直到购买者拥有并收到物资过程的物流。

（2）生产物流，是指从原材料采购、运输、储存，车间送料、装卸搬运、半成品（零部件）流转，成品分类拣选、包装、进入仓库全过程的物流活动。

（3）销售物流，是指生产工厂或商业企业（批发和零售），从商品采购、运输、储存、装卸搬运、加工、包装、配送、销售，直到客户收到商品过程的物流。

（4）回收物流，是指伴随货物运输或搬运中的包装容器、装卸工具及其他可再用的旧杂物的回收、分类、再加工及复用过程的物流。

（5）废弃物物流，是指生产和生活消费中的废弃物等的收集、分类、处理过程的物流。

1.1.4 物流的功能

物流的功能指的是物流系统所具有的基本能力。这些基本能力有效地组合在一起，形成物流的总功能，以便能合理、有效地实现物流系统的总目标。物流的功能要素一般包括运输、包装、装卸搬运、储存保管、流通加工、配送、物流信息处理等。

1. 运输功能

运输包括供应及销售物流中的陆地、航空、海上等方式的运输，以及生产物流中的管道、传送带等方式的运输。对运输活动的管理，要求选择经济技术效果最好的运输方式及联运方式，合理确定运输路线，实现安全、迅速、及时、价廉的要求。

2. 包装功能

包装包括产品的出厂包装，生产过程中成品、半成品的包装及在物流过程中换装、分装、再包装等活动。材料包装活动的管理，根据物流方式和销售要求来确定。以商业包装为主，还是以工业包装为主，要全面考虑包装对产品的保护作用、促销作用、提高装运效率的作用、拆卸的方便性、废弃包装的回收及处理等因素。包装管理还要依据全物流过程的经济效果，决定包装材料、强度、尺寸及包装方式。

3. 装卸搬运功能

装卸搬运包括对运输、保管、包装、流通加工等物流活动进行衔接活动，以及在保管等活动中为进行检验、维护、保养所进行的装卸搬运活动。在物流活动中，装卸搬运活动较为频繁，因而对装卸搬运活动的管理，主要是确定最恰当的装卸搬运方式，尽量减少装卸搬运次数，合理配置及使用装卸搬运机具，力图做到节能、省力、减少损失、加快速度。

4. 储存保管功能

储存保管包括堆存、保养、维护等活动。对储存保管活动的管理，要求正确确定库存量，明确仓库是以流通为主还是以储备为主，合理确定储存保管制度和流程，对库存物资采取有区别的管理方式，力求提高储存保管效率、降低损耗、加快物资和资金的流转速度。

5. 流通加工功能

流通加工不仅存在于社会流通过程中，也存在于企业内部的流通过程中。实际上，在物流过程中进行的流通加工是辅助加工活动，其是企业、物资部门、商业部门为了弥补生产过程中加工程度的不足，或提高产品的附加值，以便更有效地满足用户的需求，更好地衔接产需。

6. 配送功能

配送是物流进入最终阶段，以配货、送货形式最终完成社会物流并最终实现资源配置的活动。配送活动一直被看作运输活动中的一个组成部分，被认为是一种运输形式，所以过去一直被当作运输中的末端运输来对待，而未将其当作独立的物流系统实现的功能。但是，作为现代流通方式，配送集经营、服务、社会集中库存、分拣、装卸搬运于一身，已不仅是一种送货运输所能包含的，所以已被当作物流系统的独立因素。

7. 物流信息处理功能

在物流过程中,伴随着物流的进行,产生的大量反映物流过程的有关输入、输出物流的结构、流量与流向、库存动态、物流费用、市场情报、运输跟踪等信息,形成物流信息。同时,应用计算机进行加工处理,获得实用的物流信息,这将有利于及时掌握物流动态,协调各物流环节,有效地组织好物流活动。

1.1.5 物流系统

1. 物流系统的概念

物流系统(Logistic System)是具有特定目的和功能的系统,是由两个或两个以上既有联系又有区别的单元构成,以物资为工作对象,完成物流服务为目的的有机结合体。其由运输、储存、包装、装卸搬运、流通加工、物流信息处理、配送等物流各要素组成,要素之间存在有机联系并具有使物流总体合理化功能的结合体,是社会经济大系统的一个子系统或组成部分。存在于物流系统外且与物流系统发生作用的各种因素统称为物流系统的环境。相对于环境而言,物流系统具有一定目的和功能并相对独立。物流系统的成功要素是使物流系统整体优化及合理化,并服从或改善社会大系统的环境。

2. 物流系统的模式

物流系统的模式包括系统的输入、系统处理(转换)、输出、限制或制约、反馈等功能。其具体内容因物流系统的性质不同而有所区别,如图1-2所示。

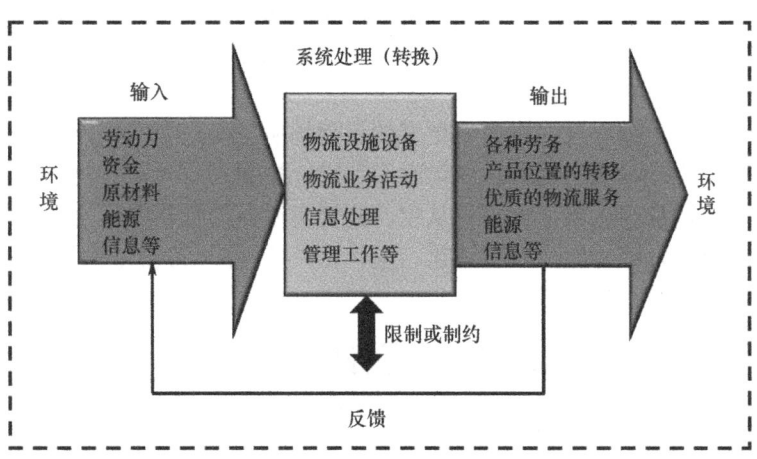

图1-2 物流系统的模式

(1)输入。通过提供资源、能源、设备、劳动力等手段对某一系统发生作用,统称为外部环境对物流系统的输入,具体包括原材料、资金、信息、劳动力、能源等。

(2)系统处理(转换)。系统处理也称系统转换,是指物流本身的转化过程,是从输入到输出之间所进行的生产、供应、销售、服务等活动中的物流业务活动,具体包括物流设施设备的购买和建设,运输、储存、包装、装卸搬运、流通加工、配送等物流业务活动的开展信息处理及管理工作等。

(3)输出。物流系统的输出则指物流系统与其本身所具有的各种手段和功能,对环境的输入进行各种处理后所提供的物流服务,具体包括合同的履行等各种劳务、产品位置的转移、各种优质的物流服务、能源和信息等。

（4）限制或制约。外部环境对物流系统施加一定的约束称为外部环境对物流系统的限制或制约，具体包括资源条件、能源限制、资金与生产能力的限制、价格影响、需求变化、仓库容量、装卸与运输的能力、政策的变化等。

（5）反馈。信息反馈是指物流系统在将输入转化为输出的过程中，由于受环境限制和影响，不能按原计划实现，需要把输出结果反馈给输入，进行调整，即使按原计划实现，也要把信息返回，以对工作做出评价。其具体活动包括各种物流活动分析报告、统计报告数据、典型调查、国外市场信息及有关动态等。

3．物流系统的目标

物流系统的目标即建立的物流系统所要求具备的能力，一般包括以下五个方面。

（1）服务性目标。在为用户服务方面要求做到无缺货、无货物损伤和丢失等现象，且费用便宜。

（2）快捷性目标。要求把货物按照用户指定的地点和时间迅速送到。快捷性不但是服务性的延伸，也是流通对物流提出的要求。快速、及时既是一个传统目标，更是一个现代目标。其原因是随着社会大生产发展，这一要求更加强烈了。在物流领域采取的诸如直达物流、联合一贯运输、高速公路、时间表系统等管理和技术，就是这一目标的体现。

（3）节约空间目标。虽然我国土地费用比较低，但也在不断上涨，特别是对城市市区面积的有效利用必须加以充分考虑，应逐步发展立体设施和有关物流机械，求得空间的有效利用。

（4）规模适当目标。以物流规模作为物流系统的目标是，以此来追求"规模效益"。生产领域的规模生产是早已为社会所承认的。由于物流系统比生产系统的稳定性差，因而难以形成标准的规模化格式。在物流领域以分散或集中等不同方式建立物流系统，研究物流集约化的程度，就是规模优化这一目标的体现。

（5）库存控制目标。库存过多则需要更多的保管场所，而且会产生库存资金积压，造成浪费。因此，必须按照生产与流通的需求变化对库存进行控制。

要发挥物流系统的综合效果，就要把从生产到消费过程的货物量作为一贯流动的物流量看待，依靠缩短物流路线，使物流作业合理化、现代化，从而降低其总成本。

1.2　电子商务物流认知

电子商务的蓬勃发展，加大了对物流业的需求，同时也使物流呈现出新特点。电子商务物流在互联网时代随市场需求而加速发展，已成为人们从事市场经济活动不可或缺的重要组成部分。

1.2.1　电子商务物流的概念

电子商务物流是指集采购、运输、分拣、配送代理与销售等环节于一体的组织方式。目前，对电子商务物流尚无统一的定义，但可以从两个角度来理解：从宏观行业角度，电子商务物流是电子商务和物流两个行业的结合，是与电子商务这一新兴行业相配套的，主要为电子商务客户提供服务的物流，涵盖国内快递、国际快递、同城货运、海淘转运、众包物流、电商自建物流体系及仓储服务等多个方面；从微观运作角度，电子商务物流是信息管理技术和物流作业环节的结合，是运用现代信息技术整合物流环节，实现高度信息化的物流，是针对国内为电商平台服务、直接接触消费者的物流服务商，主要包括快递和电商自建物流。

> **知识拓展**
>
> **海淘转运**
>
> 海淘转运，即海外/境外购物从国外寄回国内，就是通过互联网检索海外商品信息，并通过电子订购单发出购物请求，然后填上私人信用卡号码，由海外购物网站通过国际快递发货，或是由转运公司代收货物再转寄回国。分为国内跨境电商代购和海外直邮直购两类。常规的转运流程：转运公司签收—入库登记—仓储—出库—机场候机—航班回国—清关—国内投递。其中转运公司主要负责签收到出库这一段，后续多是外包给其他国际、国内物流公司。

1.2.2 电子商务物流的特点

电子商务时代的来临，给全球物流带来了新的发展，使物流呈现出信息化、自动化、网络化、智能化及柔性化的新特点。

1. 信息化

电子商务时代，物流信息化是电子商务的必然要求。物流信息化表现为物流信息的商品化、物流信息收集的数据库化和代码化、物流信息处理的电子化和计算机化、物流信息传递的标准化和实时化、物流信息存储的数字化等。信息化是一切的基础，没有物流的信息化，任何先进的技术设备都不可能应用于物流领域，信息技术及计算机技术在物流中的应用将会彻底改变世界物流的面貌。

2. 自动化

自动化的基础是信息化，自动化的核心是机电一体化，自动化的外在表现是无人化，自动化的效果是省力化。自动化还可以扩大物流作业能力、提高劳动生产率、减少物流作业的差错等。电子商务物流自动化的设施非常多，如条码/语音/射频自动识别系统、自动分拣系统、自动存取系统、自动导向车、货物自动跟踪系统等。

3. 网络化

物流的网络化是物流信息化的必然，是电子商务下物流活动的主要特征之一。这里的网络化有两层含义：一是物流配送系统的计算机通信网络，包括物流配送中心与供应商或制造商的联系要通过计算机网络，与下游顾客之间的联系也要通过计算机网络；二是组织的网络化，即所谓的企业内部网（Intranet）。

4. 智能化

智能化是物流自动化、信息化的一种高层次应用。物流作业过程中大量的运筹和决策，如库存水平的确定、运输（搬运）路径的选择、自动导向车的运行轨迹和作业控制、自动分拣机的运行、物流配送中心经营管理的决策支持等问题都需要借助大量的知识才能解决。为提高物流现代化的水平，物流的智能化已成为当前电子商务物流发展的新方向。

5. 柔性化

电子商务的发展，使需求由大批量、标准化转变为小批量、个性化、快速化。企业需要根据客户的实际需求"量体裁衣"，生产也由传统的大规模、机械化转变为以时间成本为基础的弹性方式，整个生产作业过程呈现出柔性化的特征。柔性化的物流正是适应生产、流通与消费的需求而发展起来的一种新型物流模式。这就要求物流配送中心根据消费需求"多品种、小批量、多批次、短周期"的特色，灵活组织和实施物流作业。

此外，物流设施、商品包装的标准化，以及物流的社会化、共同化也都是电子商务下物流具有的新特点。

1.2.3 电子商务物流的发展现状

近年来，我国电子商务产业发展迅速，据商务部电子商务和信息化司组织编写的《中国电子商务报告 2020》显示，2020 年，全国电子商务交易额达 37.21 万亿元人民币，同比增长 4.5%，比 2010 年的 4.55 万亿元增长了 8.18 倍。电子商务持续快速增长，规模和质量效益都位居世界前列，已成为驱动全球电子商务发展的新动力。在电子商务蓬勃发展的态势下，我国电子商务物流行业也迎来了广阔的发展机遇。

1. 电子商务物流行业的营收规模

据网经社中国电子商务研究中心发布的《2019 年度中国物流科技行业数据报告》的数据显示，2019 年，我国电子商务物流行业的营收规模突破 7 000 亿元，较 2018 的 6 038.4 亿元同比增长 15.92%。2009—2019 年我国电子商务物流行业营收规模及增长情况如图 1-3 所示。

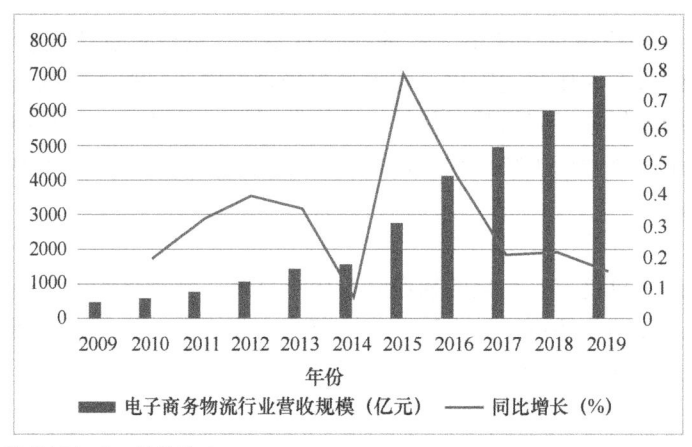

图 1-3　2009—2019 年我国电子商务物流行业营收规模及增长情况

2. 电子商务物流行业从业人数

我国电子商务物流市场快速发展，所需各类人才的数量也相应增加。2018 年我国电子商务物流行业从业人数为 507.1 万人，较 2017 年增加了 106.5 万人；2019 年我国电子商务物流行业从业人数为 600 万人，较 2018 年增加了 92.9 万人。2009—2019 年我国电子商务物流行业从业人员规模及增长情况如图 1-4 所示。

3. 电子商务物流行业融资金额

2014—2018 年我国电子商务物流行业融资金额逐年增加。2018 年我国电子商务物流行业融资金额为 661.03 亿元，同比增长 83.06%；2019 年我国电子商务物流行业融资金额为 568.66 亿元，同比减少 13.97%。2009—2019 年我国电子商务物流行业融资金额及增长情况如图 1-5 所示。

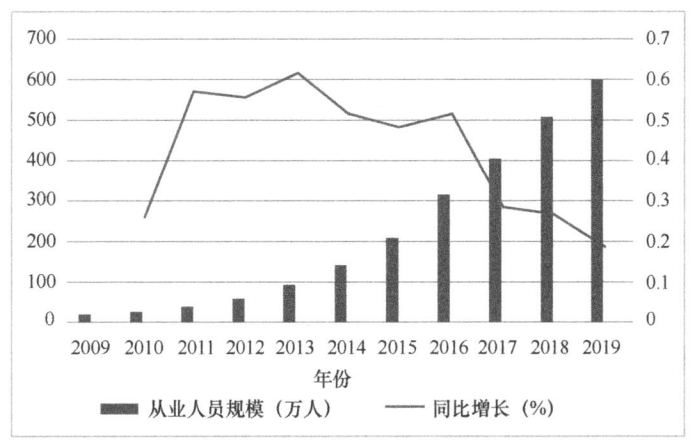

资料来源：智研咨询整理

图 1-4 2009—2019 年我国电子商务物流行业从业人员规模及增长情况

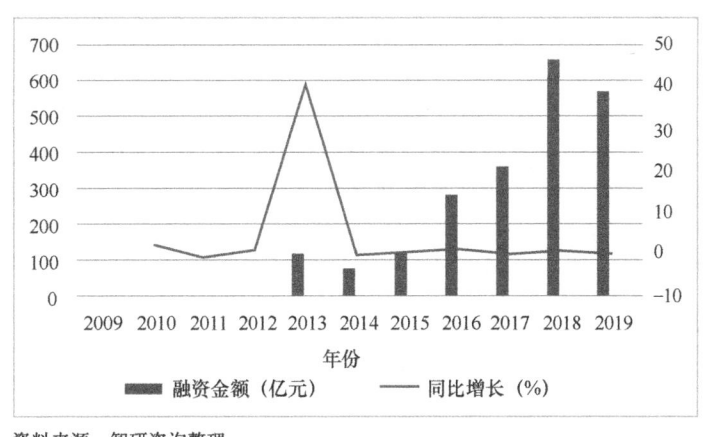

资料来源：智研咨询整理

图 1-5 2009—2019 年我国电子商务物流行业融资金额及增长情况

1.2.4 电子商务物流的发展趋势

随着电子商务平台之间竞争加剧，只有持续进行模式创新和技术革新，电子商务平台及企业的物流运营水平才能得到不断提升，进而更好地服务市场、赢得市场。

1. 运营智能化

智能分拣、机器人、无人机、智能快递柜在电子商务物流行业的快速发展和应用，提高了行业智能化水平和行业运作效率。未来，产品入库、出库、运输、搬运及交付等物流全过程，在人工智能技术的支持下，几乎均可实现无人化，如在城市人口集中度高的地方将会广泛使用无人机、机器人等运输工具，以减少物流企业因交通堵塞带来的货物交付延迟的问题。另外，运营智能化也缓解了大量人工驾驶的运输车辆对城市造成的交通压力。比如，通过对住宅楼、写字楼等空间内的电梯进行智能化改造，通过电梯的控制系统与物流机器人的控制系统的数据接口对接，便于物流机器人畅通无阻地将货物快捷地送达收货人手中。还可在一些大型商住区设立专用无人机停机坪及物流机器人进入通道，无缝对接所有收货人。

2. 市场主体多元化

一方面，随着外部产业的融合、资本市场的加速进入，以及同业、同区域整合，优质资源要素和人力要素进一步向龙头企业聚集，市场集中度将进一步提高。另一方面，快递公共服务站、连锁商业合作、第三方服务平台等创新模式不断涌现的同时，传统快运、物流企业也开始纷纷跨界进入快递及电商物流领域，向专业化、区域化、平台化方向发展。此外，随着"互联网+"的驱动及平台经济的发展，碎片化的物流资源通过互联网和平台整合进入市场，"平台+个人"的商业模式正在出现，通过逐步探索、演化，即将成为新的电商物流服务提供者和市场参与者。

3. 共享物流集约化

一是仓储实现共享。拥有智能仓储的电商企业，可以动态地将自己仓库的空闲容量的情况发布出去，将这些容量释放给其他企业，作为中转仓或前置仓，并通过保险公司介入进行相关物品完好保存的保险业务，从而实现集约化的共享智能仓储，大大提高仓库的使用效率，增加电商企业的收益。二是物流运输工具实现共享。目前国内共享货运平台已经存在，但覆盖面还仅限于发达地区。这些平台的运营模式，主要是将社会车辆闲置时间让渡出来，参与大物流的运输业务。

4. 物流前置化

生产型电商企业采用智能化预订系统（买家提前预订模式）及大数据分析手段，提前预判近期、中期及远期的物流需求量，便于相关物流企业安排物流实施计划并敏捷地去执行，从而有效满足买方对产品保质保量及快速收货的需求。比如，大力发展定制化的"电商+智能工厂"模式，即生产型电商企业接到买家预订信息后，自动与物流企业及时共享。生产前，物流企业能够快速从上游供应商仓储地将原材料发给生产商；成品出货时，物流企业又能自动收到信息，第一时间将工厂的产品配载送达买家手中。

1.3 电子商务与物流的关系

电子商务的发展日新月异，对经济社会产生了深远影响。电子商务中包含"四流"，即信息流、商流、资金流和物流。信息流、商流和资金流可通过计算机和网络设备实现，但物流大多数情况下仍需经由物理方式传递，对电子商务的实现具有重要作用。电子商务与物流密切相关，相互影响。

1.3.1 电子商务对物流的影响

1. 电子商务改变了传统物流观念

传统的物流和配送企业需要置备大面积的仓库，而电子商务系统网络化的虚拟企业将散置在各地的、分属不同所有者的仓库通过网络连接起来，使之成为"虚拟仓库"，进行统一管理和调配，服务半径和货物集散空间都放大了。这样的企业在组织资源的速度、规模、效率和资源的合理配置方面都是传统的物流和配送所不可比拟的，相应的物流观念也必须是全新的。

电子商务作为一种新兴的商务活动，它为物流创造了虚拟的运动空间。企业可以通过各种组合方式，寻求物流的合理化，使商品实体在实际的运动过程中，实现效率最高、费用最省、距离最短、时间最少的功能。

2．电子商务改变了物流的运作方式

传统的物流和配送过程是由多个业务流程组成的，受人为因素和时间影响很大。网络的应用可以实现整个过程的实时监控和实时决策，而且这种物流的实时控制是以整体物流来进行的。新型的物流和配送的业务流程都由网络系统连接，当系统的任何一个环节收到一个需求信息时，该系统都可以在极短的时间内做出反应，并拟订详细的配送计划，通知各相关环节开始工作。这一切工作都是由计算机根据人们事先设计好的程序自动完成的。

物流和配送的持续时间在电子商务环境下会大大缩短，这对物流和配送速度提出了更高的要求。传统物流和配送的环节极为烦琐，在网络化的新型物流配送中心里可以大大缩短这一过程。

3．电子商务改变了物流企业的经营

（1）电子商务改变了物流企业对物流的组织和管理。在传统经济条件下，物流往往是由某一企业来进行组织和管理，为企业自身服务的。而电子商务则要求物流以社会的角度来实行系统的组织和管理，以打破传统物流分散的状态。这就要求企业在组织物流的过程中，不仅要考虑本企业的物流组织和管理，更重要的是要考虑全社会的整体系统。

（2）电子商务改变了物流企业的竞争状态。在传统经济活动中，物流企业之间存在激烈的竞争，这种竞争往往是依靠本企业提供优质服务、降低物流费用等进行的。在电子商务时代，这些竞争内容虽然依然存在，但有效性却大大降低了。原因在于电子商务需要一个全球性的物流系统来保证商品实体的合理流动。对于一个企业来说，即使它的规模再大，也是难以达到这一要求的。这就要求物流企业联合起来，形成一种协同竞争的状态，以实现物流高效化、合理化、系统化。

4．电子商务促进了物流改善和提高

（1）电子商务促进了物流基础设施的改善。电子商务高效率和全球性的特点，要求物流也必须达到这一目标。而物流要达到这一目标，良好的交通运输网络、通信网络等基础设施则是最基本的保证。

（2）电子商务促进了物流技术的进步。物流技术主要包括物流硬技术和软技术。物流硬技术是指在组织物流过程中所需的各种材料、机械和设施等；物流软技术是指组织高效率的物流所需的计划、管理、评价等方面的技术和管理方法。物流技术水平的高低是实现物流效率高低的一个重要因素。

（3）电子商务促进了物流管理水平的提高。物流管理水平的高低直接决定和影响着物流效率的高低，也影响着电子商务高效率优势的实现。只有建立科学、合理的管理制度，将科学的管理手段和方法应用于物流管理当中，才能确保物流的畅通进行，实现物流的合理化和高效化，促进电子商务的发展。

1.3.2 物流对电子商务的影响

在电子商务给物流带来巨大变化的同时，物流在电子商务活动中的地位与作用也日益重要。物流是实现电子商务的保障，是电子商务运作的重要组成部分，是电子商务实现"以顾客为中心"理念的最终保证，是增强企业竞争力的一个有效途径。

1．物流提质增效促进了电子商务服务水平的提高

电子商务通过快捷、高效的信息处理手段，可以比较容易地解决信息流——信息交换、商流——所有权转移、资金流——支付的问题，而将商品及时地配送到用户手中，完成商品的空间转移——物流，才标志着电子商务过程的结束。因此，物流效率高低是电子商务成功与否的关键，而物流效率的高低很大一部分取决于物流现代化的水平。近年来，我国物流不断转型升级、提质增效，在促进了电子商务快速发展的同时，也大大提高了电子商务服务水平。

效率不断提高的物流体系不仅能有效地提升电子商务企业的成交转化率，还能给消费者提供更好的购物体验。消费者通过网络购物，除考虑商品的性价比外，物流配送的时效性也是一个非常重要的决策维度。其他条件相近的情况下，消费者往往会更愿意选择物流配送时效更快的服务。因此，各电子商务企业都在不遗余力地提高物流配送效率，以提高服务水平。以阿里巴巴的新零售配送为例，其以菜鸟为物流底盘，已经有很多种物流方式可供选择：盒马、饿了么可以 30 分钟达；淘宝、淘鲜达、天猫超市可以 1 小时达；菜鸟预售极速达可以凌晨付款，早上收货；银泰百货、居然之家可以定时达，菜鸟供应链仓内发货可以当日达、次日达。这些构筑了全新的城市消费需求响应网络，不管是线上线下、到店到家，消费者的需求都可以随时随地被满足，从而使消费者满意度更高，购物体验更佳。

2. 物流保障了电子商务顺利进行

电子商务交易大多是实体商品交易，实体商品交易从生产、采购到销售都需要大量的物流活动支持，如果没有相应的物流活动，电子商务就不能够进行有效的运作。

首先，物流保障了电子商务交易中商品的生产。商品生产的全过程从原材料的采购开始，便要求有相应的供应物流活动，否则生产就难以进行；在生产的各工艺流程之间，也需要原材料、半成品的物流过程，以实现生产的流动性。合理化、现代化的物流，通过降低费用从而降低成本、优化库存结构、减少资金占压、缩短生产周期，保障了现代化生产的高效进行。相反，缺少了现代化的物流，生产将难以顺利进行，无论电子商务是多么便捷的交易形式，仍将是无米之炊。

其次，物流保障了电子商务交易中商流活动的顺利进行。在商流活动中，商品所有权在购销合同签订的那一刻起，便由供应方转移到需求方，而商品实体并没有因此而移动。在传统的交易过程中，除了非实物交割的期货交易，一般的商流都必须伴随相应的物流活动。而在电子商务环境下，消费者通过网上点击购物，便完成了商品所有权的交割过程，即商流过程，但电子商务的活动并未结束，只有商品或服务真正转移到消费者手中，商务活动才算结束。在整个电子商务的交易过程中，物流实际上是以商流的后续者和服务者的姿态出现的，是实现商流的保障。

3. 物流提高了电子商务企业竞争力

物流服务是电子商务企业极其重要的核心要素，从某种意义上来说物流服务的优质与否能够决定电子商务企业的成败，成为企业的核心竞争力。电子商务迅速发展，对物流的依赖也越来越深，为此，电子商务企业纷纷提前布局，提升物流服务能力，以满足日益增长的网购需求。物流服务能力的提升也进一步促进了电子商务企业竞争力的提高。

以国内最早自行构建物流系统的电子商务企业京东为例：2007 年，京东开始自建物流。2010 年，京东在全国主要城市建设中转仓，实现了京东商城的物流包裹的"211 限时达"（上午 11 点前下单，当日送达；晚上 11 点前下单，次日送达）。2017 年，京东正式成立了京东物流，建成了全球首个全流程无人仓。京东物流采取的是"统仓统配"模式。在此模式下，京东将商品提前放置到距离消费者最近的地方，使得一件货物只需运输两次，就可快速送达消费者。其中，第一次是从厂家到京东中转仓，在用户下单之前就已完成。第二次是从中转仓到用户，在用户下单之后开始运输。只要中转仓布局合理，就可在 24 小时抵达全国主要城市。此后,京东物流还推出了次日达、京准达、京尊达、极速达、长约达等多种物流配送服务。截至 2021 年 6 月 30 日,京东物流运营约 1 200 个仓库。包含京东物流管理的云仓面积在内,京东物流仓储总面积约 2 300 万 m²。正是由于京东物流的高效和优质服务,提高了客户满意度及忠诚度,使其在电子商务的激烈竞争中脱颖而出,目前其营业收入和活跃用户数均持续高速增长。

电子商务与物流之间相互影响,相互促进,密不可分。二者的协同发展可以更大程度实现商业资源规模性整合和开发,有利于系统完善地实施服务营销和商业模式创新,有利于实现电子商务企业、物流企业、消费者和社会多赢。

 课后自测习题

一、选择题

1. 下列活动不属于现代物流功能的是(   )。
   A. 运输   B. 储存   C. 销售   D. 包装
2. 下列不属于电子商务物流特点的是(   )。
   A. 单纯化   B. 自动化   C. 柔性化   D. 信息化
3. 下列活动不属于物流系统输入要素的是(   )。
   A. 信息   B. 能源   C. 原材料   D. 劳务
4. 从(   )角度,电子商务物流是电子商务和物流两个行业的结合,是与电子商务这一新兴行业相配套,主要为电子商务客户提供服务的物流。
   A. 宏观   B. 中观   C. 微观   D. 以上都正确
5. (   )是物流自动化、信息化的一种高层次应用。
   A. 标准化   B. 智能化   C. 柔性化   D. 全球化

二、名词解释

1. 物流   2. 物流系统   3. 电子商务物流

三、论述题

1. 请分析现代物流具有哪些功能要素。
2. 试述电子商务与物流的关系。

 案例分析

海尔电子商务成功之道

海尔(Haier)是世界白色家电品牌领导者,也是国内大型企业中最早进入电子商务业务的公司之一。其率先推出电子商务业务平台,并成立海尔商城这一海尔全系列家电一站式销售服务平台。为进入一体化的世界经济,海尔累计投资 1 亿多元建立了自己的 IT 支持平台,为电子商务服务。

海尔电商目前采取主流平台+全网的渠道布局方式。起初,只有综合旗舰店作为海尔电商的核心店铺,2015 年开始做生态布局,开设了品类旗舰店(冰箱、洗衣机等细分品类),形成了以官方旗舰店为核心、品类旗舰店为辅助的品牌店铺矩阵，由海尔集团掌握主导权。区别于部分大家电品牌的代运营托管模式，海尔电商绝大部分店铺都自主运营，具备更灵敏的市场感知度，利于品牌核心价值最大化。

在 2021 年的"双十一"大战中，海尔智家实现大家电全网销售额第一，销售额高质量增长 32%，这已经是它第十年蝉联大家电全网第一。从品类看，海尔实现多品类第一，其中冰箱、洗衣机、热水器、冷柜实现全网份额第一、销售额第一；空调实现京东 1W+高端份额第一，增速跑赢行业；厨电中，防干烧燃气灶销量第一，医疗级消毒柜全网销量第一；中央空调，京东市场份额第一，同比增幅 108%，中高端占比达 78%。场景套购方面，近 100 万个用户基于场景下，选择成套智慧产品，套购金额占比 42%；天猫成套家电增幅 60%，京东卡萨帝高端成套家电增长 128%。除产品方面收获不俗的成绩外，海尔智家也收获了良好的口碑，在京东服务口碑榜，公司冰、洗、空等五大品类第一。用户方面，品牌用户五成为 90 后，全网新增用户数 500 万个，用户总量创新高。

海尔电商的成功离不开物流的支持，自营物流体系是整个企业的关键。海尔物流历经数十年的发展，不仅有大件物流的车辆，还有覆盖全国的仓储系统。对于配送，海尔提供 3 000 余条专线，实现"班车式"服务，对客户 24 小时即需即送，对用户 24 小时限时送达。由于大家电物流成本高，不及时送达及安装，电商发展会受到制约，海尔物流解决了这一问题。因为电商的一个核心点是物流，掌握巨大的物流优势的企业，无论怎么做电商都是无往而不利的，缺人可以找人、缺平台可以建平台，而缺物流体系和物流运营经验，却无法为电商业务提供更好的支持。

资料来源：作者根据相关资料整理。

结合上述资料分析：

（1）试分析海尔电商成功的要素。

（2）为何说自营物流体系是海尔电商发展的关键？

第 2 章 电子商务物流运作模式

1. 理解电子商务物流模式的概念及特点
2. 熟悉电子商务物流模式的优缺点
3. 掌握电子商务物流模式的比较分析
4. 学会选择电子商务物流模式

"双十一"京东物流开放业务单量同比增长 102% 93%自营订单 24 小时送达

2020 年 11 月 12 日,记者从京东了解到,截至 11 月 12 日凌晨,"2020 京东 11.11 全球热爱季"累计下单金额超 2 715 亿元,京东物流开放业务单量同比增长 102%,全国 200 城实现分钟达,93%的京东自营订单实现 24 小时送达。

据介绍,"双十一"期间,京东物流开放业务单量同比增长 102%,个人快递单量增长 164%,京东云仓单量增长 138%,京东冷链零担运输业务量增长 100%,农特产品业务量环比 618 增长近 5 倍。京东物流表示,公司以智能供应链链接数字经济和实体经济,打造产业、行业、商家共享消费红利的数字化新驱动。

根据京东物流发布的战报,京东物流实现了 93%的自营订单 24 小时送达,刷新了以往纪录;基于"千县万镇 24 小时达"时效提升计划,92%的区县和 83%的乡镇消费者可以享受 24 小时达服务,尤其在 4~6 线城市,京东物流妥投量增长 100%,下沉战略成效显著。在全国范围内,京东物流正在推动从下单到收货的 24 小时达,成为全民共享的普惠式服务。

数据显示,2020 年"双十一"期间,京东物流 6 分钟在黑龙江漠河送达"双十一"第一单,15 分钟在湖北当阳送达乡镇最快的一单,通过预售前置的独创模式,将分钟达从以往的 20 座试点城市扩展到全国的 200 座城市。

值得一提的是,技术驱动对于物流效率和运力效能提升发挥了重要作用。2020 年"双十一"京东物流智能仓业务量同比增长 105%,预售环节预测准确率高达 95%以上,超级物流大脑、30 座亚洲一号智能物流园区、高度自动化分拣中心和智能机器人等"新基建",帮助京东物流从容应对亿级订单。此外,京东物流还强化公铁空一体化组合运力。据介绍,在"双十一"前夕,京东物流新增一架全货机,"夕发朝至"的次日达路线同比增长 300%;利用高铁预留车厢,京东物流将长三角重点城市至全国各地方向的运力提升近 10

倍，为消费者带来极速稳定的服务体验。

思考：京东采取的是何种物流运作模式？京东为何能在"双十一"大促期间订单量激增的情况下为消费者带来极速稳定的物流服务体验？

资料来源：崔小粟，金一丹，"双十一"京东物流开放业务单量同比增长102% 93%自营订单24小时送达，中国证券报·中证网

2.1 自营物流

物流是电子商务交易不可或缺的环节，是接触客户的"最后一公里"，一些电子商务企业为掌控好交易的环节，选择自建物流体系，开展自营物流。

2.1.1 自营物流认知

自营物流是指企业基于自身发展状况和自有物资条件，自行组织开展物流活动，以便提高生产经营效率和提供更优质的服务，实现企业整体竞争力的提高。

在自营物流模式下，因物流是企业的部门，易于与其他环节密切配合，全力服务于该企业的运营管理，能够保证供货的准确和及时，保证对客户服务的质量，有利于维护客户和企业间的长期关系。

拥有自营物流的电子商务企业能够组建具有一定规模的运输车队和配送人员，根据客户的分布，在各个区域建立配送中心。自营物流负责电子商务企业全部物流服务，包括货物供应商、货物制造商至配送中心的仓储服务，以及配送中心至最终客户的配送服务。电子商务企业会在接到客户订单的第一时间以最快的速度分配、配送货物至客户手中。电子商务自营物流模式如图2-1所示。

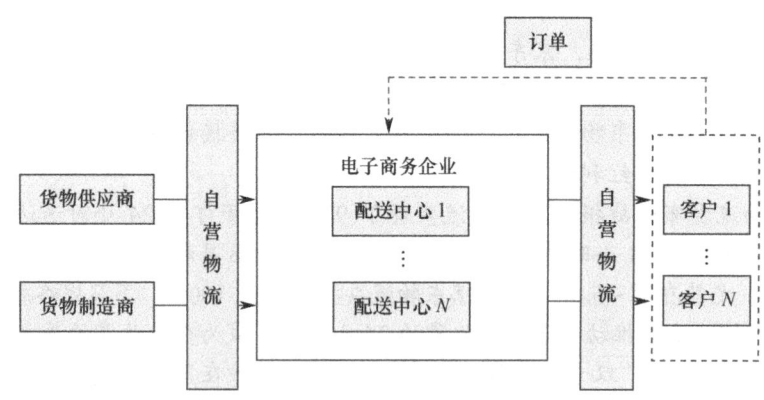

图2-1 电子商务自营物流模式

2.1.2 自营物流的电商企业类型

采取自营物流模式的电商企业主要有以下两大类型：

第一大类为资金实力雄厚且业务规模较大的电子商务企业。这类企业着眼于企业的长远发展，投入巨资自行组建物流配送体系，并对整个企业内的物流运作进行计划、组织、协调、控制，从而为客户提供更优质的服务，提升客户体验，代表性的企业有京东、亚马逊等。

第二大类为传统的大型制造企业或流通企业经营的电子商务网站。由于其自身在长期的传

统商务中已经建立起初具规模的营销网络和物流配送体系,在开展电子商务时只需将其加以改进、完善,即可满足电子商务条件下对物流配送的要求,代表性的企业有海尔、苏宁易购等。

此外,电子商务在我国兴起时,由于国内第三方物流的服务水平远不能满足电子商务企业的要求,且初创时期的电子商务企业规模不大,因而企业大多选用自营物流模式,代表性的企业有京东商城(京东早期名称)、一号店(2016 年被京东收购,现更名为 1 号会员店,系京东旗下会员制购物平台)等。

2.1.3 自营物流的优缺点

电子商务企业自营物流,可以掌握物流的控制权、降低交易成本、避免商业秘密的泄露、提高企业品牌价值并增加利润来源。自营物流的优点如表 2-1 所示。

表 2-1 自营物流的优点

优 点	内 容
掌握物流的控制权	电子商务企业的自营物流,可以控制从采购、生产、配送到销售的全过程,不仅掌握最详尽的资料,而且能够运用自身掌握的资料有效协调物流活动的各个环节,能以较快的速度解决物流活动管理过程中出现的问题。企业可以更好地控制供应链的各个环节,使生产和其他业务环节结合得更加紧密,促进业务增长
降低交易成本	企业通过内部行政权力控制原材料的采购和产成品的销售,而不必就相关的运输、仓储配送和售后佣金问题进行谈判,避免多次交易花费及交易结果的不确定性,从而降低交易风险,减少交易费用
避免商业秘密的泄露	当电子商务企业将运营中的物流要素外包时,其基本的运营情况就不可避免地向第三方公开,而自营物流则由企业掌握自身的运营信息,不易出现商业机密泄露的现象
提高企业品牌价值	一方面,电子商务企业能亲自为客户服务到家,为客户提供人文关怀,提升企业形象。另一方面,企业能够掌握最新的客户信息和市场信息,进而调整战略方案,提高企业的竞争力
增加利润来源	如果电子商务企业自营物流的配送能力有盈余,还可以对外展开物流配送业务,将成本转嫁出去,获得新的利润来源

自营物流虽具有很多优势且为采取其模式的大型电子商务企业带来了很多有形和无形效益。但是,为了高效地实现物流服务,电子商务企业自营物流必须投入大量的资金、组建高效的物流管理团队且必须有规模较大的业务支撑才能顺利运转。其缺点如表 2-2 所示。

表 2-2 自营物流的缺点

缺 点	内 容
企业投资负担加大	自营物流体系包含了包装、仓储、运输等多个环节,在建立物流体系的初期,电子商务企业需要一次性投入大量资金,这样必然影响其他业务资金的使用。大量资金流出,还可能降低企业抵御市场风险的能力,使企业的市场竞争能力被削弱
物流专业化程度有待提高	由于庞大的自营物流体系需要强大而专业的物流管理能力和高素质的物流团队,物流配送效率可能不高,管理难以控制,甚至可能影响电子商务业务的发展
难以形成物流规模效应	电子商务自营物流体系建成后对规模的要求很高,大规模才能降低成本,否则将会长期处于不盈利的境地。对于规模不大的企业,由于其产品数量有限,采用自营物流很难形成规模效应

2.2 第三方物流

在实践中，并不是每个电子商务企业都有能力和条件自建物流体系开展自营物流，当企业没有自己的物流体系或不擅长提供物流服务时，则可以选择把物流服务外包给专业物流服务企业去运作，也就是选择第三方物流模式，"让专业的人做专业和擅长的事"。

2.2.1 第三方物流认知

第三方物流是社会专业化分工的结果，其源于管理学的"Outsourcing"，即外包的思想。外包意指企业动态地配置自身和其他企业的功能和服务，利用外部的资源为企业内部的生产经营服务。将外包引入物流管理领域，就产生了第三方物流的概念。

学者们对第三方物流（Third Party Logistics，TPL/3PL）的定义有不同理解。有美国学者把第三方物流定义为"用外部公司去完成传统上由组织内部完成的物流功能，这些功能包括全部物流功能所选择的部分功能"；也有学者把第三方物流定义为"外协所有或部分公司的物流功能，提供复杂、多功能物流服务，以长期互益的关系为特征"。

《物流术语》中将第三方物流定义为："独立于物流服务供需双方之外且以物流服务为主营业务的组织提供物流服务的模式。"第三方物流是物流专业化的重要形式。

第三方是相对"第一方"物流服务的供应方（发货人）和"第二方"物流服务的需求方（收货人）而言，是由第三方物流企业来承担企业物流活动的一种物流形态。第三方物流既不属于第一方，也不属于第二方，而是通过与第一方或第二方的合作（合同、契约）来提供其专业化的物流服务，它不拥有商品，不参与商品的买卖，只是为客户提供以合同为约束、以结盟为基础的，系列化、个性化、信息化的物流代理服务。因其以合约或协议为约束，所以第三方物流也称合约物流（或合同物流、契约物流）。

对于电子商务企业，使用第三方物流能够使其从复杂的物流服务中脱离出来，将时间、资金投入商品的生产和销售中，发展企业自身的核心业务。电子商务企业在接到消费者订单的第一时间将物流服务外包给第三方物流公司，以最快的速度分配、配送货物至客户手中。电子商务第三方物流模式如图 2-2 所示。

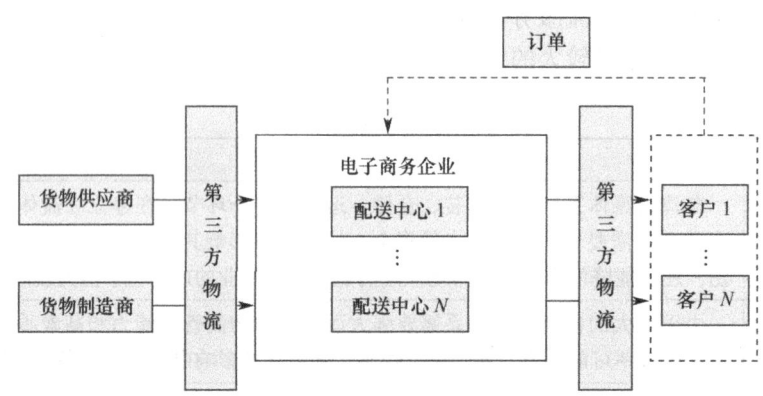

图 2-2　电子商务第三方物流模式

2.2.2 第三方物流的分类

1. 按第三方物流企业来源构成分类

(1) 从传统仓储、运输、货代等企业基础上改造转型而来的第三方物流企业。目前这类物流企业占主导地位，占据较大的市场份额。

(2) 从工商企业原有物流服务职能剥离出来的第三方物流企业。传统工商企业对网络的控制方式是企业自建的物流系统，所有的物流资源属于企业拥有。

(3) 不同企业、部门之间物流资源互补式联营而来的第三方物流企业。

(4) 新创办的第三方物流公司。近年来，随着经济发展，我国出现了大量新创立的现代物流企业。这些公司多为民营企业或中外合资公司。

2. 按第三方物流企业物流服务功能的主要特征分类

(1) 运输型物流企业，是指从事货物运输服务为主，包含其他物流服务活动，具备一定规模的实体企业。

(2) 仓储型物流企业，是指从事区域性仓储型服务为主，包含其他物流服务活动，具备一定规模的实体企业。

(3) 综合服务型物流企业，是指从事多种物流服务活动，并可以根据客户的需求，提供物流一体化服务，具备一定规模的实体企业。

3. 按第三方物流企业资源占有多少分类

(1) 资产基础型第三方物流公司。这类企业有自己的运输、仓储设施设备，包括车辆、仓储等，为各个行业的用户提供标准的运输或仓储服务，如基于仓储服务的第三方物流企业、基于运输服务的第三方物流企业。

(2) 非资产型第三方物流公司。这类企业是一种物流管理公司，拥有自己的运输、仓储设施设备，或通过租赁方式取得这类资产，只利用企业员工对网络的专业知识和管理系统专业管理客户的各种物流功能，为客户提供第三方物流服务。

2.2.3 第三方物流的优缺点

第三方物流给企业或客户带来了众多益处，主要表现在四个方面，如表2-3所示。

表2-3 第三方物流的优点

优　点	内　容
集中主业	电子商务企业能够把投入物流领域的人力、物力、财力释放，实现资源优化配置，将有限的精力集中于核心业务，进行重点研究，发展相关技术，不断提高自身的竞争力
节省费用并减少资本积压	专业的第三方物流提供者利用规模生产的专业优势和成本优势，通过提高各环节能力的利用率节省费用，使企业能从分离费用结构中获益
减少库存	第三方物流提供者借助精心策划的物流计划和实时运送手段，最大限度地降低库存，改善企业的现金流量，实现成本优势
提升企业形象	第三方物流提供者与客户不是竞争对手，而是战略伙伴，他们为客户着想，通过全球性的信息网络使客户的供应链管理完全透明化，客户随时可通过Internet了解供应链的情况；第三方物流提供者是物流专家，他们利用完备的设施和训练有素的员工，对整个供应链实现完全的控制，减少物流的复杂性；他们通过遍布全球的运送网络和服务提供者（分承包方）大大缩短了交货期，帮助电子商务企业改进服务，树立自己的品牌形象

与自营物流相比，第三方物流在为企业提供上述便利的同时，也会给企业带来一定的不利，如表2-4所示。

表2-4　第三方物流的缺点

缺　　点	内　　容
无法对物流活动全程监控	采用第三方物流模式，电子商务企业无法全程监控商品的运输，无法保证货物送达时间与效率
不利于维护与客户的长期关系	货物配送受制于第三方物流，其发展水平对企业效益、用户体验度及持续购买力会产生影响，"最后一公里"的客户服务质量难以保障，不利于维护与客户的长期关系

2.3　物流联盟

物流联盟是介于独立的企业与市场交易关系之间的一种组织形态，是企业间由于自身某些方面发展的需要而形成的相对稳定的、长期的契约关系。

2.3.1　物流联盟认知

物流联盟是以物流为合作基础的企业战略联盟，是指两个或多个企业之间，为了实现自己的物流战略目标，通过各种协议、契约而结成的优势互补、风险共担、利益共享的松散型网络组织。

物流联盟是为了获得比单独从事物流活动更好的效果，企业间形成的互相信任、共享利益的物流合作伙伴关系，是企业间在物流方面通过契约形成优势互长、要素双向或多向流动的中间组织，是为有效利用市场和组织优势的一种组织创新。

在现代物流中，是否组建物流联盟，是企业物流战略的决策之一，其重要性不言而喻。物流联盟有狭义和广义之分。狭义的物流联盟存在于非物流企业之间；广义的物流联盟涵盖整个物流外包业务，包括第三方物流、狭义的物流联盟和第四方物流。本节主要讨论物流联盟的狭义概念。

2.3.2　物流联盟的组建方式

企业间物流联盟主要有以下几种组建方式。

1. 纵向一体化物流联盟

纵向一体化物流联盟即垂直一体化联盟方式，它是基于供应链一体管理的基础形成的，即从原材料到产品生产、销售、服务形成一条龙的合作关系。垂直一体化联盟能够按照最终客户的要求为其提供最大价值，同时也使联盟总利润最大化，但这种联盟一般不太稳固，主要是在整个供应链上，不可能每个环节都能同时达到利益最大化，因此打击了一些企业的积极性，使它们有随时退出联盟的可能。

2. 横向一体化物流联盟

横向一体化物流联盟即水平一体化联盟方式，它是由处于平行位置的几个物流企业结成联盟，包括第三方物流。这种联盟能使分散物流获得规模经济和集约化运作，降低了成本，并且能够减少社会重复劳动。但它也有不足的地方，如必须有大量的商业企业加盟，并有大量的商品存在，才可发挥它的整合作用和集约化的处理优势。此外，这些商品的配送方式的集成化和标准化也不是一个可以简单解决的问题。

3. 混合模式

混合模式是以一家物流企业为核心，联合一家或几家处于平行位置的物流企业和处于上下游位置的中小物流企业组成的联盟方式。这些物流企业通过签订联盟契约，共同采购，共同配送，构筑物流市场，形成相互信任、共担风险、共享收益的集约化物流伙伴关系。物流联盟在国外的发展时间不长，尽管国内外的物流联盟在组织构成上存在着显著的不同，但都显示出了强大的生命力。从国内外物流联盟形成特点及运作方式来看，它是物流企业间为实现运作效率的提高而在职能分工的基础上进行优势互补的一种融合，是一种基于各自不同的核心竞争力的物流资源整合。

4. 以项目为管理联盟模式

以项目为管理联盟模式是指以项目为中心，由各个物流企业进行合作，形成一个联盟。这种联盟方式只限于一个具体的项目，联盟成员之间合作的范围不广泛，优势不太明显。

5. 基于 Web 的动态联盟

基于 Web 的动态联盟是在激烈竞争的市场经济条件下，为了占据市场的领导地位，供应链应成为一个动态的网络结构，以适应市场变化、柔性、速度、革新、知识的需要。不能适应供应链需求的企业将从中淘汰，并从外部选择优秀的企业进入供应链，供应链从而成为一个能快速重构的动态组织，实现供应链的动态联盟。但这种联盟方式缺乏稳定性。

2.3.3 物流联盟的优缺点

物流联盟的优点如表 2-5 所示。

表 2-5 物流联盟的优点

优　　点	内　　容
迅速开拓全球市场	大企业可以通过物流联盟迅速开拓全球市场，完成其全球物流配送，从而使其业务在全球范围内展开。许多企业在进军国外及全球市场时都会遭遇渠道问题，投资和风险较大，这是这些企业市场开拓的瓶颈。如果能与具备该市场渠道的公司进行合作并结成联盟，则可以很好地解决这一问题
提高服务水平	第三方物流公司通过联盟有利于弥补在业务范围内服务能力的不足，如联邦快递公司发现自己在航空运输方面存在明显的不足，于是把一些不是自己核心竞争力的业务外包给 Fritz 公司，把 Fritz 公司作为它的第三方物流提供商
减少相关交易费用	从建立物流联盟安排的角度看，物流联盟的建立最明显的效果就是在物流合作伙伴之间减少了相关交易费用。由于物流合作伙伴之间经常沟通与合作，使得搜寻交易对象信息方面的费用大为降低；提供个性化的物流服务建立起来的相互信任与承诺，可减少各种履约的风险；物流契约一般签约时间较长，可通过协商来减少在服务过程中产生的冲突
提高抵抗风险的能力	单个企业的力量是有限的，它对一个领域的探索一旦失败则损失会很大，如果几个企业联合起来，在不同的领域分头行动，就会减少风险。而且联盟企业在行动上也有一定协同性，因此对于突如其来的风险，能够共同分担，这样便减少了各个企业的风险，提高了抵抗风险的能力

物流联盟的缺点如表 2-6 所示。

表 2-6 物流联盟的缺点

缺　点	内　容
联盟的稳定性不佳	物流联盟涉及多方企业，联盟成员企业在合作过程中面临企业核心技术、机密外泄的高风险，其中某一企业的退出会对其他企业的行为决策产生一定的影响，从而影响整个联盟的稳定性
管理的复杂性和协作成本的增加	物流联盟内部多个企业间的合作也会导致管理的复杂性和协作成本的增加，如联盟前各企业均有自己的物流运作标准、单证格式等，组成联盟后则需统一标准、统一单证格式，联盟成员的成本上升的同时，管理的复杂度也相应增加了。此外，物流联盟的商品配送方式的集成化和标准化也较难以解决

2.4　第四方物流

第三方物流由于缺乏对企业物流系统的决策规划，缺乏对整个物流系统及供应链进行整合规划所需的技术战略知识，无法有效解决电子商务环境下的物流瓶颈，所以需要发展一种新的，能够为物流系统提供战略决策的，由服务商参与、规划并整合的物流系统，于是第四方物流应时而出。

2.4.1　第四方物流认知

第四方物流的概念最早是由著名的管理咨询公司埃森哲公司（又名安盛咨询公司）提出的，并且将第四方物流作为专有的服务商标进行了注册，并将其定义为：一个调集和管理、组织自身及具有互补性服务提供商的资源、能力与技术，来提供全面的供应链解决方案的供应链集成商。

第四方物流的英文为 Fourth Party Logistics，简称 FPL/4PL，是一个供应链集成商，调集和管理、组织自己及具有互补性服务提供的资源、能力和技术，以提供一个综合的供应链解决方案。

第四方物流不仅控制和管理特定的物流服务，而且对整个物流过程提出方案，并通过电子商务将这个程序集成起来，因此第四方物流商的种类很多，变化程度亦可以很大。

第四方物流的关键在于为客户提供最佳的增值服务，即迅速、高效、低成本和个性化服务等。而发展第四方物流需平衡第三方物流的能力、技术及贸易流畅管理等，但亦能扩大本身营运的自主性。

2.4.2　第四方物流的特点

与第三方物流注重实际操作相比，第四方物流更多地关注整个供应链的物流活动。这种差别主要体现在以下两个方面，并形成第四方物流独有的特点。

1. 能够提供一整套完善的供应链解决方案

第四方物流集成了管理咨询和第三方物流服务商的能力，不仅能够降低实时操作的成本，还可以通过优秀的第三方物流、信息技术公司和管理咨询公司之间的联盟，为客户提供最佳的供应链解决方案。而这种方案仅仅通过上述联盟中的一方是难以解决的，必须通过上述联盟齐心协力才能实现。第四方物流的供应链解决方案共有四个层次——执行、实施、变革和再造，如图 2-3 所示。

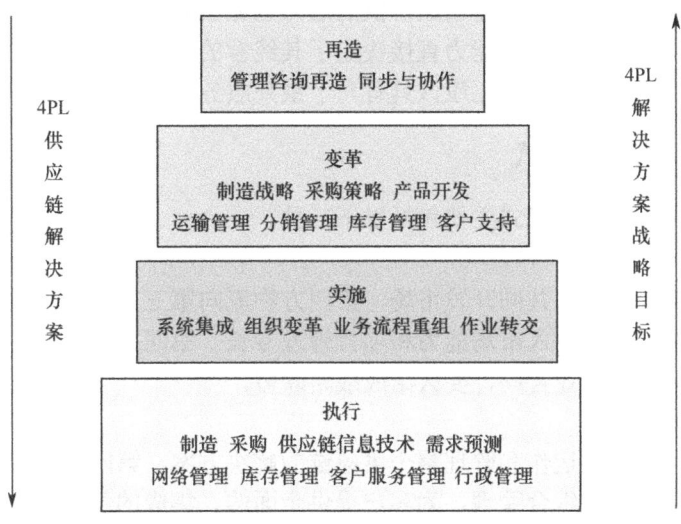

图 2-3　第四方物流的供应链解决方案

（1）执行。执行主要是指由第四方物流负责具体的多个供应链职能和流程的正常运作。第四方物流承接多个供应链职能和流程的运作，其工作范围远远超过了传统的第三方物流的运输管理和仓库管理的运作，具体包括制造、采购、供应链信息技术、需求预测、网络管理、库存管理、客户服务管理和行政管理等职能。尽管一家公司可以把所有的供应链活动外包给第四方物流，但是通常的第四方物流只是负责供应链功能和流程的一些关键部分。

（2）实施。第四方物流的实施包括系统集成、组织变革、业务流程重组和作业转交等。一个第四方物流服务商可以帮助客户实施新的业务方案，包括业务流程的优化、客户公司和服务供应商的系统集成。在这种模式下，客户通常可以将具体业务的运作转交给第四方物流的项目运作小组。在项目实施的过程中，要重视组织的变革，因为"人"的因素往往是第四方物流管理具体业务时成败的关键，所以一定要避免优秀方案实施时因为人的因素而失败。最大的目标，就是避免把一个设计得非常好的策略和流程实施得非常无效，因而限制了方案的有效性，影响了项目的预期效果。

（3）变革。变革指通过新技术实现各个供应链职能的加强。变革主要是改善供应链某一具体环节的职能，包括制造战略、采购策略、产品开发、运输管理、分销管理、库存管理和客户支持等。在这一层次上，供应链技术对方案的成败变得至关重要，高明的供应链技术，加上先进的战略思维、流程再造和卓越的组织变革管理，共同组成第四方物流的最佳方案，对供应链进行整合和改善。

（4）再造。供应链过程的协作和供应链过程的再设计，这是第四方物流的最高境界。供应链流程的真正改善要通过供应链中各个参与企业的通力协作，将各个环节的计划和运作协调一致来实现。再造过程就是基于传统的供应链管理咨询技巧，使得公司的业务策略和供应链策略协调一致；同时供应链管理技术在这一过程中又起到了催化剂的作用，整合和优化了供应链内部和与之交叉的供应链的运行。

2．能够通过其对整个供应链产生影响的能力来增加价值

第四方物流服务供应商可以通过物流运作的流程再造，使整个物流系统的流程更合理、效率更高,从而将产生的利益在供应链的各个环节之间进行平衡,使每个环节的企业客户都可以受益。如果第四方物流服务供应商只是提出一个解决方案,并没有能力来控制这些物流运作环节,那么第四方物流服务供应商所能创造价值的潜力也无法被挖掘出来。因此,第四方物流服务供应商对整个供应链具有的影响能力直接决定了其经营的好坏,也就是说,第四方物流除具备强有力的人才、资金和技术外,还应该具有与一系列服务供应商建立合作关系的能力。

2.4.3 第四方物流的模式

目前,第四方物流的运作模式主要包括以下三种。

1. 超能力组合(1+1>2)

第四方物流和第三方物流共同开发市场,第四方物流向第三方物流提供一系列的服务,包括技术、供应链策略技巧、进入市场能力和项目管理专长。第四方物流往往会在第三方物流公司内工作,双方要么签有商业合同,要么结成战略联盟。

2. 方案集成商

第四方物流为客户提供运作和管理整个供应链的解决方案。第四方物流对本身和第三方物流的资源、能力和技术进行综合管理,为客户提供全面的、集成的供应链方案。第四方物流可以集成多个服务供应商的能力和客户的能力。

3. 行业创新者

第四方物流为多个行业开发和提供供应链解决方案,并以供应链整合和同步为重点。行业解决方案会给整个行业带来最大的利益。第四方物流会通过卓越的运作策略、技术和供应链运作实施来提高整个行业的效率。

第四方物流无论采取上述哪种模式,都会突破单纯发展第三方物流的局限性,能真正做到低成本、高效率与实时运作,在最大范围内实现资源整合。第三方物流缺乏跨越整个供应链管理、运作及真正整合供应链流程所需的战略专业技术,而第四方物流则可以不受约束地将每个领域的最佳物流提供商组合起来,为客户提供最佳物流服务,进而形成最优供应链管理方案。

2.4.4 第四方物流的优缺点

第四方物流可以降低企业物流运营成本,提高运营效率,树立高品质的物流服务,培植企业的核心竞争力。其优点如表2-7所示。

表2-7 第四方物流的优点

优 点	内 容
降低企业物流运营成本	第四方物流能够充分利用其物流网络及现有的信息技术对物流活动中的所有环节进行整合、协调并管理物流各环节、各参与方的活动与利益冲突,从而能够帮助企业持续降低物流的整体运作成本
提高运营效率	第四方物流能够提高库存周转率,改善客户的库存管理水平,并通过提高物流设备利用率或资产重组,将利用率低的资产进行处理,加快固定资产的周转率。此外,第四方物流通过采用先进的物流管理系统,提高物流工作单执行的质量,增加客户满意度,加速客户付款过程,从而加快应收账款的周转率,提高资金的利用效率
树立高品质的物流服务	第四方物流可以提供专业化的供应链物流管理运作能力和专业高素质的物流人才,制订出以客户为导向的快捷、优质、价廉的物流服务方案,改善物流服务质量。这种服务有利于参与市场竞争,有利于树立企业和品牌的形象,有利于和服务对象结成长期的、稳定的、战略性合作伙伴,这对企业长远的、战略性的发展有非常重要的意义

续表

优　点	内　容
培植企业的核心竞争力	核心竞争力是企业在市场竞争中保持持续优势的源泉。采用第四方物流，能使企业更好地配置自身的资源，专注于核心业务，集中优势资源拓展主业，大大提升企业的核心竞争力，并为企业的后续发展提供永久的动力

第四方物流虽给企业带来很多优势，但其独立生存的能力不强，对自身的管理能力和协调能力的要求均较高。其缺点如表 2-8 所示。

表 2-8　第四方物流的缺点

缺　点	内　容
独立生存的能力不强	相对于第三方物流而言，第四方物流独立生存的能力不强，其失去了对物流的环节及所有特殊职能上的直接控制。第四方物流的思想必须依靠第三方物流的实际运作来实现并得到验证，如果第四方物流带有偏好选择合作方，而不是寻找最有效的供应商，则会有潜在的低效或成本更高的可能
对管理能力的要求较高	第四方物流要管理好第三方物流提供商的活动和其中所包含的战略性、营运性因素，对其管理能力的要求较高
对协调能力要求也较高	第四方物流要求供应链中各合作成员要通过信息公开共有、计划共有、业务共同化等制度建设，积极地为合作方提供利益，因而对第四方物流的协调能力要求也很高

2.5　电子商务物流模式比较分析及选择

对于电子商务企业而言，物流模式的选择是至关重要的一环，它关系到企业的发展壮大，更决定着企业的竞争性和盈利能力的发挥。因此，电子商务企业在进行物流模式选择前必须对各种模式进行充分的比较分析，再进行科学选择。

2.5.1　电子商务物流模式比较分析

当前电子商务企业物流模式主要包括自营物流、第三方物流、物流联盟和第四方物流等。第三方物流、物流联盟和第四方物流同属于物流的外包业务，区别在于外包业务中企业之间的合作程度存在差异。实际上，在物流外包过程中，企业之间的合作既可能是一次性买卖关系，也可能是长期的协议关系，还可能是共享系统的战略联盟关系。第四方物流是由第三方物流和物流联盟发展而来的一种新的物流模式，兼具第三方物流和物流联盟的特点。各模式的比较分析具体如表 2-9 所示。

表 2-9　电子商务物流模式比较分析

项　目	自　营　物　流	第三方物流	物　流　联　盟	第四方物流
控制能力	较强	较弱	一般	一般
物流成本投入	前期投入大	投入低	投入较低	投入较低
服务对象	电商企业自身	没有限制	联盟组建企业	没有限制
覆盖范围	有区位优势但范围较小	广	广	广
选择风险性	高	较低	较高	较高

27

续表

项　目	自营物流	第三方物流	物流联盟	第四方物流
服务水平	可以不断提高，提供高水平服务	由合作的第三方物流服务水平而定，通常较低	共同协商讨论	服务水平较高，可提供最接近客户要求的服务

2.5.2　电子商务物流模式选择

电商企业在进行物流决策时，应根据自己的需要和资源条件，综合考虑以下因素，慎重选择物流模式，以提高企业的竞争力。

1．物流对电商企业成功的影响度和电商企业对物流的管理能力

如果物流对电商企业成功的重要度很高，且电商企业运作物流的能力也很强，那么电商企业应该自营物流。如果物流对电商企业成功的重要度很低，同时电商企业的物流管理能力很低，那么电商企业应该采取第三方物流模式，或者组建物流联盟。

2．物流是否为电商企业的核心业务

按照供应链的理论，将不是自己核心业务的物流业务外包给从事该业务的专业公司去做，这样由在某一领域具有专长或核心竞争力的专业公司互相协调和配合来完成，那么所形成的供应链具有最大的竞争力。例如，电商领域后起之秀拼多多将非核心业务的物流外包给第三方物流服务商，集中精力于电商平台运营和营销推广，从而在我国电商市场激烈的竞争中脱颖而出。

3．电商企业经营产品自身的物流特点

对于经营大宗工业品原料的回运或鲜活产品的电商企业，则应利用相对固定的专业物流服务供应商和短渠道物流；对于面向全球市场的跨境电商企业，宜采用地区性的专业第三方物流企业提供支援；对经营产品单一的电商企业，则应在龙头企业统一下自营物流；对于技术性较强的物流服务，如保税物流服务、海外仓等，电商企业应采用委托代理的方式。

4．电商企业的规模和实力

在实践中，大中型电商企业由于实力较雄厚，通常有能力建立自己的物流系统，制订合适的物流需求计划，保证物流服务的质量。另外，这类企业还可以利用过剩的物流网络资源拓展外部业务（为别的企业提供物流服务）。而中小电商企业则受人员、资金和管理资源的限制，物流管理效率难以提高。此时，企业为把资源用于主要的核心业务上，就应该把物流管理交给第三方专业物流代理公司。

5．物流系统总成本

在选择是自营还是第三方物流时，必须弄清两种模式物流系统总成本的情况，因为成本之间存在着二律背反现象。例如，减少仓库数量时，可降低仓储费用，但会带来运输距离和次数的增加而导致运输费用增加，如果运输费用的增加部分超过了仓储费用的减少部分，总的物流成本反而增大。所以，在选择和设计物流模式时，要对物流系统的总成本加以论证，最后选择成本小的物流模式。

6．第三方物流的客户服务能力

电商企业在选择物流模式时，考虑物流成本尽管很重要，但第三方物流对为本企业及企业客户提供服务的能力也是至关重要的。也就是说，第三方物流在满足电商企业对客户不断变化的需求的反应能力等方面也应该作为首要的因素来考虑。

此外，选择物流运作模式时，还要看电商企业是否将物流业务作为企业利润增长点和是否符合企业总战略。

课后自测习题

一、选择题

1. 下列属于第三方物流优势的是（　　）。
   A．控制力强　　　B．集中主业　　　C．保密性好　　　D．服务水平高
2. 下列电商企业采取物流联盟模式的是（　　）。
   A．淘宝网　　　　B．京东　　　　　C．拼多多　　　　D．唯品会
3. 第四方物流的运作模式不包括（　　）。
   A．超能力组合（1+1>2）　　　　　B．行业创新者
   C．方案集成商　　　　　　　　　　D．信息服务商
4. 第四方物流的供应链解决方案的层次包括（　　）。
   A．执行　　　　　B．实施　　　　　C．变革　　　　　D．再造
5. 下列被称为合同物流的是（　　）。
   A．自营物流　　　B．第三方物流　　C．物流联盟　　　D．第四方物流

二、名词解释

1. 自营物流　　2. 第三方物流　　3. 物流联盟　　4. 第四方物流

三、论述题

1. 比较分析自营物流与第三方物流有何异同。
2. 分析总结自营物流、第三方物流、物流联盟模式各有哪些特点。
3. 电子商务物流模式选择需考虑哪些影响因素？

案例分析

唯品会委托顺丰提供配送服务

特卖电商企业唯品会终止旗下自营快递品骏的快递业务，委托顺丰提供配送服务，与顺丰紧密合作，以确保用户订单的无缝衔接与快递服务的顺利完成。

"我们很高兴能够与顺丰达成合作，"唯品会董事长兼首席执行官沈亚先生表示，"通过这次的业务合作，我们可以提高物流效率，降低履约费用，保障'最后一公里'配送服务，持续提升用户的消费体验。"

唯品会方面表示，唯品会已回归特卖战略中心，此次自营快递业务调整符合集团的提高物流效率的整体策略，进一步专注品牌特卖核心业务的同时，降低履约费用，从而强化运营效能与盈利能力。

唯品会是自建物流体系较早的电商企业，其自建的品骏快递，主营业务包括快递业务、仓配一体化、干线业务、航空业务等，核心产品有快递服务、仓配一体化服务、干线运输、航空货运、物流地产等。自建物流是电商的"大动脉"，此前电商圈内也流传着"北京东南唯品"

之说。二者在仓配布局、配送速度、自动化水平上各领风骚。

公司官网显示，品骏快递在华南（广东肇庆）、华北（天津武清）、西南（四川成都）、华中（湖北鄂州）、华东（江苏昆山）和东北（辽宁沈阳）这几个地区设有六大仓储物流中心，总面积超200万 m^2，自建网点4 000余个，有员工30 000余人，年投送包裹超2.9亿件。此外，品骏在青岛也已建好目前全国最大的企业的B型保税物流中心，在世界范围内已在9个国家设有子公司，配备仓库及运营管理人员。

以六大仓储物流中心为原点，辐射半径直达周边各省千万级用户的生活圈。此外，在活跃用户聚集、配送需求量大、经济活跃度高的地级市周边，唯品会设置了11个前置仓。品骏快递的服务甚至可以覆盖偏远的村镇和地区，提升末端体验，品骏快递在战略布局上打造核心差异化优势。

唯品会规定，即使一手货源，发给消费者前也必须先进入唯品会仓库再次接受质检，这也是为何自营物流能够为用户每一张订单保驾护航的原因。

关注电商行业的用户不难发现，品骏快递自成立以来，始终坚持"全直营，不加盟"的经营模式，通过自建车队、自建快递网络，致力于提升唯品会用户优质、高效、便捷的消费体验。

营收方面，品骏快递终止营业前已经实现连续22个季度盈利，营业收入同比增长31%，社会化业务收入同比增长149%，线上快递业务单量同比增长840%，全国直营站点数量同比增长46%。

一切的数据似乎都显示出品骏快递发展之健康、前途一片大好，且对比同样采取自营物流模式的京东，成立十多年才刚刚实现盈利，品骏如今的发展正处于欣欣向荣之时，唯品会却还是选择牵手顺丰。

资料来源：作者根据相关资料整理。

结合上述资料分析：

（1）唯品会与顺丰合作前后各选用的是何种电子商务物流模式？

（2）试结合所学习的知识，分析唯品会为何在品骏快递发展正处于欣欣向荣之时中止其快递业务。

（3）唯品会委托顺丰提供配送服务有何利弊？

第 3 章　电子商务装卸搬运与运输

本章要点

1. 理解电子商务装卸搬运的概念与特点
2. 熟悉电子商务装卸搬运的机械设备类型
3. 掌握电子商务装卸搬运的合理化措施
4. 了解电子商务运输的功能
5. 掌握电子商务运输合理化的主要方式

案例引入

阿里仓储中的智能机器设备应用

2018 年"双十一"前夕，阿里旗下菜鸟网络宣布，其位于江苏无锡的中国首个 IoT（物联网）未来园区正式投入服务天猫"双十一"购物节。该园区内的近 700 台 AGV（Automated Guided Vehicle）机器人同日正式上线运行，刷新了行业新纪录，也成为中国目前机器人规模最大的智能仓库。园区上线的 AGV 机器人如图 3-1 所示。

图 3-1　阿里 AGV 机器人

据菜鸟方面介绍，其未来园区的高密度自动存储仓库储量是普通仓库的 5 倍。值得一提的是，在近 3 万 m² 的库区内，近 700 台机器人形成一个繁忙的智能运输和工作系统，它们会互相避让，自己充电。届时，近 700 台菜鸟 AGV 机器人会成为天猫"双十一"的仓内主角。它们主要负责带着订单箱到货架指定区拣货、移动货架和找到订单箱装货，并与配送公司合作，为客户提供包裹。利用自动化技术提高效率，可以帮助实现在 24 小时内向国内任何人送货到家，并在 72 小时内向国际市场提供服务的最终目标。

此前，阿里已在天猫超市天津仓库布局了一款仓储机器人——曹操。之所以取名为"曹操"，据说是取自俗语"说曹操，曹操就到"，寓意该机器人让仓储分拣、管理更快，更高效。曹操整体有半米多高，跟一般的 AGV 机器人差不多大，可承重 50kg，速度可达到 2m/s。该机器人接到订单后，可以迅速定位出商品在仓库分布的位置，并且规划最优捡货路径，拣完货后会自动把货物送到打包台，减少仓管人员的步行距离，大大增加了仓库分拣打包的效率。

其实，阿里巴巴并不是唯一一个试图为仓库带来更多自动化的公司。在全球范围内，亚马逊也使用机器人运输包裹，英国杂货店 Ocado 也在其仓库中使用各种自动化机器。

智能机器人是实现智能化拣选、完成仓库搬运工作的重要工具，阿里巴巴及其他电商巨头都在积极研发和应用中。自动化设备的应用绝对是物流未来发展的关键，在不久的将来，人类将与智能机器设备一起完成工作，但最终可以实现完全自动化。

思考：阿里仓储管理中应用的智能机器人对于仓储作业效率的提升具有怎样的意义？装卸搬运设备未来的发展趋势如何？

资料来源：环球网

3.1 电子商务装卸搬运

装卸搬运是贯穿物流活动始终的物流环节，对于提高电子商务物流的运营效率和速度具有重要的意义。随着自动化、机械化、智能化技术的普及和应用，电子商务装卸搬运技术和水平也在快速提高。

3.1.1 装卸搬运认知

1．装卸搬运的定义

装卸和搬运是两个不同的物流活动，在实践活动中两者常常同时出现，因此一般将两者作为一个物流活动来分析。装卸是指物品在指定地点以人力或机械装入运输设备或卸下，搬运在同一场所内，对物品进行水平移动为主的物流作业。一般而言，在同一地域范围内，如车站范围、工厂范围、仓库内部等，以改变"物"的存放、支承状态的活动称为装卸；以改变"物"的空间位置的活动称为搬运，两者全称装卸搬运。

2．装卸搬运的意义

装卸搬运活动的作业量大，方式复杂，作业不均衡，对安全性的要求高，但它是物流活动中不可缺少的环节，对物流发展和增加效益意义重大。

（1）装卸搬运在物流活动中起着承上启下的作用。物流的各环节和同一环节不同作业之间，都必须进行装卸搬运作业，正是装卸活动把物流各个阶段连接起来，使之成为连续的流动过程。在生产企业物流中，装卸搬运成为各生产工序间连接的纽带，它是从原材料设备等装卸搬运开始到产品装卸搬运为止的连续作业过程。

（2）装卸搬运在物流成本中占有重要地位。在物流活动中，装卸活动是不断出现和反复进行的，出现的频率高于其他物流活动。而且每次装卸活动都要浪费很长时间，所以往往成为决定物流速度的关键。装卸活动所消耗的人力活动也很多，所以装卸费用在物流成本中所占的比重也较高。以我国为例，铁路运输的始发和到达的装卸作业费大致占运费的 20%左右，船运占 40%左右。我国对生产物流的统计显示，机械加工企业每生产 1 吨成品，需要进行 252 吨次的装卸搬运，其成本为加工成本的 15.5%左右。因此，降低物流费用，装卸是个重要环节。

（3）装卸搬运与物流运作的安全密切相关。进行装卸操作时往往需要接触货物，这是在物流过程中造成货物破损、散失、损耗、混合等损失的主要环节。例如，袋装水泥纸袋破损和水泥散失主要发生在装卸过程中，玻璃、机械、器皿、煤炭等产品在装卸时最容易造成损失。因此，装卸搬运活动关系到整个物流过程的安全，对于减少物流损失、提高货物的物流效率具有重要意义。

3.1.2 电子商务装卸搬运的特点

与生产领域的装卸搬运相比，电子商务的装卸搬运属于流通领域，但不论是生产领域还是流通领域，装卸搬运都具有附属性、保障性和衔接性等特点，特别是对于电子商务物流而言，装卸搬运更是必不可少。

1．附属性与伴生性

装卸搬运是物流每一项活动开始及结束时必然发生的活动，无论是在生产领域还是流通领域，装卸搬运环节都是不可或缺的组成部分。例如，一般的汽车运输，就实际包含了相随的装卸搬运；仓库中泛指的保管活动，也含有装卸搬运活动。特别是在电子商务物流领域中，装卸搬运是衔接仓储、运输和快递的重要环节。

2．支持性与保障性

装卸搬运不产生有形的产品，而是提供劳动服务，对于其他环节而言，装卸搬运就是配套保障和服务性作业。装卸搬运的附属性不能理解成被动的，实际上，装卸搬运对其他物流活动有一定决定性。装卸搬运会影响其他物流活动的质量和速度，如装车不当会引起运输过程中的损失，卸放不当会引起货物转换成下一步物流活动的困难。许多物流活动在有效的装卸搬运支持下，才能实现高水平运作。

3．衔接性

在任何其他物流活动互相过渡时，都是以装卸搬运来衔接的，因而装卸搬运往往成为整个物流的"瓶颈"，是物流各功能之间能否形成有机联系和紧密衔接的关键，而这又是一个系统的关键。建立一个有效的物流系统，关键看这一衔接是否有效。

4．均衡性与波动性

生产领域的装卸搬运必须与生产活动的节拍一致，表现为与生产过程均衡性、连续性的一致；在流通领域，装卸搬运虽力求均衡作业，但随着货物出入库的不均衡，作业是突击的、波动的、间歇的，因此装卸搬运作业应具有适应波动性的能力。

5．复杂性与延展性

装卸搬运改变物流存放状态和位置，经常和运输、存储紧密衔接，同时还要进行堆码、装卸、加固、计量、取样、检验、分拣等作业，以保证充分利用载运工具、仓库的载重能力与容量，因此作业比较复杂。为了适应作业环境的变化，装卸搬运作业需要有较强的适应能力。

3.1.3 电子商务装卸搬运机械设备

装卸搬运设备是指用来搬移、升降、装卸和短距离输送物料或货物的机械。装卸搬运设备是实现装卸搬运作业机械化的基础，是物流设备中重要的机械设备。它不仅可用于完成船舶与车辆货物的装卸，而且可用于完成库场货物的堆码、拆垛、运输，以及舱内、车内、库内货物的起重输送和搬运。

1．装卸搬运的机械设备分类

装卸搬运的机械设备种类繁多，根据不同的分类标准，可以分为以下几种。

1）按作业性质分类

按装卸及搬运的作业性质不同，装卸搬运的机械设备可以分为装卸机械、搬运机械及装卸搬运机械三类。在装卸搬运领域，有些机械功能比较单一，只满足装卸或搬运这一个功能。这种单一作业功能的机械有很大优点，即机械结构较简单，多余功能较少，专业化作业能力强，因而作业效率高，作业成本较低，但使用上有一定局限。

单一装卸功能的机械种类不多，固定式吊车（如卡车吊、悬臂吊）虽然也有一定的移动半径，也有一些搬运效果，但基本上还是被看成单一功能的装卸机具。单一功能的搬运机具种类较多，如各种搬运车、手推车及斗式输送机、刮板式输送机之外的各种输送机等。物流领域很注重装卸、搬运两功能兼具的机具，这种机具可将两种作业操作合二为一，因而有较好的系统效果。属于这类机具的主要是叉车、港口中用的跨运车、车站用的龙门吊车及气力装卸输送设备等。常用的龙门吊车如图3-2所示。

图3-2　龙门吊车

2）按机械工作原理分类

按装卸搬运机械的工作原理，可将装卸搬运的机械设备分为叉车类、吊车类、输送机类、作业车类和管道输送设备类。其中，叉车类主要包括各种通用和专用叉车，图3-3所示系通用叉车；吊车类主要包括门式、桥式、履带式、汽车式、岸壁式、巷道式等各种吊车；输送机类主要包括辊式、轮式、皮带式、链式、悬挂式等各种输送机；作业车类主要包括手推车、搬运车、无人搬运车、台车等各种作业车辆；管道输送设备类主要包括液体、粉体的装卸搬运一体化的由泵、管道为主体的一类设备。

3）按有无动力分类

按照装卸搬运设备有无动力，装卸搬运的机械设备可以分为三类：一是重力式装卸输送机，辊式、滚轮式等输送机属于此类；二是动式装卸搬运机械，又有内燃式及电动式两种，大多数装卸搬运机具属于此类；三是人力式装卸搬运机械，用人力操作作业，主要是小型机具和手动叉车、手推车、手动升降平台等。图3-4所示为升降平台。

图3-3 通用叉车

图3-4 升降平台

2．装卸搬运机械的选择原则

1）根据作业性质和作业场合进行配置和选择

装卸搬运作业性质和作业场合不同，需配备不同的装卸搬运设备。根据作业是单纯的装卸或单纯的搬运，还是装卸、搬运兼顾，从而可选择更合适的装卸搬运设备。此外，作业场合不同，也需配备不同的装卸搬运设备。

2）根据作业运动形式进行配置和选择

装卸搬运作业运动形式不同，需配备不同的装卸搬运设备。水平运动，可选用卡车、牵引车、小推车等装卸搬运设备；垂直运动，可选用提升机、起重机等装卸搬运设备；倾斜运动，可选用连续运输机、提升机等装卸搬运设备；垂直及水平运动，可选用叉车、起重机、升降机等装卸搬运设备；多平面式运动，可选用旋转起重机等装卸搬运设备。

3）根据作业量进行配置和选择

装卸搬运作业量大小关系到设备应具有的作业能力，从而影响所需配备的设备类型和数量。作业量大时，应配备作业能力较高的大型专用设备；作业量小时，最好选用构造简单、造价低廉而又能保持相当生产能力的中小型通用设备。

4）根据货物种类、性质进行配置和选择

货物的物理性质、化学性质及外部形状、包装千差万别，有大小、轻重之分，有固体、液体之分，有散装、成件之不同，所以对装卸搬运设备的要求也不尽相同。

5）根据搬运距离进行配置和选择

长距离搬运一般选用牵引车和挂车等装卸搬运设备，较短距离搬运可选用叉车、跨运车等装卸搬运设备，短距离搬运可选用手推车等装卸搬运设备。为了提高设备的利用率，应当结合设备种类和特点，使行车、货运、装卸、搬运等工作密切配合。

6）装卸搬运设备的配套

成套地配备装卸搬运设备，使前后作业相互衔接、相互协调，是保证装卸搬运工作持续进行的重要条件。因此，需要对装卸搬运设备在生产作业区、数量吨位、作业时间、场地条件、周边辅助设备上做适当协调。

3. 电子商务自动化装卸搬运设备

随着科学技术的快速发展及应用，电子商务物流中应用的各种装卸搬运设备的自动化、智能化程度不断提高，成为提高装卸搬运效率的重要方式。

1）自动导引车

自动导引车是指具有磁条、轨道或者激光等自动导引设备，沿规划好的路径行驶，以电池为动力，并且装备安全保护及各种辅助机构（如移载、装配机构）的无人驾驶的自动化车辆，如图 3-5 所示。

通常，多台自动导引车与控制计算机（控制台）、导航设备、充电设备及周边附属设备组成自动导引车系统，其主要工作原理表现为在控制计算机的监控及任务调度下，自动导引车可以准确地按照规定的路径行走，到达任务指定位置后，完成一系列的作业任务。控制计算机根据自动导引车自身电量决定是否到充电区进行自动充电。

自动导引车已经形成系列化产品，该产品的主要特点为：自动化程度高，系统运行稳定可靠；运行灵活，可更改路径；高速无线通信及高精度导航系统；完善的自诊断系统；快速自动充电系统；与上级信息管理系统衔接。

自动导引车可用于多种应用中，以运输许多不同类型的材料，包括托盘、卷、架子、手推车和集装箱。在电子商务领域中多在仓库和配送中心中使用，自动导引车在逻辑上将货物移动到仓库周围，并为运输/装载或接收做好准备，或者将它们从感应输送机移动到仓库中的逻辑存储位置。通常，这种使用方式会附带定制的仓库管理软件。

2）工业机器人

工业机器人是一种能自动定位控制、可重复编程、多功能、多自由度的操作机。它能搬运材料、零部件或操持工具，用以完成各种作业，如图 3-6 所示。

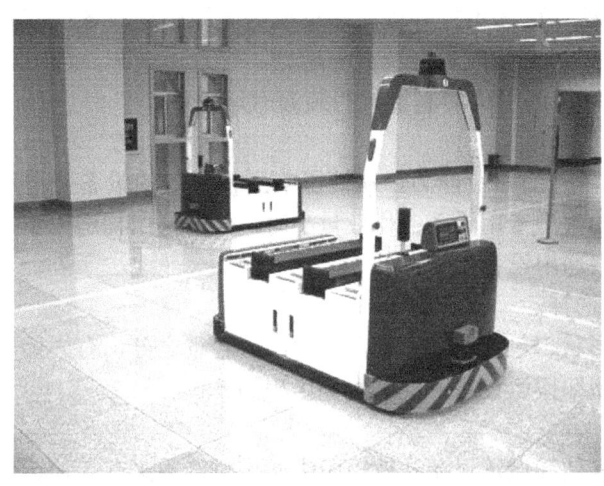

图 3-5　自动导引车

图 3-6　工业机器人

在仓储活动中，机器人技术主要应用于单元装卸和拆分。在各类工厂的码垛方面，自动化极高的机器人被广泛应用，因为人工码垛工作强度大，耗费人力，员工不仅需要承受巨大的压力，而且工作效率低。搬运机器人能够根据搬运物件的特点，以及搬运物件所归类的地方，在保持其形状的和物件的性质不变的基础上，进行高效的分类搬运，使得装箱设备每小时能够完成数百块的码垛任务。工业机器人还在生产线上下料、集装箱的搬运等方面发挥着极其重要的作用。此外，机器人还可以在危险的环境中作业（如高噪声环境、冷冻食品等极点温度作业环境），有效完成人工难以发挥作用的工作。

3）数据化拣货系统

数据化拣货系统是一种电脑辅助的无纸化拣货系统，其原理是借助安装于货架上每一个货位的 LED 电子标签取代拣货单，利用电脑的控制将订单信息传输到电子标签中，引导拣货人员正确、快速、轻松地完成拣货工作，拣货完成后按确认钮完成拣货工作。计算机监控整个过程，并自动完成账目处理。电子商务物流具有多品种、小批量的特点，因此各物流配送中心配送货品的种类和数量急剧增加，货物分拣任务十分艰巨，分拣作业已成为一个重要的工作环节。数据化拣货系统可直接和上下游生产线对接，大幅度提高拣货速度，降低拣货错误率。数据化拣货系统的操作流程如图 3-7 所示，主要是由计算机系统生成拣货任务，自动点亮巷道的指示灯，并且物品所在的库位标签页相应点亮，并显示拣选数量，操作人员在指示灯指引下完成货物捡取，并拍灭标签灯，巷道拣选任务完成，指示灯熄灭。

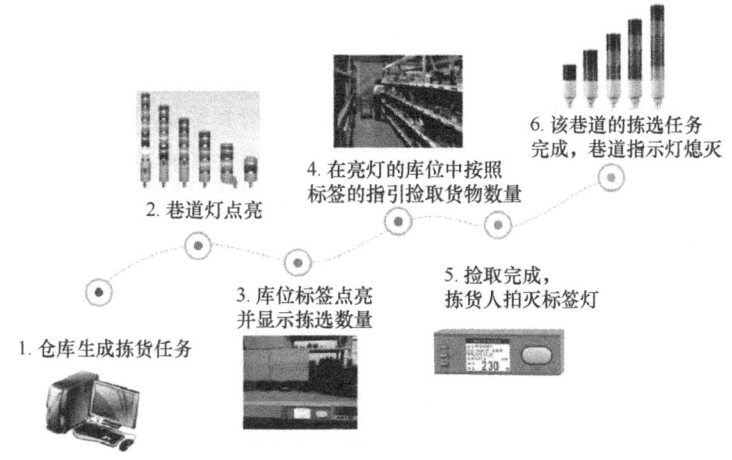

图 3-7　数据化拣货系统操作流程

3.1.4　电子商务装卸搬运合理化

提高电子商务装卸搬运的效率，降低装卸搬运过程中的损耗和成本，关键是实现合理化的装卸搬运，一般可以从以下几个方面着手。

1. 尽量减少无效作业

所谓无效作业，是指在装卸作业活动中超出必要的装卸搬运量的作业。为了有效地防止和消除无效作业，可从以下几个方面入手：

（1）尽量减少装卸搬运的次数。在物流过程中，货损主要发生在装卸搬运环节。从发生频率来讲，装卸搬运作业超过了任何其他活动。过多的装卸搬运次数必然导致货损的增加。此外，每增加一次装卸搬运，相关费用也会成比例增加。因此，要尽量减少装卸搬运的次数，避免没有物流效果的物流作业。

（2）包装要适宜。包装是物流中不可缺少的辅助作业手段。包装重量过大，在装卸搬运过程中就会耗费较大的劳动。包装的轻型化、简单化、实用化会不同程度地减少作用于包装上的无效劳动。

（3）缩短装卸搬运作业的距离。物料在装卸、搬运当中，要实现水平和垂直两个方向的位移，选择最短的路线完成这一活动，就可避免超越这一最短路线以上的无效劳动。

2．提高装卸搬运的灵活性

所谓装卸搬运的灵活性，是指在装卸作业中的物料进行装卸作业的难易程度。所以，在堆放货物时，事先要考虑到物料装卸作业的方便性。衡量商品堆存形态的搬运灵活性用灵活性指数表示。一般将灵活性指数分为五个等级：散堆于地面上为0级；装入箱内为1级；装在货盘或垫板上为2级；装在车台上为3级；装在输送带上为4级。灵活性指数越大，装卸搬运的灵活性越高，装卸搬运的效率越高。

3．实现省力化

在装卸作业中应尽可能地消除重力的不利影响。在有条件的情况下利用重力进行装卸，可减轻劳动强度和能量的消耗。将设有动力的小型运输带（板）斜放在货车、卡车或站台上进行装卸，使物料在倾斜的输送带（板）上移动，这种装卸就是靠重力的水平分力完成的。在搬运作业中，不用人工，而是把物资放在车上，由器具承担物体的重量，人们只要克服滚动阻力，使物料水平移动，这无疑是十分省力的。

利用重力式移动货架也是一种利用重力进行省力化的装卸方式。重力式货架的每层格均有一定的倾斜度，货箱或托盘可沿着倾斜的货架层板自己滑到输送机械上。为了使物料滑动的阻力越小，通常货架表面均处理得十分光滑，或者在货架层上装有滚轮，也可在承重物资的货箱或托盘下装上滚轮，这样将滑动摩擦变为滚动摩擦，物料移动时所受到的阻力会更小。

4．提高机械化装卸搬运效率

使用机械设备开展装卸搬运不仅能够提高装卸搬运的效率，还能够降低物资损耗。为了提高装卸搬运的机械化作业比例，需要从整体上进行组织和安排。首先，确定装卸搬运任务量。根据物流计划、装卸作业不均衡程度、装卸次数、装卸车时限等，确定作业现场年度、季度、月、旬、日平均装卸任务量。要合理地运用装卸搬运设备，必须把计划任务量与实际装卸作业量两者之间的差距缩到最小。其次，根据装卸搬运任务和装卸搬运设备的生产率，确定装卸搬运设备需用的台数和技术特征，并编制装卸搬运作业进度计划，下达装卸搬运进度计划，安排劳动力和作业班次。

随着生产力的发展，装卸搬运的机械化程度定将不断提高。此外，由于装卸搬运的机械化能把工人从繁重的体力劳动中解放出来，尤其对于危险品的装卸作业，机械化能保证人和货物的安全，也是装卸搬运机械化程度不断提高的动力。

5．推广组合化装卸搬运作业

在装卸搬运作业过程中，根据不同物料的种类、性质、形状、重量来确定不同的装卸作业方式。处理物料装卸搬运的方法有三种形式：普通包装的物料逐个进行装卸，称为"分块处理"；将颗粒状物资不加小包装而原样装卸，称为"散装处理"；将物料以托盘、集装箱、集装袋为单位进行组合后进行装卸，称为"集装处理"。对于包装的物料，尽可能进行"集装处理"，实现单元化装卸搬运，充分利用机械进行操作。组合化装卸搬运的作业效率高，可大量节约装卸作业时间，提高物料装卸搬运的灵活性，同时操作单元大小一致，易于实现标准化。此外，不需用手去触及各种物料，可达到保护物料的效果。

6．合理规划

装卸搬运作业过程需要对整个装卸作业的连续性进行合理规划和安排，以减少运输距离和装卸搬运的次数。首先，装卸搬运作业现场的平面布置是直接关系到装卸、搬运距离的关键因素，装卸搬运机械要与货场长度、货位面积等互相协调。其次，要有足够的场地集结货场，并满足装卸搬运机械工作面的要求。场内的道路布置要为装卸搬运创造良好的条件，有利于加速货位的周转。使装卸搬运距离达到最小平面布置是减少装卸搬运距离的最理想的方法。再次，提高装卸搬运作业的连续性。其中包括：作业现场装卸搬运机械合理衔接；不同的装卸搬运作业相互联结使用时，力求使它们的装卸搬运速率相等或接近；充分发挥装卸搬运调度人员的作用，一旦发生装卸搬运作业障碍或停滞状态，立即采取有力的补救措施。

3.2 电子商务运输

运输是电子商务物流的关键组成部分，具有转移、储存等基本功能，同时具备集货、保值、节约等功能。电子商务运输不仅关系到电子商务物流运行的速度和效率，还直接影响电子商务物流的成本。因此，电子商务运输的合理化对于电子商务物流发展具有重要意义。

3.2.1 运输认知

运输是用运输设备将物品从一地点向另一地点运送，其中包括集货、分配、搬运、中转、装入、卸下、分散等一系列操作。运输是在不同地域范围内，以改变物的空间位置为目的对物进行的空间位移，通过这种位移创造商品的空间效益，实现其使用价值，满足社会的不同需要。运输是物流的中心环节之一，也是现代物流活动最重要的一个功能。

1．运输方式

由于使用不同的运输工具、设备线路，通过不同的组织管理形成了不同的运输方式，一般包括公路运输、铁路运输、航空运输、水路运输和管道运输五种。不同的运输方式具有不同的优缺点，适用于不同的情况。正确选择合适的运输方式不仅能够降低运输成本，提高运输效率，同时还能够提高整个物流系统的合理化。

（1）公路运输。公路运输是主要使用汽车在公路上进行客货运输的一种方式。它主要承担近距离、小批量的货运，以及铁路运输难以达到地区的长途、大量货运和铁路、水运难以发挥优势的短途运输。公路运输优势明显，主要是灵活性强，易于因地制宜，对收到站设施要求不高，可以采取门到门的运输形式，不需要转运或反复装卸搬运。同时，公路建设周期短，投资较低。此外，公路运输的缺点也比较明显，即运输单位小，能耗和运输成本较高，长距离运输费用较高，一般经济运输里程在 200 千米以内。

> **知识拓展**
>
> **公路运输的类型**
>
> 公路运输一般按照货物票均重量和运输组织方式分为快递、零担和整车三个大类，其中零担又细分为小票零担和大票零担，而"小票零担"即媒体及公众经常提及的"快运"。

（2）铁路运输。铁路运输是使用铁路列车运送客货的一种运输方式。它主要承担长距离、大数量的货运，在没有水运条件的地区，几乎所有大批量货物都依靠铁路运输，是干线运输中主力运输形式。铁路运输优势主要表现为运输速度快、运输能力大、运输成本低，但是铁路运输只能在固定线路上实现，需要其他运输手段的配合和衔接。

（3）航空运输。航空运输是使用飞机或其他航空器进行运输的一种运输方式。航空运输的单位成本很高，因此主要适合运载两类货物：一类是价值高、运费承担能力很强的货物，如贵重设备零部件、高档产品等；另一类是紧急需要的物资，如救灾抢险的物资等。航空运输的主要优点是速度快、不受地形的限制，缺点就是运费高、受重量限制。

（4）水路运输。水路运输是使用船舶运送客货的一种运输方式。它主要承担大数量、长距离的运输，是干线运输中起主力作用的运输形式。根据水路的类型不同，水路运输主要包括沿海运输、近海运输、远洋运输和内河运输。不管哪种形式的水运，其优点都是运输成本低，能进行低成本、大批量和远距离的运输，适合宽大、质量重的货物运输。缺点是运输速度较慢，港口装卸费用较高，不适合短距离运输，受天气影响较大。

（5）管道运输。管道运输是利用管道输送气体、液体和粉状固体的一种运输方式。管道运输是靠物体在管道内顺着压力方向循环移动实现的，和其他运输方式的区别在于管道设备是静止不动的。管道运输的优点是，采用密封设备，在运输过程中可避免散失、丢失等损失，不存在其他运输设备在运输过程中消耗动力所形成的无效运输问题，并且运输量大，适合大量且连续不断运送物资。其缺点是建设投资大，对运输货物有特定要求和限制，功能单一，灵活性差。

各类运输方式的比较如表3-1所示。

表3-1 各类运输方式的比较

运输方式	优 点	缺 点
铁路运输	当代最重要的运输方式之一。运量大，速度快，运费较低，受自然因素影响小，连续性好	修筑铁路造价高，消耗金属材料多，占地面积广，短途运输成本高
公路运输	发展最快、应用最广、地位日趋重要的运输方式。机动灵活，周转速度快，装卸方便，对各种自然条件适应性强	运量小，能耗大，成本高，运费较贵
水路运输	历史最悠久的运输方式，运量大，投资少，成本低	速度慢，灵活性和连续性差，受航道水文状况和气象等自然因素影响大
航空运输	速度快，运输效率高，是最快捷的现代化运输方式	运量小，能耗大，运费高，设备投资大，技术要求严格
管道运输	运具和线路合二为一的新型运输方式。货物主要是原油、成品油、天然气、煤浆及其他矿浆。气体不挥发，液体不外流，损耗小，连续性强，平稳安全，管理方便，可以昼夜不停，运量很大	管道运输要铺设专门管道，设备投资大，灵活性差

2．影响运输方式选择的因素

在各种运输方式中，如何选择适当的运输方式是改善物流效率的重要问题。

（1）货物种类。货物的价值、体积、形状、单位质量、危险性、变质性等都是影响运输方式选择的重要因素。一般情况下，价格低、体积大的货物，较适合铁路运输或水路运输；而价值高、体积小的货物，可以选择航空运输。

（2）运输批量。运输量对运输工具的选择具有重要影响。一般情况下，不超过15吨的货物适合采用公路运输，20吨以上的货物宜采用铁路运输，数百吨以上的货物可选择水路运输。

（3）运输距离。运输距离的远近决定了运输时间的长短，运输时间的长短对能否及时满足客户需要、减少资金占用有重要影响。因此，运输距离是选择运输工具时应考虑的一个重要因素。

（4）运输期限。运输期限必须与交货日期相联系，应保证运输时限。运输前，必须调查各种运输工具所需要的运输时间，根据运输时间来选择运输工具。一般情况下，运输时间的快慢顺序依次为航空运输、汽车运输、铁路运输、船舶运输。各运输工具可以按照它的速度编组来安排日程，加上它的两端及中转的作业时间，就可以算出所需的运输时间。在商品流通中，要研究这些运输方式的现状，进行有计划的运输，期望有一个准确的交货日期是基本的要求。

（5）运输成本。运输成本因货物的种类、重量、容积、运距不同而不同。而且，运输工具不同，运输成本也会发生变化。在考虑运输成本时，必须注意运费与其他物流子系统之间存在着互为利弊的关系，不能只考虑运输费用来决定运输方式，要由总成本来决定。

3.2.2　电子商务运输的功能

电子商务运输关系到整个电子商务物流运作的效率和服务质量，其主要功能可归纳如下。

1. 电子商务运输的基本功能

电子商务运输具有两大基本功能，即转移和储存。

（1）转移功能。运输的转移功能是实现物品空间地理位置变动的最基本功能之一。无论物品处于什么形式，不管是在制造过程中将被移到下一阶段，还是在流通过程中更接近最终的客户，运输都是必不可少的。运输的主要目的就是以最低的时间、财务和环境资源成本，将产品从原产地转移到规定的地点，并保证产品损坏的费用最小。同时，产品转移的方式必须能满足客户有关交付履行和装运信息的要求。

（2）储存功能。运输的储存功能是对物品进行的临时储存，也可以称为在途库存，是运输的一种特殊功能。运输工具，包括车辆、船舶、飞机等被用作一种临时储存设施，将物品装到运输工具上，然后采用迂回或间接线路运往其目的地，在这一过程中，运输起到了临时储存的功能。此外，如果转移中的产品需要储存，但在短时间内（如几天后）又将重新转移的话，那么该产品在仓库卸下来和再装上去的成本也许超过储存在运输工具中每天支付的费用，在仓库空间有限的情况下，利用运输车辆储存也许不失为一种可行的选择。因此，运输工具可以充当临时储存的功能。

2. 电子商务运输的特色功能

运输对于电子商务而言是完成最后物流配送环节的重要基础环节，通过干线运输、支线运输及门对门运输的方式，完成对客户的物流服务。相较于一般运输服务而言，电子商务运输具有一定的特色功能。

（1）集货功能。对于B2C电子商务而言，在其运营过程中，通常需要将产品从生产地或商家仓库运输到电子商务平台企业的仓库进行集中管理，这一阶段的运输对于商家而言是重要的集货功能的发挥。对于物流企业而言,从商家仓库取得物品后,为了实现经济性、规模性的物流服务,往往将物品通过服务点进行集中整理,然后按照收货目的地进行路线规划,统一运输,在每个物流节点上,运输都起到了集货的功能。这一功能有利于企业进行物流、运输的统一规划与安排,从而提高电子商务运输效率。

(2)保值功能。电子商务运输具有保值功能。任何产品从生产出来到最终消费,都必须经过一段时间、一段距离的运输,而这一过程都会涉及包装、储存、装卸搬运等环节,并且产品可能淋雨受潮、水浸、生锈、破损、丢失等。一旦出现这些情况,就会造成物品的损坏,给电子商务企业带来不必要的损失,因此合理的运输过程能够保证物品的质量和数量,起到保值功能,从而给电子商务企业降低损失。

(3)节约功能。电子商务运输的过程中,如果选择合适的运输方式,规划合适的运输路线等,还可以起到节约资源与成本的功能。比如,集装箱化运输,可以简化商品包装,节省大量包装用纸和木材;实现机械化装卸作业,仓库保管自动化,能节省大量作业人员,大幅度降低人员开支。

(4)提高客户满意功能。运输的质量直接关系到通过电子商务平台购物的客户的满意度。如果物品送达客户时状态完好,没有损坏,一般而言客户的满意度会比较高,相反则会影响用户的满意度评价。同时,运输的速度关系到物品到达客户的时间,会影响物流配送的时效性,这也是影响客户满意的重要因素。因此,电子商务运输还具有提高客户满意的功能。

(5)提高企业竞争力功能。运输是电子商务企业获得竞争力的法宝,搞好运输可以实现零库存、零距离和零流动资金占用,是提高用户服务质量、构筑企业供应链、增加企业核心竞争力的重要途径。在经济全球化、信息全球化和资本全球化的时代,电子商务企业通过建立现代运输方式,才能在激烈的竞争中求得生存和发展。

3.2.3 电子商务运输的分类

按照不同的标准,电子商务运输可以划分为不同的类型。

1. 按运输的范围划分

(1)干线运输。干线运输是利用铁路、公路干线,以及大型船舶的固定航线进行的长距离、大数量的运输。干线运输是进行远距离空间位置转移的重要运输形式。干线运输一般较同种工具的其他方式运输速度快,成本较低。

(2)支线运输。支线运输是与干线相接的分支线路上的运输。支线运输是干线运输与收、发货地点之间的补充性运输形式,路程较短,运输量相对较小。

(3)二次运输。二次运输是一种补充性的运输形式,指的是干线、支线运输到站后,站与用户仓库或指定地点之间的运输。由于是单个单位的需要,所以二次运输运量很小。

2. 按运输的作用划分

(1)集货运输。指将分散的货物集中的运输形式。由于是货物集中后才能利用干线运输形式进行远距离及大批量的运输,因此集货运输是干线运输的一种补充形式。

(2)配送运输。指将节点中已按用户要求配好的货物分送给各个用户的运输。配送运输一般是短距离、小批量的运输,从运输角度讲,是对干线运输的一种补充和完善的运输。

3. 按运输的协作程度划分

(1)一般运输。指孤立地采用不同运输工具或同类运输工具而没有形成有机协作关系的运输形式。支线运输中一般都是一般运输。

（2）联合运输。指使用同一运送凭证，由不同运输方式或不同运输企业进行有机衔接运输货物，利用每种运输手段的优势以充分发挥不同效率的一种运输形式。采用联合运输可以简化托运手续，方便用户，同时加快运输速度，节省运费。一般在跨境电子商务物流中采用联合运输。

4．按运输中途是否换载划分

（1）直达运输。直达运输就是在组织货物运输时，利用一种运输工具，从起运站一直到达最终目的站，中途不经过换载、不入库储存的运输形式。直达运输可避免中途换载所出现的运输速度减缓、货损增加、费用增加等一系列弊病，从而能缩短运输时间、加快车船周转、降低运输费用。

（2）中转运输。中转运输就是在货物运往目的地过程中，在途中的车站、港口、仓库进行转运换装的运输形式。中转运输可以将干线、支线运输有效衔接，可以化整为零或集零为整，从而方便用户、提高运输效率。

3.2.4 电子商务运输合理化

电子商务运输合理化是指从电子商务物流系统的总体目标出发，按照货物流通规律，运用系统理论和系统工程原理和方法，选择合理的运输路线和运输工具，以最短的路径、最少的环节、最快的速度和最少的劳动消耗，组织好货物的运输与配送，以获取最大的经济效益。

1．电子商务运输合理化的作用

（1）有利于促进国民经济持续、稳定、协调地发展。按照市场经济的基本要求，组织货物的合理运输，可以使物资产品迅速地从生产地向消费地转移，加速资金的周转，促进社会再生产过程的顺利进行，保持国民经济稳定、健康发展。

（2）能节约运输费用，降低物流成本。运输费用是构成物流费用（成本）的主要部分。物流过程的合理运输，就是通过运输方式、运输工具和运输路线的选择，进行运输方案的优化，实现运输合理化。运输合理化必然会缩短运输里程，提高运输工具的运用效率，从而达到节约运输费用、降低物流成本的目的。

（3）缩短了运输时间，加快了物流速度。运输时间的长短决定着物流速度的快慢，所以货物运输时间是决定物流速度的重要因素。合理组织运输活动，可使被运输的货物在途时间尽可能缩短，实现到货及时的目的，因而可以降低库存商品的数量，实现加快物流速度的目标。因此，从宏观角度讲，物流速度加快，减少了商品的库存量，节约了资金占用，相应地提高了社会物资产品的使用效率，同时也利于促进社会化再生产过程。

（4）可以节约运力，缓解运力紧张。运输合理化克服了许多不合理的运输现象，从而节约了运力，提高了货物的通过能力，起到合理利用运输能力的作用。同时，由于货物运输的合理性，降低了运输中的能源消耗，提高了能源利用率。这些对于缓解我国目前运输和能源紧张情况具有重要作用。

2．电子商务运输合理化的主要形式

（1）分区产销平衡。分区产销平衡就是在组织物流活动时，对某些产品使其在一定的生产区域固定于一定的消费区。实行这一办法对于加强产、供、运、销的计划性，消除过远运输、迂回运输、对流运输等不合理运输，充分利用地方资源、促进生产合理布局、节约运力、降低物流成本都有十分重要的意义。

（2）直达运输。直达运输是在组织运输过程中，跨过商业、物资仓库或其他中间环节，把

货物从运地直接一步到位运到销地或用户手中，减少中间环节。随着市场经济的发展，企业为了降低流通费用，采用直达运输的比例在迅速提高，这对减少物流中间环节、提高物流效益和生产经营效益都有重要作用。

（3）"四就"直拨运输。"四就"直拨运输，是指企业在组织货物调运过程中，对当地生产或由外地到达的货物，不运进批发站仓库，采取直拨的办法，把货物直接分拨给基层仓库或用户，减少一道中间环节。其具体做法是就厂直拨、就车站或码头直拨、就库直拨、就车或船过载等。

"四就"直拨和直达运输是两种不同的合理运输形式，它们既有区别又有联系。直达运输一般是指运输里程较远、批量较大、往省（区）外发运的货物，"四就"直拨运输一般是指运输里程较近、批量较小、在大中型城市批发站所在地办理的直拨运输业务。二者是相辅相成，往往又交错在一起的，如在实行直达运输的同时，再组织"就厂""就站"直拨，可以收到双重的经济效益。

（4）提高技术"装载量"。提高技术装载量，是组织合理运输、提高运输效率的重要内容。它一方面是最大限度地利用车船载重吨位，另一方面是充分使用车船装载容积提高运输能力和车辆的运量。主要方法包括实行分单体运输、组织轻重配装、提高堆码技术、合装整车、拼装整车中转分运。

（5）推进综合运输。精心规划，统筹兼顾，大力发展综合运输体系，推进联合运输方式，可以增强运输生产能力，缓解交通运输紧张的顽疾。多年来，我国交通运输出现不平衡情况，有的线路运输压力过大，有些线路运力发挥不够，有的运输方式严重超负荷，而实现综合运输体系将改变这一不协调不平衡的状况，大幅度提高运输能力。

现实中，电商企业要按照各种运输方式的技术经济特征建立合理的运输结构，使其扬其所长、避其所短，最大限度地提高合理化运输水平，提高运输效率和经济效益。

课后自测习题

一、选择题

1. 电子商务装卸搬运的特点主要有（　　）。
   A．附属性　　　B．保障性　　　C．衔接性　　　D．波动性
2. 物流活动中贯穿始终发挥衔接作用的环节是（　　）。
   A．运输　　　　B．储存　　　　C．装卸搬运　　D．配送
3. 电子商务物流中最常用的运输方式是（　　）。
   A．公路运输　　B．铁路运输　　C．航空运输　　D．内河运输
4. 按中途是否可以换载可以将电子商务运输划分为（　　）。
   A．中转运输　　B．直达运输　　C．一般运输　　D．联合运输
5. 电子商务运输的主要功能包括（　　）。
   A．转移功能　　B．储存功能　　C．保值功能　　D．流通功能

二、名词解释

1．装卸　2．搬运　3．运输　4．公路运输　5．铁路运输

三、简答题

1. 电子商务装卸搬运具备哪些特点？
2. 电子商务装卸搬运的合理化需要从哪些方面着手？
3. 选择电子商务装卸搬运机械时需遵循哪些原则？
4. 运输的主要形式有哪些？
5. 从运输的范围来看，电子商务运输可以划分为哪几类？
6. 电子商务运输合理化有哪些作用？

案例分析

京东物流正跨越：干线运力弯道超车

2020年8月14日，京东发布公告，子公司京东物流以30亿元收购跨越速运。而跨越速运是中国零担快运前十强企业。这次收购是否能够让公路干线运力不足的京东物流实现一次弯道超车？

1. 顺丰身边的小巨人——跨越速运

同在深圳的跨越速运，长期以来以低调务实的发展作风、自营车队和高营收率，被业界称为"小顺丰"。自成立以来，跨越速运也较多地借鉴了顺丰直营模式，在干线运力上采用自营车队，实现了运力资源的直接管控。

此外，为了抢占市场，跨越速运瞅准了通达系快递服务质量不足和顺丰服务能力的不能全满足，定位高时效快递，也就是后来的"限时快运"。而实现这一目标，跨越速运采用了航空包机+干线运力相结合的方式，打掉了部分中间环节。

目前，跨越速运以航空货运为主，全直营服务高端企业级客户，在国内率先推出限时速运服务，包括当日达、次日达、隔日达等产品。截至2021年"双十一"，跨越速运旗下已拥有17架全货运专机，加上在华南地区70%的腹仓资源，以及全国90%以上的网络区域覆盖，其航空干线网络已实现了对核心城市的全面覆盖及周边400多个城市"夜发晨至"的标配速运时效。

2. 京东的干线运力突围

2017年正式成立的京东物流集团，虽然看似比跨越速运小了10岁，但实际上京东也是在2007年开始自建物流体系的。但京东十多年来发展的主要是落地配，用自营团队把"最后一公里"做到了极致。而在市场竞争更趋白热化的干线运力市场，京东物流一直没有实现较好的突围。京东物流的战略核心是以仓配供应链服务为主，不是做快递，而干线运力投入是京东绕不开的关卡。

长期以来，顺丰干线运输更多地采用第三方运力，但是缺点明显，即运输期间经停站点多，装卸货物频率高，差错率更高，一旦赶上网购旺季，第三方物流的及时响应更是大打折扣。为此，2012年6月，京东商城自营干线运输车队宣告正式投入运营，这打破了此前的长途运输主要采用第三方物流的方式。

近年来，京东物流更是不断寻求突围。2017年京东物流独立化以后，战略布局四大领域，快递与快运服务位居前列。2017年，京东开放物流对直达干线运输网络进行了升级，新增了44条穿梭往来于全国七大区之间的运输干线，其中包括北京到东莞、西安到广州、沈阳到广州这样单程超过2 000公里的长途干线。这减少了商品搬运中间环节，也提升了商品周转的效率。44条直达运输干线的开通，干线开通区域整体时效平均缩短了24小时以上。

资料来源：搜狐网

结合上述资料分析：

（1）京东物流的主要运输方式包括哪些？

（2）京东物流收购跨越速运对于京东运输环节的效率提升具有怎样的意义？

第 4 章

电子商务采购与仓储管理

 **本章要点**

1. 理解电子商务采购技术
2. 熟悉电子商务采购作业流程
3. 熟悉电子商务仓库类型
4. 掌握电子商务仓库合理化措施
5. 掌握电子商务库存控制方法

 **案例引入**

京东物流：三年内京东云仓覆盖全国

长期以来，制造行业的供应链面临着非常多的挑战，线上线下多渠道、全场景等商业生态的发展，更加加剧了这一复杂的程度。面对汽车客户售后备件供应链中上下游信息割裂、库存水平高、配送时效慢等三大问题，京东物流提供了一整套解决方案：通过一套订单协同平台系统，打通链路，解决了信息割裂的问题；通过销售预测和智能补货，使得整个库存水平降低了 30%；通过备件库智能分仓，配送频次从每周 2~3 次提升到 6 次，订单一次满足率提升了 10%。而在和消费品行业客户合作中，京东物流打造了智能场站、数字化车队和链上签等产品，实现了园区智能调度、数字化月台、运单合同电子化等，为客户节约了超过 60%的人力成本和 50%的单据管理成本。

在产地供应链提升中，京东物流通过平邑智能云仓项目，打造了电商进村和物流进村的"平邑模式"，入选"山东省地方改革案例"。据介绍，平邑智能云仓建筑面积超过 4 万 m^2，可实现自动化存储、自动化分拣和自动化记录等功能，尤其是全自动化的立库，存储容量超过 1.1 万 m^3，业务上可承接 2B、2C 业务，实现货到人拣选，日处理量订单超过 10 万单。平邑智能云仓使用了京东物流自动化立库、天狼穿梭车、地狼 AGV 和交叉分拣机等四大自研技术产品，以及 CLPS、WMS、TMS 和 WCS 等软件管理系统，真正实现了自动化、智能化。

平邑智能云仓是全国产地智能云仓中的一个，京东云仓将在三年内实现全国所有的区县全覆盖，实现低频商品集中管理、高频商品前置管理和产地商品一件代发，在快消、电子、能源、工业品、汽车等行业，通过供应链技术解决方案，赋能行业，提升效率。

思考：从资料中可以看出京东云仓有哪些特点？京东云仓的发展反映出电商物流未来怎样的发展趋势？

4.1 电子商务采购管理

电子商务采购管理为采购提供了一个全天候电子化、信息化的采购环境，有利于提高采购的透明度，实现采购过程的公开、公平、公正，同时有利于扩大供应商范围，提高采购效率，降低采购成本。

4.1.1 采购管理认知

采购管理是企业物流的重要组成部分，关系到企业生产经营活动的开始。如何科学合理地开展采购管理是提高物流活动效率的重要方面。

1. 采购管理的定义

采购管理是对整个企业采购活动的计划、组织、指挥、协调和控制活动。它是管理活动，是面向整个企业的，不但面向企业全体采购员，而且面向企业组织其他人员（进行有关采购的协调配合工作），一般由企业的采购科（部、处）长、供应科（部、处）长或企业副总（或采购科长）来承担。其使命是要保证整个企业的物资供应顺利，其权利是可以调动整个企业的资源。简言之，采购管理就是指为保障企业物资供应而对企业采购进货活动进行的管理活动。

企业的采购管理主要包括三项内容：保证企业所需的各种物资的供应；从资源市场获取各种信息，为企业物资采购和生产决策提供信息支持；与资源市场供应商建立起友好且有效的关系，为企业营造一个宽松有效的资源环境。

2. 采购管理的目标

（1）适时适量。这是物资采购最重要的目标之一。物资采购供应既不是把货物进得越多越好，也不是进得越早越好。货物进少了不能满足生产的需要，会导致缺货，影响生产。但是货物进得过多，不但占用了较多的资金，还会增加仓储，增加存货保管费用，使成本升高。进货时间晚了也会造成缺货，但是进早了就等于增加了存储时间，相当于增加了仓储、保管费用，同样升高了成本。因此，采购要求适时适量，做到既保证供应，又使成本最小。

（2）保证质量。即保证采购的货物能够达到企业生产所需要的质量标准，保证企业生产出来的产品质量合格。保证质量，也要做到适度。质量太低不行，但是质量太高也不行，一是没有必要，二是价格必然高、增加购买费用，也是不合算的，所以要求物资采购要在保证质量的前提下尽量采购价格低廉的物品。

（3）费用最低。在物资采购中，每个环节、每个方面都要发生各种各样的费用：购买有购买费用，进货有进货费用，检验入库有检验费用、入库费用，搬运有搬运费用、装卸费用，在仓库储存保管时有保管费用，库存物资资金还需要付银行利息等。因此，在物资采购的全过程中，要运用各种各样的采购策略，使总的采购费用最低。

4.1.2 电子商务采购技术

电子商务采购主要依赖于电子商务技术的发展和物流技术的提高，依赖于人们思想观念和管理理念的改变。我国目前已经有不少企业及政府采用了网上采购的方式，对降低采购成本、提高采购效率、杜绝采购腐败起到了十分积极的作用，因此应该大力提倡这一新的采购方式。

1. 电子商务采购的含义

电子商务采购是在电子商务环境下的采购模式，也就是网上采购。通过建立电子商务交易平台，发布采购信息，或主动在网上寻找供应商、寻找产品，然后通过网上洽谈、比价、竞价实现网上订货，甚至网上支付货款，最后通过网下的物流过程进行货物的配送，完成整个交易过程。

电子商务采购为采购商提供了一个全天候、全透明、超时空的采购环境，即 365×24 小时的采购环境。该方式实现了采购信息的公开化，扩大了采购市场的范围，缩短了供需距离，避免了人为因素的干扰，简化了采购流程，减少了采购时间，降低了采购成本，提高了采购效率，大大降低了库存，使采购交易双方易于形成战略伙伴关系。

2. 基于云计算的电子商务采购技术

基于云计算的电子商务采购技术是指通过云计算技术与电子商务模式的结合，搭建基于云服务的电子商务采购平台，针对工程项目的采购寻源业务，统一采购资源，实现企业集约化、电子化采购，创新工程采购的商业模式。电子商务采购平台功能主要包括采购计划管理、互联网采购寻源、材料电子商城、订单送货管理、供应商管理、采购数据中心等。通过平台应用，可聚合项目采购需求，优化采购流程，提高采购效率，降低工程采购成本，实现阳光采购，提高企业经济效益。

（1）采购计划管理：系统可根据各项目提交的采购计划，实现自动统计和汇总，下发后形成采购任务。

（2）互联网采购寻源：采购方可通过聚合多项目采购需求，自动发布需求公告，并获取多家报价进行优选。供应商可进行在线报名响应。

（3）材料电子商城直接交易：采购方可以针对项目大宗材料、设备进行分类查询，并直接下单。供应商可通过移动终端设备获取订单信息，进行供货。

（4）订单送货管理：供应商可根据物资送货要求，进行物流发货，并可以通过移动端记录物流情况。采购方可通过移动端实时查询到货情况。

（5）供应商管理：提供合格供应商的审核和注册功能，并对企业基本信息、产品信息及价格信息进行维护。采购方可根据供货行为对供应商进行评价，形成供应商评价记录。

（6）采购数据中心管理：提供材料设备基本信息库、市场价格信息库、供应商评价信息库等查询服务。通过采购业务数据的积累，对以上各信息库进行实时自动更新。

3. 电子订货系统

电子订货系统是指将批发、零售商场需要的订货数据输入计算机，通过商业增值网络中心将资料传递至总公司、批发商、商品供货商或生产制造商，后者根据收到的信息及时安排出货的过程。电子订货系统涵盖了整个商务过程，它能处理从商品信息获取到会计结算等整个交易过程。

1）电子订货系统的流程

（1）传递采购指令。

（2）商业增值网络中心的管理信息系统核实传递者的身份和单证格式后，将标准订单传给供应商。

（3）供应商备货、发货并核实传递者的身份和单证格式后，将确认单传给批发商、零售商。

（4）商业增值网络中心传递发货信息。

电子订货系统的流程如图 4-1 所示。

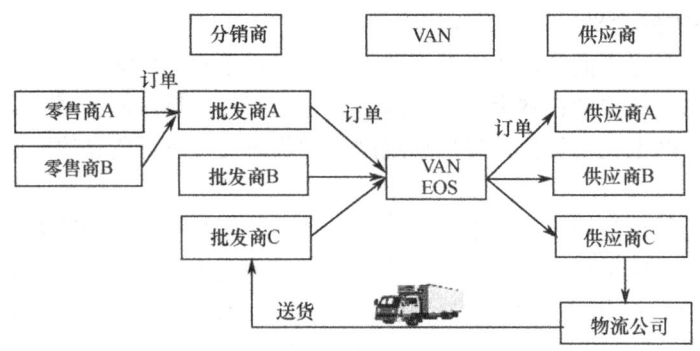

图 4-1 电子订货系统的流程

2）电子订货系统的作用

电子订货系统能及时准确地交换订货信息，它在企业物流管理中的作用如下：

（1）相对于传统的订货方式，如上门订货、邮寄订货、电话或传真订货等，电子订货系统可以缩短从接到订单到发出货物的时间，缩短订货商品的交货期，减少商品订单的出错率，节省人工费。

（2）有利于减少企业的库存水平，提高企业的库存管理效率，同时能防止商品特别是畅销商品缺货现象的出现。

（3）对于生产厂家和批发商来说，通过分析零售商的商品订货信息，能准确判断畅销商品和滞销商品，有利于企业调整商品生产和销售计划。

（4）有利于提高企业物流信息系统的效率，使各个业务信息子系统之间的数据交换更加便利和迅速，丰富企业的经营信息。

3）企业在应用电子订货系统时的注意事项

（1）保证订货业务作业的标准化，这是有效利用电子订货系统的前提条件。

（2）设计商品代码。在零售行业的单品管理方式中，每一个商品品种对应一个独立的商品代码。商品代码一般采用国家统一规定的标准，对于统一标准中没有规定的商品则采用本企业自己规定的商品代码。商品代码的设计是应用电子订货系统的基础条件。

（3）完成和更新订货商品目录账册。订货商品目录账册的设计和运用是电子订货系统成功的重要保证。

（4）计算机及订货信息输入和输出终端设备的添置，以及电子订货系统设计是应用电子订货系统的必要条件，所以需要制定电子订货系统应用手册并协调部门间、企业间的经营活动。

4.1.3 电子商务采购作业流程

电子商务环境下的采购是将传统环境中的采购活动通过互联网络来完成，主要的实施步骤包括 8 个阶段，如图 4-2 所示。

1．采购分析与策划

采购前要进行采购分析与策划，对现有采购流程进行优化，制定出适宜网上交易的标准采购流程。

2．建立网站

网站是进行电子商务采购的基础平台，要按照采购标准流程来组织页面。可以通过虚拟主机、主机托管、自建主机等方式来建立网站，特别是要加入一些有实力的采购网站，通过它们的专业服务，可以享受到非常丰富的供求信息，达到事半功倍的效果。

3．发布招标采购信息

采购单位通过互联网发布招标采购信息（发布招标书或招标公告），详细说明对物料的要求，包括质量、数量、时间、地点等，以及对供应商的资质要求等。采购单位也可以通过搜索引擎寻找供应商，主动向他们发送电子邮件，对所购物料进行询价，广泛收集报价信息。

4．填报资料

供应商登录采购单位网站，进行网上资料填写和报价。

5．初步筛选

对供应商进行初步筛选，收集投标书或进行贸易洽谈。

6．网上评标

由程序按设定的标准进行自动选择或由评标小组进行分析评比选择。

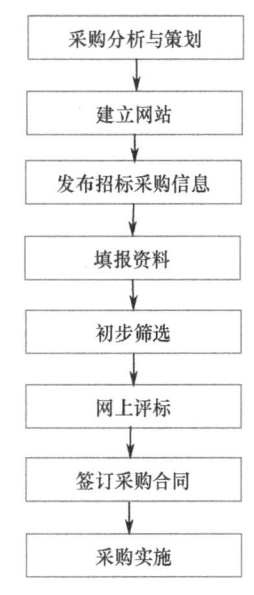

图 4-2　电子商务采购作业流程

7．签订采购合同

在网上公布中标单位和价格，如有必要，还要对供应商进行实地考察后再签订采购合同。

8．采购实施

中标单位按采购订单通过运输交付货物，采购单位支付货款，处理有关善后事宜。按照供应链管理思想，供需双方需要进行战略合作，实现信息的共享。采购单位可以通过网络了解供应单位的物料质量及供应情况，供应单位可以随时掌握所供物料在采购单位中的库存情况及采购单位的生产变化需求，以便及时补货，实现准时化生产和采购。

4.2　电子商务仓储管理

仓储管理是对仓库存储物资的管理过程，电子商务仓储管理是对电子商务运营过程中的库存物品的管理过程。在这个管理过程中，电子商务仓库是重要的基础设施。自动化立体仓库、云仓库等新型仓储设施的建立为电子商务仓储管理提供了便利的条件，因此电子商务物品入库管理、库存管理及出库管理的过程就是电子商务仓储合理化的过程。

4.2.1　仓储认知

仓储是通过仓库对商品与物品进行储存与保管。"仓"即仓库，为存放、保管、储存物品的建筑物和场地的总称，可以是房屋建筑、洞穴、大型容器或特定的场地等，具有存放和保护物品的功能。"储"即储存、储备，表示收存以备使用，具有收存、保管、交付使用的意思。

仓储是集中反映工厂物资活动状况的综合场所，是连接生产、供应、销售的中转站，对促进生产、提高效率起着重要的辅助作用。仓储是产品生产、流通过程中因订单前置或市场预测前置而使产品、物品暂时存放。同时，围绕着仓储实体活动，清晰准确的报表、单据账目、会计部门核算的准确信息也在进行着，因此仓储是物流、信息流、单证流的合一。

传统仓储是指利用仓库对各类物资及其相关设施设备进行物品的入库、储存、出库的活动。现代仓储是指在传统仓储的基础上增加库内加工、分拣、库内包装等环节的活动。仓储是生产制造与商品流通的重要环节之一，也是物流活动的重要环节。

4.2.2 电子商务仓库

电子商务仓库一般是在流通过程中使用的仓库，大多属于中转仓库或零售仓库，在跨境电子商务交易中也会涉及保税仓库。随着信息化、自动化和智能化技术的应用，电子商务仓库也在加快技术改造，以更好地适应电子商务的发展。

1. 自动化立体仓库

自动化立体仓库，利用立体仓库设备实现了仓库高层合理化、存取自动化、操作简便化，是当前技术水平较高的形式。自动化立体仓库的主体由货架、巷道式堆垛起重机、入（出）库工作台和自动运进（出）及操作控制系统组成。货架是钢结构或钢筋混凝土结构的建筑物或结构体，货架内是标准尺寸的货位空间，巷道式堆垛起重机穿行于货架之间的巷道中，完成存、取货的工作。管理上采用计算机及条形码技术。

自动化立体仓库是由立体货架、有轨巷道堆垛机、出入库托盘输送机系统、尺寸检测条码阅读系统、通信系统、自动控制系统、计算机监控系统、计算机管理系统，以及其他诸如电线电缆桥架配电柜、托盘、调节平台、钢结构平台等辅助设备组成的复杂的自动化系统。自动化立体仓库运用一流的集成化物流理念，采用先进的控制、总线、通信和信息技术，通过以上设备的协调动作进行出入库作业。自动化立体仓库的场景如图4-3所示。

图4-3 自动化立体仓库的场景

1）自动化立体仓库的特点

（1）立体仓库一般都较高。其高度一般在5m以上，最高达到40m，常见的立体仓库的高度为7～25m。

（2）立体仓库必然是机械化仓库。由于货架在5m以上，人工已难以对货架进行进出货操作，因而必须依靠机械进行作业。而立体仓库中的自动化立体仓库，则是当前技术水平较高的形式。

（3）立体仓库中配置多层货架。由于货架是多层的，以致货架较高，所以立体仓库又称高层货架仓库。

2）自动化立体仓库的分类

（1）按建筑物形式划分。自动化立体仓库按建筑形式可分为整体式和分离式两种。

① 整体式：是指货架除存储货物外，还作为建筑物的支撑结构，构成建筑物的一部分，即库房货架一体化结构。整体式高度一般在 12m 以上。这种仓库结构重量轻，整体性好，抗震效果好。

② 分离式：分离式仓库中存货物的货架在建筑物内部独立存在。分离式仓库高度在 12m 以下，但也有 15～20m 的。适用于利用原有建筑物作库房，或在厂房和仓库内单建一个高货架的场所。

（2）按货物存取形式划分。自动化立体仓库按货物存取形式分为单元货架式、移动货架式和拣选货架式。

① 单元货架式：单元货架式是常见的仓库形式。这种形式下，货物先放在托盘或集装箱内，再装入单元货架的货位上。

② 移动货架式：移动货架式由电动货架组成，货架可以在轨道上行走，由控制装置控制货架合拢和分离。作业时货架分开，在巷道中可进行作业；不作业时可将货架合拢，只留一条作业巷道，提高空间的利用率。

③ 拣选货架式：拣选货架式中，分拣机构是其核心部分，分为巷道内拣选和巷道外拣选两种方式。巷道内拣选是人到货前拣选，是拣选人员乘拣选式堆垛机到货格前，从货格中拣选所需数量的货物出库。巷道外拣选是货到人处拣选，是将存有所需货物的托盘或货箱由堆垛机送至拣选区，拣选人员按提货单的要求拣出所需货物，堆垛机再将剩余的货物送回原地。

（3）按货架构造形式划分。自动化立体仓库按货架构造形式可分为单元货格式、贯通式、水平旋转式和垂直旋转式。

① 单元货格式：类似单元货架式，巷道占 1/3 左右的面积。

② 贯通式：为了提高仓库利用率，可以取消位于各排货架之间的巷道，将个体货架合并在一起，使每一层、同一列的货物互相贯通，形成能一次存放多货物单元的通道，而在另一端由出库起重机取货，成为贯通式仓库。根据货物单元在通道内的移动方式，贯通式仓库又可分为重力式货架仓库和穿梭小车式货架仓库。重力式货架仓库的每个存货通道只能存放同一种货物，所以它适用于货物品种不太多而数量又相对较大的仓库。穿梭小车式货架仓库中的货物可以由起重机从一个存货通道搬运到另一通道。

③ 水平旋转式：这类仓库的货架本身可以在水平面内沿环形路线来回运行，每组货架由若干独立的货柜组成，用一台链式传送机将这些货柜串联起来。每个货柜下方有支撑滚轮，上部有导向滚轮。传送机运转时，货柜便相应运动。需要提取某种货物时，只需在操作台上给予出库指令。当装有所需货物的货柜转到出货口时，货架停止运转。这种货架对于小件物品的拣选作业十分合适。它简便实用，能充分利用空间，适用于作业频率要求不太高的场合。

④ 垂直旋转式：这种仓库与水平旋转货架式仓库相似，只是把水平面内的旋转改为垂直面内的旋转。这种货架特别适用于存放长卷状货物，如地毯、地板革、胶片卷、电缆卷等。

2．云仓库

在电子商务发展过程中，如果实现仓运配一体化协同，打造扁平化的供应链，电子商务物流在效率上就会提高很多。尤其是仓配环节，随着电子商务与 O2O 的发展，企业和消费者也越来越重视前后端的客户体验。云仓库的建立便可以很好地解决这个问题。云仓库就是利用云技术和现代管理方式，依托仓储设施实现在线交易、交割、融资、支付、结算等一体化的服务。

1）云仓库与传统仓储的区别

（1）仓储品类不同。传统仓库面向的客户群体往往是门店或者经销商，通常客户数量较少且重复率高，有一定的下单规律，大多按计划配货，因此货物品类相对单一。品种少，大批量的出入库模式也决定了传统仓库的进出以箱数或件数为单位，甚至以托盘为辅助单位和载体。云仓库面向的是未知终端客户，数量庞大，且规律很难掌握，因此，云仓库是多品类的集中，对货物拣货作业和复核作业的要求也更高。另外，云仓库受各种电商大促和线上活动的影响，订单的波动性很大，这也对其仓储品类柔性提出了更高要求。

（2）管理方式与要求不同。传统仓库主要的管控集中于库内安全和库存数量，而云仓库的管理方式和要求则比传统仓库高很多。除了必须满足的库内安全和库存数量，云仓库更讲究仓库内作业的时效及精细化管理。如果云仓库的作业流程中入库的速度变慢则会影响电商前端的销售速度；若出库的速度变慢则会影响客户的整体体验。例如，在京东购买自营商品，提交订单之后，系统会从距离客户最近的仓库进行发货，拣货到待出库的时间基本在十分钟左右，而且每一步都会在后台给予显示，因其速度快，且准确率高，对消费者而言是非常好的购物体验。

（3）装备与技术不同。基于多批次小批量的发货特点，云仓库相较于传统仓库需要通过硬件设备和软件系统来确保整体的正确率。在硬件设备方面有流水线、自动封箱机、拣货机器人等一系列自动化设备。在软件方面有仓库管理系统、订单管理系统及运输管理系统，以上是传统仓库不完全具备的，也是主要的差异所在。在拣货方式上，传统仓库出库批量大，往往直接使用叉车进行拣运，在考评拣货效率时也是以箱或者托来作为主要单位。因为数量大，品种少，可直接大批量重复清点。而云仓库以规模制胜，品种繁多，数量较少，甚至是个位数，这样的精细操作通常使用自动化拣货小车、周转筐等设备。同时，传统仓库产品自出厂后通常不需要再进行二次包装，所以传统仓库没有明显的包装线。而云仓库，为了应对产品的多样性和客户购买的不同特征，往往需要根据不同的商品特征，在成本时间的约束下，研制包装方案，保证在途货物的安全，这是传统仓库无法比拟的。

2）云仓体系搭建

第一阶段：构建云仓企业联盟，搭建云仓平台初级管控系统。

中小型企业生存困难，仓储位于产业链的末端，利润较低，全国范围内自建多级仓的云仓网络需要的资金成本与时间成本较高。所以，云仓一定是建立在云仓联盟之上的，而且从发展速度上看，以云仓联盟为核心进行仓库数量的扩增速度要远高于自建的速度，同时当云仓网络具备一定的规模且与云商系统进行衔接时，就有可能打破目前的供应链格局，届时物流将与商流的地位是一样的。

为了统筹管理云仓联盟内所有的仓库，需要构建一套完备的云仓管理平台。平台为云仓联盟成员提供信息化系统支持，并对接浏览器和服务器架构的仓库管理系统、云商平台及第三方系统（如监控系统、智能硬件系统等）。

第二阶段：云仓管理体系的初步搭建。

云仓管理平台搭建之后首要的目的就是提升联盟内各仓库的运营质量与管理水平。加入云仓联盟的所有仓库，应严格根据云仓管理系统的指示进行业务操作，云仓管理系统地会根据各仓的操作情况进行数据分析，给予各仓库指导与帮助，包括异常问题指导、绩效指标体系、报价指导、运营问题指导。同时，运用淘汰机制，针对运营质量较差的仓库给予一定的整改期，若整改后该仓库仍无运营质量的提升，它将从云仓联盟中被剔除，而云仓联盟内的人力资源输出服务可为仓库企业提供强大的人力支持。

就云计算来说，数据来源有三个：云商平台数据、云仓平台数据、仓储企业数据。在云仓平台内，系统可以分析出以下内容：各仓货物的存储是否满足安全库存；滞销货物可调配区域及商家；针对实际情况调控仓库内货物，避免通货膨胀和货物短缺。

第三阶段：完善云仓布局。

云仓网络扩张需根据云商实际需求进行市场调研，分析联盟内各仓库企业的优势，然后制订一份针对全国的仓库扩张计划。若从仓库面积与覆盖区域上进行划分，云仓可以分为四级：一级云仓是某城市或某区域的大型仓库；二级云仓是某小区域的市场或批发市场；三级云仓是超市或者商场的库房；四级云仓是小区商店、社区便利店等。

云仓的基本构成如图 4-4 所示。其中，全国分仓和中央系统构成了云仓的主要部分，客户和供应商之间通过计算机系统进行沟通，并通过智能匹配进行分仓和完成物流的配送。

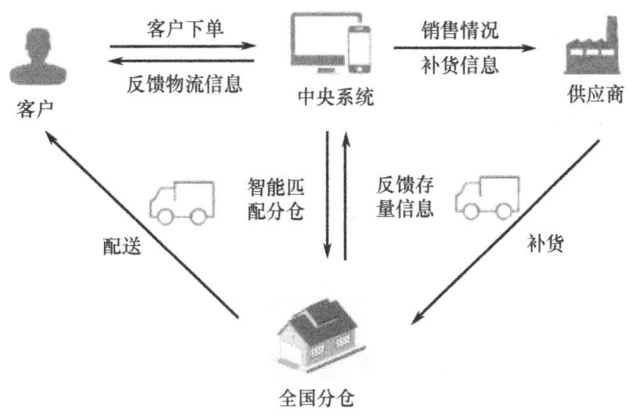

图 4-4　云仓的基本构成

4.2.3　电子商务物品入库管理

商品入库管理是根据商品入库凭证，在接受入库商品时所进行的卸货、查点、验收、办理入库手续等各项业务活动的计划和组织活动。其基本要求是保证入库商品数量准确，质量符合要求，包装完整无损，手续完备清楚，入库迅速。

1. 入库前的准备工作

依据：仓储合同和入库通知单。具体工作包括：熟悉入库货物，了解仓库的库场情况，制订仓储计划，仓库妥善安排货位，做好货位准备，准备作业用具，验收准备，装卸搬运工艺设定，文件单证准备。

2. 货物接运

（1）提货。到车站、码头提货；到货主单位提取货物；托运单位送货到库接货；铁路专用线到货接运。

（2）仓库收货。货物到库后，仓库收货人员首先要检查货物入库凭证，然后根据入库凭证开列的收货单位和货物名称与送交的货物内容和标记进行核对。

3. 商品入库验收

商品验收的基本要求包括：及时、准确、严格、经济。商品的验收程序包括验收准备、核对凭证、确定验收比例、实物检验、做出验收报告及处理验收中发现的问题。商品验收要全面了解验收物资的性能、特点和数量，完成物资的数量检验、质量检验、包装检验。

4. 入库

入库物品经过点数、查验之后，可以安排卸货、入库堆码，表示仓库接受物品。在卸货、搬运、堆垛作业完毕后，要与送货人办理交接手续，并建立仓库台账。

交接手续主要包括接受物品、接受文件、签署单证。物品入库时，仓库应建立详细反映物品仓储的明细账。登账的主要内容有物品名称、规格、数量、件数、累计数或结存数、存货人或提货人、批次、金额，还要注明货位号或运输工具、接（发）货经办人。物品入库或上架后，要将物品名称、规格、数量或出入状态等内容填入料卡（又称货卡、货牌），并将料卡插放在货架物品下方的货架支架上或摆放在货垛正面的明显位置。

4.2.4　电子商务物品保管与养护

电子商务物品保管指对库存物资进行保存和管理的活动，具体是指对仓库库存物资所进行的堆积排列、翻堆倒垛、检查测试、维护保养、安全防护、登记统计等的管理活动。其目的是保证库存物资数量准确，质量完好。

物资保管是仓库管理的中心环节，其主要内容是建立仓库管理责任制，实行专人管理、专人负责，严格出入库手续；对入库物资，按照安全、方便的原则，进行合理分类，便于存、取、查核、实行货位编号。

对不同类型的物资，要进行合理保管，区别一般与贵重物资、大体积与微小零星物资、固体与液体物资、有毒与无毒物资、大宗与小宗物资，采取相应措施，分别妥善存放。在此过程中，必须坚持"预防为主，防治结合"的原则，保持仓库整洁，使仓库符合安全、防冻、防腐、防潮、防火的原则。

物资保管必须根据物资的性能特点，寻求适宜的保管方式，力争有效地防止或控制各种有害因素的影响，保证库存物资的质量要求、数量要求和安全要求。其主要内容包括：①确定物资存放场所。根据物资的特性和储存设施的条件，按物资分类保管要求，确定物资存放的库房、货场、货棚，合理安排货位。②进行物资码垛、苫垫或密封。根据物资的特性及存放场所的条件，确定物资码垛和苫垫方式，合理选用苫垫材料，安全、可靠地进行码垛、苫垫作业。对温度、湿度要求比较严格的物资通常需要进行密封。③进行物资检查和保养。对库存物资按规定进行检查或盘点，核查库存物资的技术资料及账、卡的完备情况，确保技术资料齐全及账、卡、物相符，按物资保养技术要求维护保养。④实行安全管理。对物资储存安全工作进行全面规划，按要求设置物资安全防护设备和检查安全制度执行、落实情况，确保库存物资的安全。

4.2.5　电子商务物品出库管理

1. 物品出库的基本要求

电子商务物品出库必须依据客户订单进行。不论在何种情况下，仓库都不得擅自动用、变相动用或者外借货主的库存商品。商品出库要求做到"三不三核五检查"。"三不"，即未接单据不翻账、未经审单不备货、未经复核不出库;"三核",即在发货时要核实凭证、核对账卡、核对实物;"五检查",即对单据和实物要进行品名检查、规格检查、包装检查、件数检查、重量检查。具体地说,商品出库要求严格执行各项规章制度,提高服务质量,使用户满意。它包括核对品种规格要求,积极与货主联系,为用户提货创造各种便利条件,杜绝差错事故。

2. 物品出库过程

不同仓库在商品出库的操作程序上会有所不同,操作人员的分工也有粗有细,但就整个发货作业的过程而言,一般都是跟随商品在库内的流向或出库单的流转而构成各工种的衔接。

(1)核单备料。发放商品必须有正式的出库凭证,严禁无单或白条发货。保管员接到出库凭证后,应仔细核对,这就是出库业务的核单(验单)工作。首先,要审核出库凭证的合法性和真实性;其次,核对商品品名、型号、规格、单价、数量、收货单位、到站、银行账号;最后,审核出库凭证的有效期等。如属自提商品,还须检查有无财务部门准许发货的签章。

在对"商品调拨通知单"所列项目进行核查之后,才能开始备料工作。出库商品应附有质量证明书或抄件、磅码单、装箱单等。机电设备等配件产品,其说明书及合格证应随货同到。备料时应本着"先进先出、易霉易坏先出、接近失效期先出"的原则,根据领料数量下堆备料或整堆发料。备料的计量实行"以收代发"原则,即利用入库检验时的一次清点数,不再重新过磅。备料后要及时变动料卡余额数量,填写实发数量和日期等。

(2)复核。为防止差错,备料后应立即进行复核。出库的复核形式主要有专职复核、交叉复核和环环复核三种。除此之外,在发货作业的各道环节上,都贯穿着复核工作。例如,理货员核对单货,守护员(门卫)凭票放行,账务员(保管会计)核对账单(票)等。这些分散的复核形式,起到分头把关的作用,都有助于提高仓库发货业务的工作质量。复核的主要内容包括品种数量是否准确,商品质量是否完好,配套是否齐全,技术证件是否齐备,外观质量和包装是否完好,等等。复核后,保管员和复核员应在"商品调拨通知单"上签名。

(3)包装。出库的货物如果没有符合运输方式所要求的包装,应对其进行包装。根据商品外形特点,选用适宜的包装材料,其重量和尺寸应便于装卸和搬运。出库商品包装,要求干燥、牢固。如有破损、潮湿、捆扎松散等不能保障商品在运输途中安全的,应负责加固整理,做到破包破箱不出库。各类包装容器,若外包装上有水湿、油迹、污损,均不许出库。另外,严禁互相影响或性能互相抵触的商品混合包装;包装后,要写明收货单位、到站、发货号、本批总件数、发货单位等。

(4)点交。商品经复核后,如果是本单位内部领料,则将商品和单据当面点交给提货人,办清交接手续;如系送料或将商品调出本单位办理托运的,则与送料人员或运输部门办理交接手续,当面将商品交点清楚。交清后,提货人员应在出库凭证上签章。

(5)登账。商品点交后,保管员应在出库单上填写实发数、发货日期等内容并签名,然后将出库单连同有关证件资料,及时交给货主,以便货主办理货款结算。保管员把留存的一联出库凭证交给实物明细账登记人员登记做账。

(6)清理。现场清理包括清理库存商品、库房、场地、设备和工具等;档案清理是指对收发、保养、盈亏数量和垛位安排等情况进行分析。

在整个出库业务程序中,复核和点交是两个最为关键的环节。复核是防止差错重要的和必不可少的措施,点交则是划清仓库和提货方两者责任的必要手段。

电子商务库存管理流程如图 4-5 所示,其中包括入库管理、库内管理及出库管理。

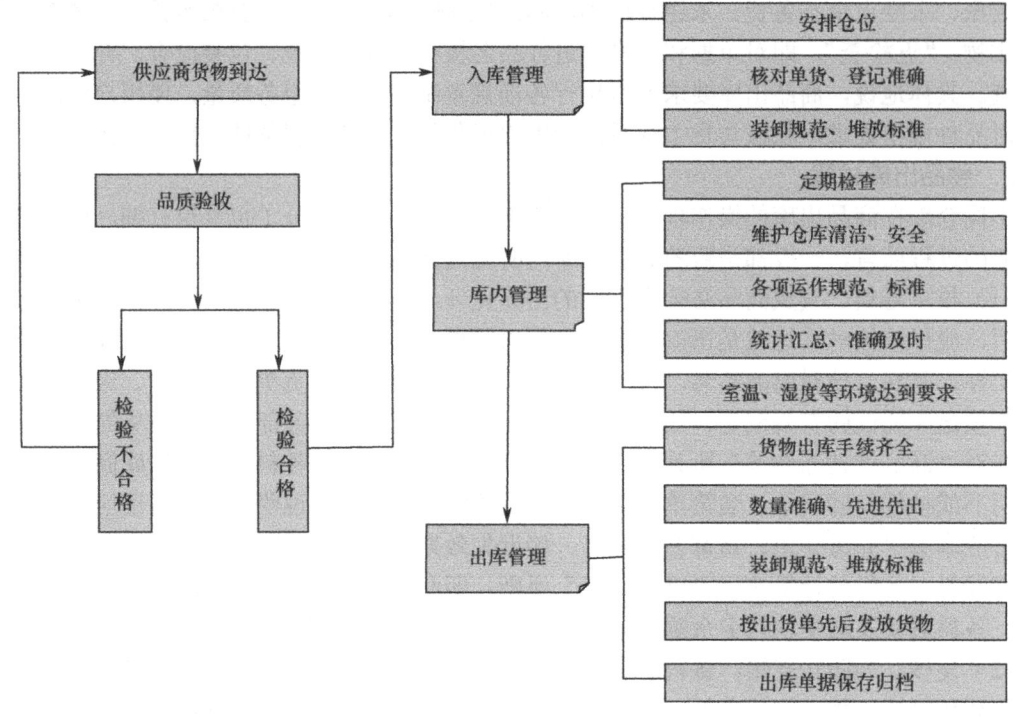

图 4-5 电子商务库存管理流程

4.2.6 电子商务仓储合理化

1. 实行 ABC 分类控制法

ABC 分类控制法是指将库存货物按重要程度细分为特别重要的库存（A 类货物）、一般重要的库存（B 类货物）和不重要的库存（C 类货物）三个等级，针对不同类型级别的货物进行分别管理和控制的方法。

2. 适度集中库存

适度集中库存是利用储存规模优势，以适度集中储存代替分散的小规模储存来实现合理化。适度集中储存是合理化的重要内容。过分分散，每一处的储存保证对象有限，互相难以调度调剂，则需分别按其保证对象要求确定库存量。而集中储存易于调度调剂，集中储存总量可大大低于分散储存总量。所以，适度集中有利于采用机械化、自动化方式，有利于形成一定批量的干线运输，有利于成为支线运输的始发站。

3. 加速总周转率

储存现代化的重要课题是将静态储存变为动态储存，控制商品 SKU[①]总数，加快每个单品 SKU 的周转次数。周转速度一快，会带来一系列的合理化好处：资金周转快、资本效益高、货损小、仓库吞吐能力增加、成本下降等。

4. 采用有效的先进先出方式

保证每个被储物的储存期不致过长，先进先出是一种有效的储存方式，它也成了仓储管理

---

① SKU（Stock Keeping Unit）意为最小存货单位。

的准则之一。有效的先进先出方式主要有贯通式货架系统储存、"双仓法"储存、计算机存取系统储存等。

5. 提高仓容利用率

仓容利用率就是指一个仓库中储存位置的利用率。比如，货架越高，它能储存的货物越多，它的利用率就越高。可以采取高垛的方法，缩小库内通道宽度以增加储存有效面积，减少库内通道数量以增加储存有效面积，提高仓容利用率。

6. 采用有效的储存定位系统

储存定位是指被储物位置的确定。如果定位系统有效，则能大大节约寻找、存放、取出的时间，节约不少物化劳动及活劳动，而且能防止差错。储存定位系统可采取先进的计算机管理方式，也可采取一般的人工管理方式。

7. 采用有效的监测清点方式

监测清点的有效方式主要有三个。一是"五五化"堆码，即储存物堆垛时，以"五"为基本计数单位，堆成总量为"五"的倍数的垛形。堆码后，有经验者可过目成数，大大加快了人工点数的速度，且少差错。二是光电识别系统，即在货位上设置光电识别装置，对被存物进行扫描，并将准确数目自动显示出来。这种方式无须人工清点就能准确掌握库存的实有数量。三是计算机监控系统，即用电子计算机指示存取，可以防止人工存取所易出现的差错。如果在被存物上采用条形码认寻技术，使识别计数和计算机联结，那么每存取一件物品，识别装置就会自动识别条形码并将其输入计算机，计算机则自动做出存取记录。这样只需向计算机查询，就可了解所存物品的准确情况，而无须再建立监测系统。

> **知识拓展**
>
> **堆垛方法**
>
> 货垛堆码法：适用于有外包装的商品，如箱、包、桶、袋等；或不需要包装的大宗商品，如钢材。
>
> 货架堆码法：在使用货架堆码时，要根据商品性能特点、设备条件，积极开展技术改造，努力设计和制作既经济方便又能充分利用仓容的各种货架。
>
> 散堆法：适用于露天存放的没有或不需要包装的各种大宗商品，如煤炭、生铁等。露天存放商品的数量有的占仓库总库存量的70%以上。
>
> "五五化"堆码："五五化"是以"五"为基本计算单位，根据物资的形状，码成各种不同垛形的方法。每垛总数为"五"的倍数，它的优点是利于物资的清点，过目成数，提高工作效率，减少差错。

4.3 电子商务库存管理

电子商务库存管理本质上仍然是库存管理，只是由于电子商务的应用使得库存管理的开展更加方便和快捷，其内容仍然是对库存物资的数量、质量，以及库存费用和库存过程的管理。

4.3.1 库存认知

库存有时被译为"存贮"或"储备"，是为了满足未来需要而暂时闲置的资源。物流管理中，库存是指一切当前闲置的、用于未来的、有经济价值的资源。其作用在于防止生产中断，节省订货费用，改善服务质量，防止货品短缺。库存也带有一定的弊端：占用大量资金，产生一定的库存成本，掩盖了企业生产经营中存在的问题。

1. 库存分类

根据库存的目的不同，库存一般可以分为以下四类。

（1）周转库存。这是指为满足日常生产经营需要而保有的库存。周转库存的大小与采购量直接相关。企业为了降低物流成本或生产成本，需要批量采购、批量运输和批量生产，这样便形成了周期性的周转库存。这种库存随着每天的消耗而减少，当它降低到一定水平时则需要补充库存。

（2）安全库存。这是指为防止不确定因素的发生（如供货时间延迟、库存消耗速度突然加快等）而设置的库存。安全库存的大小与库存安全系数或者与库存服务水平有关。从经济性的角度看，安全系数应确定在一个合适的水平上。例如，国家为了预防灾荒、战争等不确定因素的发生而进行的粮食储备、钢材储备、麻袋储备等，就是一种安全库存。

（3）调节库存。这是指用于调节需求与供应的不均衡、生产速度与供应的不均衡及各个生产阶段产出的不均衡而设置的库存。

（4）在途库存。这是指处于运输及停放在相邻两个工作或相邻两个组织之间的库存。在途库存的大小取决于运输时间及该期间内的平均需求。

2. 库存费用

库存管理过程中需要一定资金的支出，以保证库存的顺利运行，而库存管理过程中的资金支出即库存费用。其中，订货过程和保管过程都会产生库存费用。

（1）订货费。订货费是指在订货过程中发生的全部费用，主要包括差旅费、订货手续费、通信费、招待费及订货人员的有关费用。需要明确的是，订货费中不包括购买物品本身的费用，只是指在购买物品过程中需要的辅助性支出。同时，每一次订货过程中订货费的多少与订货量的多少无关，订货费用与订货的次数相关。

（2）保管费。保管费是指在物品保管过程中发生的全部费用。其中包括：入、出库时的装卸搬运、堆码、检验费用；保管用具用料费用；仓库房租水电费；保管人员有关费用；保管过程中的货损货差；保管物资资金的银行利息。保管费是库存费用中重要组成部分。保管费用多少与保管数量的多少和保管时间的长短有关。保管的数量越多，相应的保管费用越高；保管的时间越长，保管费用也越高。

4.3.2 传统库存控制方法

优秀的库存模式既能保证供给，满足市场要求，又能减少采购次数及降低管理费用，并扩大盈余，这无疑是企业管理者共同期盼的目标。本节介绍几种库存控制模式。

1. 定期观测库存控制模式

定期观测库存控制模式也称定期控制系统或订货间隔期控制系统、固定间隔期系统，是一种以固定订货周期为基础的库存控制方法。这种模式是一种用于限定时间点检查库存水平并做出相应决策的库存决策方法。

定期观测库存控制模式优点是，不需要随时检查库存，简化了库存管理，在规定订货的时间检查库存，也节省了订货费用。其缺点是不论库存水平降得多还是少，都要按期发出订货。如果某一时期需求量突然增大，有可能会发生缺货，所以这种方式主要用于重要性较低物资的库存控制。

在定期观测库存控制模式中，以固定的订货间隔期 T 提出订货。定期控制模式不存在固定的订货点，但有固定的订货间隔期。每次订货的数量不固定，需要根据某种规则补充到目标库存 S 中。目标库存 S 与订货间隔期 T 是事先确定的主要参数，其中目标库存 S 的确定主要考虑为库存设定一个控制限额。订货量由以下规则确定：

设订货的实际库存为 I，则：当 I 大于 S 时，不订货；当 I 小于 S 时，需要订货。可按下述公式确定订购量：

定购量=平均每日需用量×（订购时间+订购间隔）+保险储备定额-实际库存量-订货余额

定期观测库存控制模式库存量动态变化，如图 4-6 所示。其中，S 为目标库存，I 为实际库存，T 为订货间隔期，L 为订购时间，B 为保险储备定额。

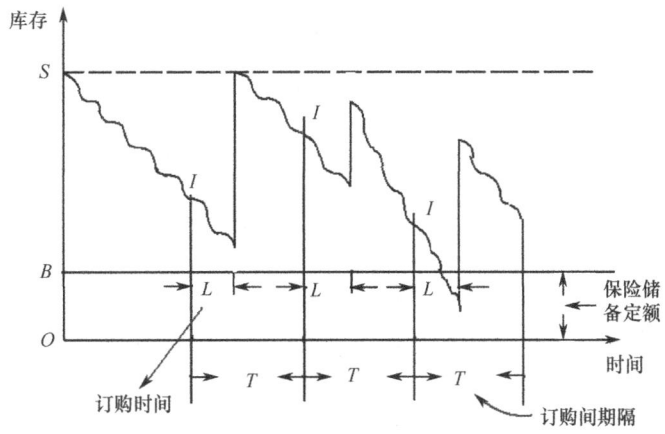

图 4-6　定期观测库存控制模式库存量动态图

例如，某种物资的订购间隔期为 30 天，即一个月订购一次。订购时间为 10 天，每日需用量为 20 吨，保险储备定额为 200 吨，订购日的实际库存量为 450 吨，订货余额为 0，那么，订购量=20×（10+30）+200-450-0＝550（吨）。

由此可见，订购间隔期为 30 天，在通常情况下，一次订购量应为 600（即 20×30）吨，而以上计算则为 550 吨，这是由于实际库存已经超过储存量，因此在订购时对订购的批量进行了调整。

2．ABC 重点控制模式

ABC 重点控制模式是将物资按品种和占用资金大小分类，再按各类重要程度不同分别控制，抓住重点和主要矛盾，进行重点控制。其基本原理是从错综复杂、品种繁多的物资中，抓住重点，照顾一般。ABC 重点控制模式的具体做法是，先将物资分类，再针对重要程度不同的各类物资进行分别控制。库存物资按企业的物资品种及占用资金多少进行分类排队，可分为 A、B、C 三大类，如表 4-1 所示。

表 4-1　ABC 分类表

类别	物 资 特 点	品 种 占 额	销 售 额	管 理 类 别
A	价值高，销售额高，品种少	10%	70%	重点管理
B	价值适中，销售额适中，品种适中	20%	20%	可重点管理，也可一般管理
C	价值低，销售额低，品种多	70%	10%	一般管理

其中，A 类物资，品种占 10%左右，占用资金 70%左右；B 类物资，品种占 20%左右，占用资金 20%左右；C 类物资，品种占 70%左右，占用资金 10%左右。这三类物资重要程度不同：A 类物资最重要，是主要矛盾；B 类物资次之；C 类物资再次之。这就为物资库存控制工作抓住重点、照顾一般提供了数量上的依据。

针对各类物资分别进行控制。对 A 类物资实施重点、严格控制。对 A 类物资的采购订货，必须尽量缩短供应间隔时间，选择最优的订购批量，在库存控制中采取重点措施加强控制。对 B 类物资也应引起重视，适当控制。在采购中，其订货数量可适当照顾到供应企业的生产批量及选择合理的运输方式。对 C 类物资放宽控制或进行一般控制。由于这类物资品种繁多复杂，资金占用又小，如果订货次数过于频繁，不仅工作量大，而且从经济效果上也没有必要。一般来说，根据供应条件，规定该物资的最大储备量和最小储备量，当储备量降到最小时，一次订货到最大储备量，以后订购量照此办理，不必重新计算。这样就有利于采购部门和仓库部门集中精力抓好 A 类和 B 类物资的采购和控制。但这不是绝对的，若对 C 类物资绝对不管，有时也会造成严重损失。

ABC 重点控制模式的核心思想在于决定一个事物众多因素的主次，识别出少数的但对事物起决定作用的关键因素和多数的但对事物影响较小的次要因素。在企业库存管理方面，由于库存品种繁多，少数重要的库存产品对企业的经营能够起关键作用，而大多数的库存产品的作用不是很突出，所以在库存管理中 ABC 重点控制方法得到了广泛的应用。

实行 ABC 重点控制模式的好处在于，对物资控制做到重点与一般相结合，有利于建立正常的物资秩序；有利于降低库存，节约仓库管理费用，节约资金，加速资金周转，提高经济效益；方法简便，易于推广，有利于简化控制工作。

3. 经济订购批量

经济订购批量是指订购费用与保管费用总和最低的一次订购批量，此时库存控制的存储总费用只包括订购费用和保管费用两项。这两项费用与物资的订购次数和订购数量有密切的关系。在物资总需要量一定的条件下，由于订购次数多，每次订购批量就小，订购费用就大，而保管费用则小；反之，每次订购数量就大，订购费用就小，而保管费用则大。因此，订购费用和保管费用两者是相互矛盾的，确定简单条件下的经济订购批量，就是要选择一个最适当的订购批量，使订购费和保管费两者总和最低。

（1）模型假设：该模型适用于整批间隔进货，不允许缺货的存贮问题，即某种物资单位时间的需求量 D 为常数，存贮量以单位时间消耗数量 D 的速度逐渐下降，经过时间 T 后，存贮量下降到零，此时开始订货并随即到货，库存量由零瞬间上升为最高库存量 Q，然后开始下一个存贮周期。其存贮参数为：

T——存贮周期或订货周期（年或月或日）。

D——单位时间需求量（件/年或件/月或件/日）。

Q——每次订货批量（件或个）。

C_1——存贮单位物资单位时间的存贮费（元/件、年或元/件、月或元/件、日）。

C_2——每次订货的订货费（元）。

t——提前订货时间为零，即订货后瞬间全部到货。

（2）建立模型：存贮量变化状态如图 4-7 所示。

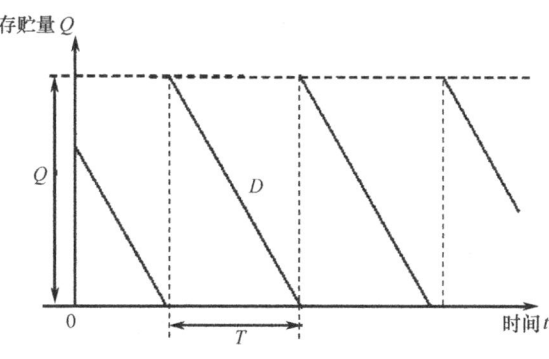

图 4-7　存贮量变化状态

一个存贮周期内需用该种物资 $Q=DT$（个），图中存贮量斜线上每一点表示在该时刻的库存水平，每一个存贮周期存贮量的变化形成一个直角三角形，一个存贮周期的平均存贮量为 $1/2Q$，存贮费为 $1/2 C_1 QT$，订货一次订货费为 C_2，因此在这个存贮周期内存贮总费用：

$$C = \frac{1}{2} \cdot C_1 \cdot Q \cdot T + C_2$$

由于订购周期 T 是变量，所以只计算一个周期内的费用是没有意义的，需要计算单位时间的存贮总费用，即将 $T=Q/D$ 代入上式，得到：

$$C_z = \frac{1}{2} \cdot C_1 \cdot Q + \frac{C_2 D}{Q} \tag{4-1}$$

显然，单位时间的订货费随着订货批量的增大而减小，而单位时间的存贮费随着订购批量 Q 的增大而增大，如图 4-8 所示。

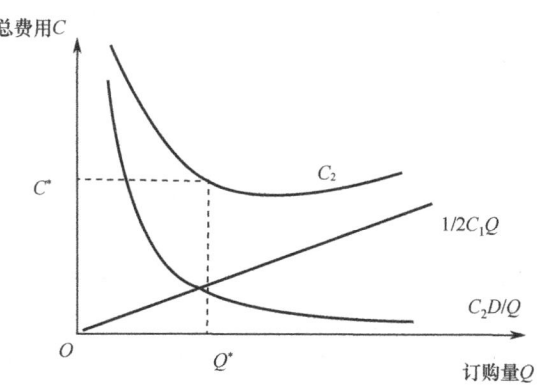

图 4-8　基本库存费用图

由图可以直观地看出，在订货费用线和存贮费用线相交处，订货费和存贮费相等，存贮总费用曲线取得极小值。即得到经济订购批量：

$$Q^* = \sqrt{2C_2 D / C_1} \tag{4-2}$$

由于 $d^2 C_z / dQ^2 = 2C_2 D / Q^3 > 0$，故当 $Q^* = \sqrt{2C_2 D / C_1}$ 时，C_z 取得极小值。

式（4-2）称为经济订货批量公式。由于威尔逊是该公式推导应用的倡导者，所以该式又称威尔逊公式。由式（4-2）及 $Q^* = T^* D$，可得经济订货间隔期：

$$T^* = \sqrt{2C_2/DC_1} \qquad (4\text{-}3)$$

将 Q^* 值代入式（4-1），可以得到按经济订购批量进货时的最小存贮总费用：

$$C^* = \sqrt{2DC_1C_2} \qquad (4\text{-}4)$$

4.3.3 电子商务库存控制方法

电子商务环境下，库存控制模式与传统库存控制模式的重要区别在于前者更注重企业内部库存控制，并且强调企业所处的供应链节点成员间有效的信息共享。

1. 供应商管理库存

供应商管理库存是指由供应链上的少数生产商、批发商等上游企业对众多的分销商、零售商等下游企业的流通库存进行统一管理和控制的一种新型管理方式。它较好地解决了传统供应链中信息流通不畅及信息扭曲现象的问题。在这种方式下，供应链的上游企业不再是被动地按照下游的订单发货和补充订货，而是根据自己对众多下游要货方需求的整体把握，主动安排一种更合理的发货方式，既满足下游要货方的需求，同时也使自己的库存管理和补充订货策略更加合理，从而带来供应链上供需双方的成本降低。

在供应商管理库存策略中，供应商要掌握零售商的销售资料和库存量，这样供应商就可以进行市场预测和制定库存补货的解决方法，使供销双方都能更快地掌握市场变化和消费者的需求。因此，供应商管理库存可以用来作为降低库存量、改善库存周转的措施，进而保持库存水平的最优化。

供应商管理库存对于制造商的好处可以归结为：使制造商的品牌相对于其他竞争者更多地出现在零售商的品牌中；制造商能真正地对客户需求做出反应。供应商管理库存对于零售商的好处可以归为：保持更高的库存周转率与服务水平；不会因夸大的订货方式造成存货过多而减少利润。

2. 联合库存管理

联合库存管理，是一种在供应商管理库存的基础上发展起来的上游企业和下游企业权利责任平衡和风险共担的库存管理模式。联合库存管理强调供应链中各个节点同时参与，共同制订库存计划，使供应链过程中的每个库存管理者都从相互间的协调性考虑，保持供应链各个节点之间的库存管理者对需求的预期一致，从而消除需求变异放大现象。

（1）建立供需协调管理机制。为了发挥联合库存管理的作用，供需双方应从合作的精神出发，建立供需协调管理的机制，明确各自的目标和责任，建立合作沟通的渠道，为供应链的联合库存管理提供有效的机制；建立利益分配、激励机制，对参与协调库存管理中心的各个企业进行有效的激励，防止机会主义行为，增加协作性和协调性。

（2）发挥两种资源计划系统的作用。为了发挥联合库存管理的作用，在供应链库存管理中应充分利用目前比较成熟的两种资源管理系统：制造资源计划系统和分销资源计划系统。原材料库存协调管理中心应采用制造资源计划系统，产品联合库存协调管理中心应采用分销资源计划系统。这样，供应链系统中就把两种资源计划系统很好地结合起来了。

（3）建立快速响应系统。快速响应系统在美国等西方国家的供应链管理中被认为是一种有效的管理策略，它经历了三个发展阶段。第一阶段为商品条码化，即通过对商品的标准化识别处理加快订单的传输速度；第二阶段是内部业务处理的自动化，即采用自动补库与电子数据交换系统提高业务自动化水平；第三阶段是采用更有效的企业间的合作，消除供应链组织之间的障碍，提高供应链的整体效率，如通过供需双方合作确定库存水平和销售策略等。

（4）发挥第三方物流系统的作用。第三方物流系统是供应链集成的一种技术手段，也称物流服务提供者，它为用户提供各种服务，如产品运输、订单选择、库存管理等。第三方物流系统的产生是由一些大的公共仓储公司通过提供更多的附加服务演变而来的，另一种产生形式是由一些制造企业的运输和分销部门演变而来的。

3. 智能库存管理

随着智能化时代的到来，物流仓储开启智能化应用，企业也开始引入智能库存管理系统来完善操作流程，提升仓库管理水平。一般来说，智能库存管理系统的主要功能包括：

（1）基础资料管理。对货物的属性进行设置管理，主要功能有添加、编辑、删除及查询仓库中存贮货物的基本属性。同时支持供应商、仓库、库位、货品、数量、标签等信息录入，方便用户管理。

（2）权限管理。不同的人员被赋予不同的权限，由系统管理员进行设置。管理员具有权限分配及数据表单的增加、修改、删除等操作权限；同时系统提供了一键数据备份与恢复功能，进一步保证了业务数据的安全性与连续性。

（3）入库管理。收货、质检、上架流程完善，支持先质检后收货，整个流程支持 PDA 设备扫描入库，工作轻松，准确率高；系统自动推荐合适库位，上架人员将货物运送到指定的位置，按照规则进行摆放并扫描库位标签即可。

（4）拣货管理。拣货单提示库位信息，可以快速寻找货品；方便的库位标签管理，拣货无须判断；系统排列高效拣货路径，提升拣货效率。

（5）出库管理。拣货、打包、装箱流程完善，配合 PDA[①]设备扫描审核，出现错误时会发出警报，让工作人员及时处理，最后把数据发送到系统中更新数据库完成出库。

（6）盘点管理。在系统中创建盘点并审核，仓库人员在 PDA 上点开盘点单据并查看盘点任务，然后前往指定盘点地点，利用 PDA 进行货物盘点扫描，并与数据库中的信息进行比对，生成差异信息实时地显示在 PDA 上，供盘点工作人员核查。在盘点完成后，盘点的信息与后台的数据库信息进行核对，生成盘盈盘亏报表。

（7）报表管理。可自动生成相关报表，如出入库汇总、库存汇总、盘点汇总、绩效汇总、拣货汇总、调拨汇总等报表，能够给管理者与决策者提供及时准确的数据信息。

智能库存管理能够实时掌握每个商品的出库入库、销售数量，并进行精准统计，实时同步至系统多仓库、多店铺，使商品调拨实现库存在门店间快速流转，设置库存上下限预警，根据销售情况智能生成采购订单。智能库存管理是以标准化、智能化过程导向管理的仓储管理系统，它能够准确、高效地管理跟踪客户订单、采购订单，完成库存的综合管理，具有自动定位、高效盘点、简便灵活等优点，极大地提升了企业的库存管理效率。

图 4-9 为鼎创恒达智能仓库管理系统。

---

① PDA（Personal Digital Assistant）一般指掌上电脑。

图 4-9 鼎创恒达智能仓库管理系统

课后自测习题

一、选择题

1. （　　）不是采购管理的目标。
   A．适时适量　　B．保证质量　　C．费用最低　　D．速度最快
2. 电子商务采购作业流程中，不需要进行（　　）。
   A．采购分析与策划　　　　　B．建立网站
   C．发布招标信息　　　　　　D．配送
3. 根据仓库在商品流通中的作用，可将仓库分为（　　）。
   A．批发仓库　　B．零售仓库　　C．采购供应仓库　　D．中转仓库
4. 自动化立体仓库包括的系统有（　　）。
   A．立体货架　　　　　　　　B．计算机监控系统
   C．计算机管理系统　　　　　D．有轨巷道堆垛机
5. 电子商务库存控制要考虑的因素包括（　　）。
   A．销量　　B．到货周期　　C．采购周期　　D．特殊季节

二、名词解释

1．采购管理　　2．库存　　3．仓储　　4．电子订货系统　　5．ABC 库存控制模式

三、简答题

1. 什么是采购管理？
2. 简述电子商务的采购作业过程。
3. 仓库的类型主要有哪些？

4. 简述电子商务自动化立体仓库的主要类型和功能。
5. 电子商务库存控制方式主要有哪几种？

案例分析

阿里巴巴全自动化智能仓库

作为国内电商的龙头，阿里巴巴平均每天要配送海量的包裹，如此庞大的数据，靠人工去完成不仅效率低，而且运营成本太大。阿里启动的"菜鸟网络"工程，旨在提升物流的效率。阿里的智能仓库，足以沸腾全世界。

菜鸟联盟首个全自动化仓库在广州开始运转，标志着中国物流的仓储操作进入了全新水平。该仓库通过一整套自动化系统，每天可高效处理超百万级商品，从而保障了华南地区的消费者享受网购当日达和次日达服务。

这个自动化仓库位于菜鸟网络增城物流园区，占地面积超过 10 万 m²，由心怡科技负责运营，目前承接了天猫超市全品类商品的存储和分拣。其优势如下：

（1）OMS 订单系统。一个条码包含完整订单信息。消费者在电商平台下单后，仓内即时获得订单信息，并形成一个条码。该条码被贴在快递箱上，箱子就开始进入自动化轨道。

（2）无须人工走动拣货。百亿数据处理，自动识别货品位置。轨道沿线设有扫描装置，通过扫描箱子上的条码，识别需要拣选的货品位置，以此引导箱子的运行轨迹。快递箱到达指定货架时，会从动力传送带上弹出，拣货员扫条码，其身后货架的电子屏就会亮灯，并显示需拣货品的数量。S 型拣货路线，自动配齐订单货品。装上货品后，箱子回到传送带。这样，箱子一路运行下来，到达出口时，订单所需的货品就都在里面了。

（3）机器人组成聪明矩阵。仓内机器人会举重、会排队、会避让。每一台机器人能顶起的重量可达到 500kg，同时还能灵活旋转，将货架的四面均调配到拣货员的跟前，方便拣货员工作，这等于一个货架，四个面都能存储商品，仓库储量被提升了一倍还多。

（4）图像识别，确保订单精准、包装完整安全。TMS／DSS 运输系统，配送途中可实时跟踪。自动化就像给快递箱装上了眼睛和双脚，能指引它们自己去拣选货品。这样一来，人工仅需在条码复核、分拣机监护等环节投入，货品的运输、仓储、装卸、搬运等七个环节可一体化集成，效率至少提升 30%，拣货准确率几乎可达 100%。

凭借仓内运作的高效，菜鸟联盟向消费者呈现了更优质稳定的物流服务。菜鸟联盟帮助天猫超市在全国 11 个重点城市实现了分仓运作。消费者购买后，订单会从最近的一个城市仓库中发货，从而保障当日达和次日达。

结合上述资料分析：

（1）阿里巴巴全自动化智能仓库具有哪些功能？
（2）阿里巴巴全自动化智能仓库的发展对于提高电子商务物流效率具有怎样的意义？

第 5 章
电子商务包装与流通加工

 **本章要点**

1. 了解包装与流通加工的基本概念及分类
2. 熟悉电子商务条件下包装和流通加工的作用与管理
3. 掌握常见的包装技术,根据实际需要合理选择包装材料及容器,并判断包装的合理性
4. 掌握电子商务流通加工合理化的方式

 **案例引入**

有些快递包装可以瘦瘦身

全年快递业务量超过 800 亿件,消耗的纸类废弃物超过 900 万吨,塑料废弃物约 180 万吨……这是 2020 年与我国快递业务相关的一组数据。实际上,不论是"双十一""双十二",还是春节年货采购旺季,都会迎来一波快递货运高峰。同时堆积如山的快递包裹,也折射出过度包装、资源浪费、环境污染等问题。电商企业绿色发展问题已经引发了社会各界的广泛关注。

为支持服务电商企业绿色发展,引导电商企业提高绿色发展能力,商务部办公厅发布了《关于推动电子商务企业绿色发展工作的通知》(以下简称《通知》)。为了让快递包装"更瘦""更绿",《通知》建议,采用产地直采、原装直发、聚单直发形式,从源头减少快递包装用量。加强包装绿色供应链管理可以实现包装标准化、绿色化。此外,绿色转型还需电商企业从应用节能环保先进技术、设备,实现运营数字化、智能化等方面建立绿色运营体系,同时加强上下游供应链合作,设立可循环快递包装回收点和投放回收设备。

为推进快递包装绿色化,国家邮政局等相关部门陆续出台规范快递包装的意见建议:2020 年 6 月,国家邮政局发布《邮件快件绿色包装规范》;8 月,国家市场监督管理总局、国家邮政局等部门出台《关于加强快递绿色包装标准化工作的指导意见》,推动标准成为快递绿色包装的"硬约束";10 月,国家市场监督管理总局和国家邮政局发布首批《快递包装绿色产品认证目录》;11 月,国务院办公厅转发国家发改委、国家邮政局等八部门联合出台的《关于加快推进快递包装绿色转型的意见》,提出到 2025 年快递包装基本实现绿色转型。

为促进绿色转型、绿色发展,部分大型电商企业已做出积极探索,很多快递企业启动"回箱计划",通过铺设绿色回收箱等方式,推进快递包装分类回收、二次利用。但是,解

决快递行业绿色发展的问题，不仅需要电商企业持续努力，还需要协调上下游供应链、运营体系间乃至跨平台间的协同共建问题，也要求金融机构提供具有引导性的绿色金融服务。

思考：快递包装绿色化还需要哪些方面的支持？如何才能有效地推进快递包装绿色化？

资料来源：王可铭，让快递包装"更瘦""更绿"，中国城乡金融报

5.1 电子商务包装

包装是物流系统的起始环节。随着科学技术的进步和发展，包装在整个物流系统中的地位日益重要。大部分物品在物流过程中需要进行频繁装卸、搬运、运输和堆码等物理性活动，为了保护商品和提高物流效率，需要适当的包装和集装措施。包装不仅有助于防止物品损坏，而且有助于推销商品，使客户得知产品信息。在电子商务时代，商品包装在物流过程中所起的作用随着消费者个性化需求的出现而显得更为重要。

5.1.1 包装认知

1. 包装的概念

绝大多数产品，要从生产领域转移到消费领域，都必须借助于包装。《物流术语》对包装的定义：在流通过程中保护产品、方便储运、促进销售，按一定技术方法而采用的容器、材料及辅助物等的总体名称。包装也指为了达到上述目的而采用容器、材料及辅助物的过程中施加一定技术方法等操作活动。具体来讲，包装包含两层含义：一是静态的含义，指能合理容纳商品、抵抗外力、保护宣传商品、促进商品销售的物体，如包装容器等；二是动态的含义，指包扎、捆裹商品的工艺操作过程。因此，可以说，包装是包装物和包装操作的总称。

人们对包装概念的理解应用，是随着社会生产的发展而不断变化的。早期，人们对商品进行包装，主要是为了保护商品。随着科学技术的不断进步和商品经济的发展，人们对包装的认识不断深化，对其赋予了新的内容：既要方便商品运输、装卸和保管（因为它是商品在生产领域的延续），又要成为"无声的推销员"（因为现代包装又向消费领域延伸）。从物流的角度看，包装是生产的终点，却是物流的起点。从现代物流发展的趋势看，包装在物流系统及整个国民经济中的地位越来越重要，它不仅成为物流的重要环节，而且逐步成为国民经济的一个重要的产业部门。包装成为一个独立的产业部门是社会经济发展到一定阶段的必然产物。

2. 包装的功能

包装在促进国民经济的发展中有着独特的功能。

（1）保护功能。商品包装的保护功能是其最重要和最基本的功能，主要是保护商品在流通过程中的使用价值和价值不受损坏。外部自然因素对商品的损害：温度的变化会使产品变质，会导致包装容器的强度降低而使破损率升高；有害气体会造成商品的霉变等。外力因素对商品的损害：产品运输过程中的剧烈冲击振动，储存中的高层堆码使底层产品承载过重，产品在装卸搬运中的意外跌落等，都可能损害商品的使用价值。因此，良好的商品包装，能够保护商品

在流通及消费过程中免受外界环境和外力的破坏,也可以防止商品本身的挥发、溶化等性能上的变化。所以,包装是商品流转的必要条件。

在设计商品的包装时,要做到有的放矢。要仔细分析商品可能受到哪些因素的侵扰,然后针对这些方面来设计商品的包装。比如,如果商品在运输途中可能受到外力的侵袭,容易受到碰撞,那么就需要对商品进行防震包装或缓冲包装,可以在商品的内包装和外包装之间塞满防震材料,以减缓外界的冲击力;如果商品比较害怕蚊虫的侵蚀,那么可以在商品中加入一定的防虫剂,以防商品受到损坏。

知识拓展

缓冲包装

缓冲包装又称防震包装,在各种包装方法中占有重要的地位。产品从生产出来到开始使用要经过一系列的运输、保管、堆码和装卸过程,置于一定的环境之中。在任何环境中都会有力作用于产品上,并使产品发生机械性损坏。为了防止产品遭受损坏,就要设法减小外力的影响,使用缓冲包装。所谓缓冲包装,就是指为减缓内装物受到冲击和振动,保护其免受损坏所采取的一定防护措施的包装。常见的缓冲包装形式如图5-1所示。

图 5-1 常见的缓冲包装形式

(2)方便功能。商品经过包装,特别是包装标准化,能为商品流转提供许多方便的条件。例如,将液态的产品用桶封装,小件异型产品装入规则箱体,零售小件商品集装成箱,为产品的运输、装卸、搬运、储存提供了方便。同时推行包装标准化,能提高仓库的利用率,提高运输工具的装载能力。此外,产品包装容器上标有鲜明的标记,以指导产品的装卸和运输,以便商品的识别、清点和验收入库,有利于减少货损和货差,减少各流通环节的作业时间,加快商品流转,降低流通费用。通过推进物流模数,有助于实现包装的标准化和合理化,从而提高商品的流转效率。

知识拓展

物流模数

物流模数是指为了物流的合理化和标准化，以数值关系表示的物流系统各种因素尺寸的标准尺度。物流模数是由 ISO 中央秘书处及欧洲各国认定的 1 200mm×1 000mm 的矩形，是最小的集装尺寸。物品的外包装尺寸是物流模数尺寸的分割系列。该尺寸是在保证满足物流基础模数尺寸倍数的前提下，从卡车和集装箱的尺寸"分割"导出的。物流模数尺寸可以看成物流系统中适于机械作业的最小单元。物流输送设备的输送空间尺寸及成组化器具的载货面积应该是物流模数尺寸的倍数系列，仓库中的货架、装卸设备的操作部件的尺寸也应该与物流模数尺寸相配合。

（3）促销功能。包装的促销功能是商品经济高度发展、市场竞争日益激烈的必然产物。正如杜邦定律所揭示的，在商品质量相同的条件下，精致、美观、大方的包装可以增强商品的美感，引起消费者的注意，诱导消费者购买的欲望和动机，从而产生购买行为，起到"无声推销员"的作用。因为消费者购买商品，首先看到的并不是商品本身，而是商品的包装，它往往给消费者形成第一印象，在很大程度上决定消费者的购买决策。包装的促销功能在出口商品中更加重要，而且要求也更高。

知识拓展

杜邦定律

企业除靠产品创新和优质、快速的服务取胜外，包装显得愈来愈重要。从市场观点看，包装是商品整体中的形式产品，是很重要的一部分内容，通过它可以使消费者产生购买欲望，从而刺激消费。美国最大的化学工业公司——杜邦公司的一项调查表明，63%的消费者是根据商品的包装来选购商品的。这一发现就是著名的"杜邦定律"。

3. 电子商务对包装的影响

（1）电子商务会促进包装的个性化。将包装与品牌本身等同起来，包装的外观越好，越有可能促进客户购买。事实是，大多数消费者对采用独特包装的产品感到更加兴奋。因此，对在线卖家而言，自定义其产品包装是非常有道理的，这样做可以帮助他们的产品脱颖而出。

那些计划定制产品包装的人，可以专注包装的不同方面，不仅可以强调包装的耐用性、美观性，甚至可以向客户指出产品包装是环保的，这样做将进一步帮助建立品牌形象，增加与消费者之间的互动。除了定制化，电商包装的设计还要注重开箱体验和二次转化，如图 5-2 所示。

拆箱是打开包装，并通过整个过程的照片和视频向世界展示内部内容的动作。当今的在线购物者不仅对产品有要求，而且对产品在交付时的包装展示都抱有更高的期望。这种包装必须是客户品牌的延伸，不仅要在包装盒的外部，更重要的是在包装盒的内部添加吸引人的图形，以增强品牌形象，从而创造出一种令人兴奋的仪式感，即"拆箱体验"。

"二次转化"的理解则表现为，假如电商的包装设计既没有美学欣赏价值，也没有文化内涵，不能带来愉悦的精神消费，那么在客户打开包装后，包装物就会变成没有价值的废弃物，这样的包装其实给消费者带来了负面的体验。

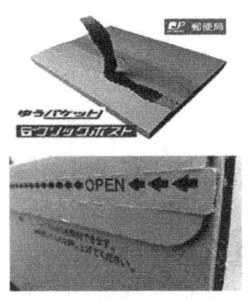  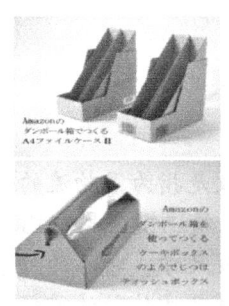

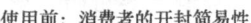

使用前：消费者的开封简易性　　开封后：内部印刷与消费者对话　　使用后：包装废弃物再利用

图 5-2　包装个性化设计

（2）电子商务对包装工艺提出多样化要求。因为订购数量的不同，就要求采用不同的包装工艺流程，包装生产线也就有所不同。在 B2C 模式中，为了适应小批量包装生产和快速变换包装规格的需要，必须加强初级包装（内包装）和二级包装（中包装）的研究开发（包括结构、材料和功能），使其能应对小包裹直接运输到消费者手中而不损坏。

（3）电子商务要求包装全球化。经济全球化的趋势不断加强，要求包装从一个市场到另一个市场保持外观的统一性。在产品开发中，企业在考虑产品具有一定生命周期的条件下，应迎合消费者的要求，不断开发出多元化和系列化的包装。系列化的包装，是指一个企业或一个商标、品牌的不同种类产品用一个共性的包装特征进行统一风格的设计，如统一画面设计、统一色彩设计、统一文字设计、统一图形设计等，使品种繁多的产品在包装特点上具有共同的辨认性，从而确立产品的整体形象，加深消费者对产品与企业的印象。系列化包装有助于塑造企业的产品形象，有利于巩固和发展品牌，从而提高企业在国际市场上的竞争力。

5.1.2　电子商务包装的分类

1. 按包装在电子商务物流中的作用分类

按照包装在电子商务物流中的作用，可将电子商务包装分为运输包装和销售包装两大类。

（1）运输包装。运输包装又称工业包装或外包装，它是以保护商品安全输送、提高运输效率为目的的包装。运输包装不像销售包装那样注重外表的美观，它更强调包装的实用性和费用的低廉性。一般来说，在 B2B 电子商务中，运输包装是最重要的。这是因为企业在购买其他企业的产品之前，肯定已经对该产品的各项性能有了基本的了解，而购买此产品的主要目的就是为生产自己的产品服务，因此企业并不在乎商品包装的美观，而更在乎商品包装能否保证商品的质量不受损失。在现今的社会中，许多知名的大企业越来越重视商品的运输包装，一方面运输包装的好坏在一定程度上决定了商品的质量；另一方面如果运输包装做得好的话，将会提高企业在客户心目中的形象，巩固企业在市场中的地位。

（2）销售包装。销售包装又称商品包装，是以促进商品销售为主要目的的包装。在商品流通中，商品越接近客户，就越要求包装具有促销的功能，这就要求销售包装具有鲜明的特征。在 B2C 电子商务中，销售包装应该是最重要的。因为客户在购买商品之前，在网上最先能够看到就是这种商品的包装，只有当商品包装吸引人的时候，才能够激发客户的购买欲望。而且随着客户个性化需求的出现，客户在购买商品的时候可能要求商家按照自己的需求为商品进行包装，以满足自己的特定需求，这也是企业必须注重销售包装的一个原因。

销售包装可分为中包装和内包装。内包装是商品销售最小单位的包装形式，它同商品实体一同到达消费者手中。中包装是将几个商品再进行包装，便于保护商品质量和方便流通。

2．按电子商务包装的适用广泛性分类

（1）专用包装。专用包装指根据被包装物特点进行专门设计、专门制造，只适用于某种专用产品的包装。

（2）通用包装。通用包装指不进行专门设计、制造，而是根据标准系列尺寸制造的包装，用于包装各种标准尺寸的产品。

3．按电子商务包装容器分类

电子商务包装按容器的抗变形能力分为硬包装和软包装两类。硬包装又称刚性包装，包装体有固定形状和一定强度；软包装又称柔性包装，包装体可有一定程度变形，且有弹性。

电子商务包装按容器形状分为包装袋、包装箱、包装盒、包装瓶、包装罐等。

电子商务包装按容器结构形式分为固定式包装和可拆卸折叠式包装。固定式包装，其尺寸外形固定不变；可拆卸折叠式包装，通过折叠拆卸在无须包装时缩减容积，以利于管理和返运。

电子商务包装按容器使用次数分为一次性包装和多次性周转包装两类。

4．按电子商务包装技术分类

电子商务包装按层次及防护要求分为个装、内装、外装三类。

电子商务包装按保护技术分为防潮包装、防锈包装、防虫包装、防腐包装、防震包装、危险品包装等。

5.1.3　电子商务包装材料及容器

从包装的概念上可以看出，包装材料与包装容器的选择设计是否合理，是保证包装质量的关键。不同的包装容器，采用不同的包装材料，是为了适应不同商品的包装要求。因此，包装容器的设计、制作过程，以及包装技术的使用，也是对包装选择的决策过程。

用于电子商务物流包装的材料很多，从传统的纤维纸板到最新的记忆性塑料带，可谓应有尽有。按不同用途，包装材料可分为以下几类：容器材料，用于制作箱子、瓶子、罐子，有纸制品、塑料、木料、玻璃、陶瓷、各类金属等；内包装材料，用于隔断物品和防震，有纸制品、泡沫塑料、防震毛毡等；包装用辅助材料，如各类接合剂、捆绑用细绳（带）等。

1．木制包装容器

木材是最传统的包装材料，至今仍有较广的使用。用木材作包装容器，一般用于外包装。因为木制材料具有如下优点：抗压、抗冲击、机械性能好；便于商品在运输、储存中码垛，利用仓库容积对商品起到良好的保护作用。这类包装容器在重物包装及出口物品等方面还在使用。木材较多地用于制作木桶、木箱和胶合板箱三类容器，如图5-3所示。普通的密闭木箱可装200kg的货物，如果选用下设垫板的木箱，则可装运200kg以上的货物。为了承载重物，通常选用木垫板，可装载并固定60吨的重物。木材的另一个用途是制作托盘。由于木材资源的再生速度很慢，许多包装领域已用纸或塑料替代。

2．纸制包装容器

纸制包装容器在商品包装中占用非常重要的位置，是应用最为广泛的包装材料，一般占到包装材料用量的40％以上。纸制包装材料主要取材于木材、稻草、麦秸、芦苇等。商品的内包装、外包装及中包装，都可以采用纸制包装。

纸制包装材料的优点在于资源广泛、多样，制造成本低，易于加工，具有一定的刚度、强度及良好的弹性和韧性，无毒无污染等。同时，纸制包装自身重量轻，可折叠，因此有利于节约储运空间和降低物流成本。某些纸制包装可以反复使用，但纸制包装材料也存在防潮防湿能力较差的缺点。

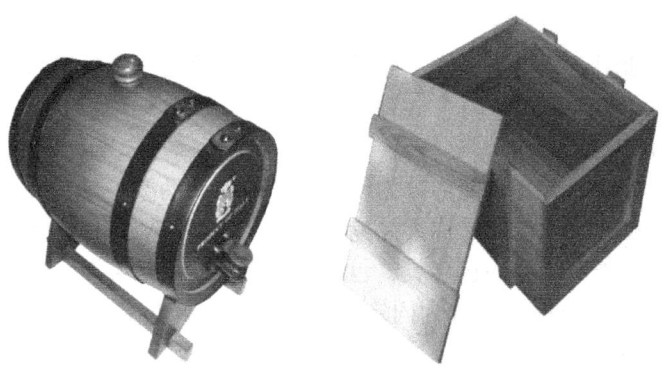

图 5-3　木制包装容器

主要的纸制包装有纸板箱、瓦楞纸箱、纸盒、纸筒和纸袋。其中瓦楞纸箱抗压强度较大，一般用来做外包装。其他纸容器可以做内包装和中包装。

纸袋为 3~6 层的多层叠合构造。如果需要，还可以做防潮处理，把牛皮纸和塑料薄膜制成复合多层构造。大型纸袋通常用于水泥、肥料、谷物等粉粒状货物的包装。它的特性项目，包括抗拉强度、抗裂强度、伸长率、耐水率等，均有国家标准。

纸板是指用牛皮纸浆、化学纸浆、旧纸浆等为原料制成的厚纸板的总称。纸板根据不同用途可分为瓦楞原纸、白板纸、黄板纸等，其中瓦楞原纸的用途最广泛，产量也最大。

3. 塑料包装容器

塑料包装容器是指将塑料原料经成型加工制成，用于包装物品的容器。随着石油化工的飞速发展，塑料工业发展迅猛，塑料包装容器在很多方面已取代用金属、玻璃、陶瓷、木材等材料制作的包装容器，是目前被广泛使用的一种包装材料。

塑料包装容器按照不同的分类方法可以分成不同的种类。按所用原料性质分类，主要有聚乙烯、聚丙烯、聚苯乙烯、聚氯乙烯、聚酯、聚碳酸酯等容器；按容器成形方法分类，主要有吹塑成型、挤出成型、注射成型、拉伸成型、滚塑成型、真空成型等容器；按造型和用途分类，主要有塑料箱、塑料桶、塑料瓶、塑料袋、塑料软管等容器。塑料包装容器的种类如图 5-4 所示。

图 5-4　塑料包装容器的种类

塑料包装容器的优点主要有，塑料密度小、质轻，可透明也可不透明；易于成形加工，只要更换模具，即可得到不同形状的容器，并容易形成大批量生产；包装效果好，塑料品种多，易于着色，色泽鲜艳，可根据需要制作不同种类的包装容器，取得最佳包装效果；有较好的耐腐蚀、耐酸碱、耐油、耐冲击性能，并有较好的机械强度。塑料包装容器也有不足：塑料在高温下易变形，故使用温度受到限制；容器表面硬度低，易于磨损或划破；在光氧和热氧作用下，塑料会产生降解、变脆、性能降低等老化现象；导电性差，易产生静电积聚等。

4．金属包装容器

金属容器具有机械强度高、抗冲击能力强、不易破碎等优点。用作运输包装的金属容器有罐和桶，用镀锌铁板制成。罐有方形和圆形两种，主要用于食品、药品、石油类、涂料类及油脂类物品包装；桶主要用于以石油为主的非腐蚀性半流体、粉末体、固体等物品的包装，容量为 20～200 升。金属包装容器如图 5-5 所示。金属包装材料的缺陷在于制造成本相对较高，且自身重量较大。

5．玻璃包装容器

玻璃包装容器主要用于包装液体、固体药物及液体饮料类商品，如图 5-6 所示。其优点有：原料丰富，价格便宜，生产连续和供应稳定；化学性稳定性好；可回收利用，不会污染；长期保存不变质，没有透气性，坚硬不变形。但玻璃包装容器也有耗能高、易破碎、重量大的不足。从国际市场来看，各国玻璃容器的销售呈稳定的逐年递增的趋势。其发展趋势是逐步推广标准化、轻量化。

图 5-5　金属包装容器　　　　　　　　图 5-6　玻璃包装容器

未来的玻璃包装有覆盖塑料保护层的玻璃瓶、薄壁轻量玻璃瓶、强化玻璃瓶等。玻璃包装轻化的方法有表面涂层、塑料包胶、钢化等。

6．复合包装容器

复合包装是两种或两种以上材料，经过一次或多次干式复合工艺而组合在一起，从而构成一定功能的包装。复合包装一般由基层、功能层和热封层组成。基层主要起美观、阻湿等作用，如 BOPP、BOPET、BOPA、MT、KOP、KPET 等；功能层主要起阻隔、避光等作用，如 VMPET、AL、EVOH、PVDC 等；热封层与包装物品直接接触，具有适应性、耐渗透性、良好的热封性、透明性等功能，如 LDPE、LLDPE、MLLDPE、CPP、VMCPP、EVA、EAA、E-MAA、EMA、EBA 等。复合包装容器广泛应用于工业包装、日化包装、食品包装等各个领域。

5.1.4　电子商务包装技术

包装技术是根据产品对包装的要求不同，在包装设计、材料选择、型号和规格确定等方面，采取正确的包装方法和相应的包装机械，以最低的消耗保证产品安全地输送到用户手中。

1．主要的包装技术

1）防震包装技术

为防止运输过程中的震动、冲击对商品造成损害，在包装材料中加入各种防震材料以吸收外力冲击的技术，称为防震包装技术。产品从生产出来到开始使用，要经过一系列的运输、保管、堆码和装卸过程，置于一定的环境之中，而在任何环境中都会有外力作用于产品上，并使产品发生机械性损坏。为了防止产品损坏，就要设法减少外力的影响，此时就可用防震包装。防震包装主要有以下三种方法。

（1）全面防震包装方法。全面防震包装方法，是指内装物和外装物之间全部用防震材料填满进行防震的包装方法。这种方法主要有填充式、模压、裹包等，如图 5-7 所示。

填充式　　　　　　　　　模压　　　　　　　　　裹包

图 5-7　全面防震包装方法

（2）局部防震包装方法。对于整体性好的产品和有内装容器的产品，仅在产品或内包装的拐角或局部地方使用防震材料进行衬垫即可。所用包装材料主要有泡沫塑料防震垫、充气型塑料薄膜防震垫和橡胶弹簧等。这种方法如图 5-8 所示。

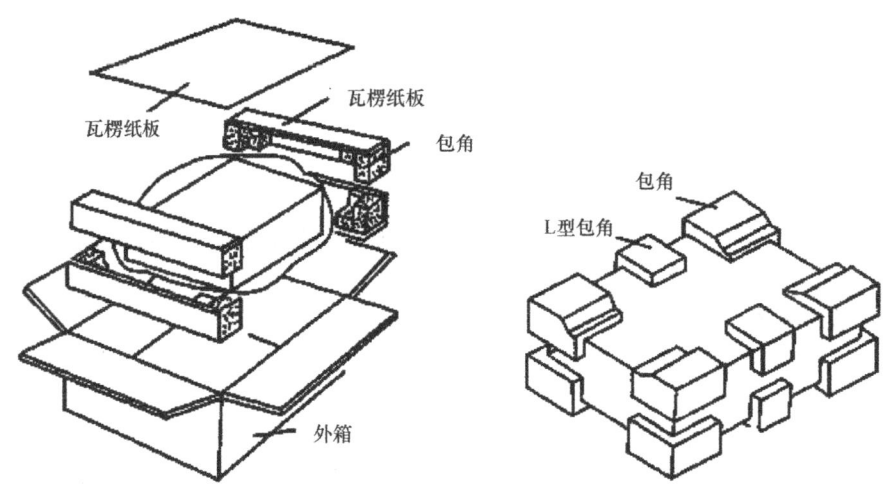

图 5-8　局部防震包装方法

（3）悬浮式防震包装方法。对于某些贵重易损的物品（如化妆品、电子产品等），为了有效地保证其在流通过程中不被损坏，应保证外包装容器比较坚固，然后用绳、带、弹簧、薄膜等将被装物悬吊在包装容器内，无论在哪个操作环节，内装物都被稳定悬吊而不与包装容器发生碰撞，从而减少损坏，如图 5-9 所示。

2）防锈蚀包装技术

为了减轻因金属锈蚀带来的损失，对金属制品采用适宜的防锈材料和包装方法，以防止其在贮运过程中发生锈蚀而进行的技术处理，就是防锈蚀包装技术。防锈蚀包装技术主要有两种。

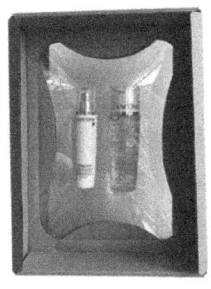

图 5-9　悬浮式防震包装方法

（1）防锈油包装技术。大气锈蚀是空气中的氧、水蒸气及其他有害气体等作用于金属表面引起电化学作用的结果。如果使金属表面与引起大气锈蚀的各种因素隔绝（即将金属表面保护起来），就可以达到防止金属被大气锈蚀的目的。防锈油包装技术就是根据这一原理将金属涂封来防止锈蚀的。用防锈油封装金属制品，要求油层有一定厚度，油层的连续性好，涂层完整。不同类型的防锈油要采用不同的方法进行涂复。

（2）气相防锈包装技术。气相防锈包装技术就是用气相缓蚀剂（挥发性缓蚀剂），在密封包装容器中对金属制品进行防锈处理的技术。气相缓蚀剂是一种能减慢或完全停止金属在侵蚀性介质中的破坏过程的物质，它在常温下具有挥发性。在密封包装容器中，它在很短的时间内挥发或升华出的缓蚀气体就能充满整个包装容器内的每个角落和缝隙，同时吸附在金属制品的表面上，从而起到抑制大气对金属锈蚀的作用。

3）防霉腐包装技术

在运输包装内装运食品和其他有机碳水化合物货物时，货物表面可能生长霉菌。货物在流通过程中如遇潮湿，霉菌生长繁殖极快，甚至延伸至货物内部，使其腐烂、发霉、变质，因此要采取特别防护措施。防霉腐包装方法大致有两类：一类为密封包装，另一类为非密封包装。

密封包装有四种方法。①抽真空置换惰性气体密封包装。这种方法采用密封包装结构，在容器内抽真空，置换惰性气体。产品在惰性气体为主的微环境下，不会受到霉菌的感染，也不会萌发生长。此方法可用作长期封存的包装措施。②干燥空气封存包装。这是指选择气密性好及透湿度低的各类容器或复合材料进行密封包装。可在密封容器内放干燥剂及湿度指示纸，控制包装容器内的相对湿度小于或等于 60%。③除氧封存。这是指选择气密性好、透湿度低、透氧率低的复合材料或其他密封容器进行密封包装。可在密封包装容器内放置适量的除氧剂和氧指示剂。除氧剂可把包装容器内的氧气浓度除至 0.1%以下，实现除氧封存来防止商品长霉。④挥发性防霉剂防霉。根据产品的具体情况，可在密封包装容器内放置具有抑菌的挥发性防霉剂进行防霉包装。

非密封包装有两种方法。①产品经有效防霉处理。对易长霉的产品及零件给予有效防霉后，然后用外包防霉纸进行再包装。②包装箱开通风窗。对属于长霉敏感性较高或吸水率低的产品，同时包装箱的体积较大，可在包装箱两端面上部开设通风窗，以控制包装箱内的含湿量。通风窗的作用是防止和减少由于温度升降在产品上产生凝露，致使产品长霉。一般已经有效防霉处理的产品或对长霉敏感性较低的产品，可以采用非密封包装。

4）防虫包装技术

防虫包装技术，常用的是驱虫剂，即在包装中放入有一定毒性和嗅味的药物，利用药物在包装中挥发的气体杀灭和驱除各种害虫。常用驱虫剂有萘、对位二氯化苯、樟脑精等。也可采用真空包装、充气包装、脱氧包装等技术，使害虫无生存环境，从而防止虫害。

5）真空包装技术

真空包装是保护产品不受环境污染与延长食物等保存期限的包装，能提高产品的价值和品质。真空包装技术起源于 20 世纪 40 年代。自 1950 年聚酯、聚乙烯塑料薄膜成功应用于商品包装以来，真空包装机便得到迅速发展。真空包装的目的是减少包装内氧气含量，防止包装食品的霉腐变质，保持食品的色香味，并延长保质期。

在人们的生活和工作领域，各种各样的塑料真空包装比比皆是。轻便、密封、保鲜、防腐、防锈的塑料真空包装遍及从食品到药品、针织品，从精密产品制造到金属加工厂及实验室等诸多领域。塑料真空包装应用的日益广泛，推动了塑料真空包装机的发展，也对其提出了更高的要求。

6）充气包装技术

充气包装是指将产品装入气密性包装容器，抽真空（或不抽真空），再充入保护性气体（一般为 N_2、CO_2），然后将包装密封的一种包装方法。简言之，是用脱气或充气技术，除去包装体系中的氧，改善包装内产品周围的气氛，防止或减弱产品化学或生物化学反应发生，从而达到保护产品目的的一种包装方法。

充气包装中，CO_2、N_2、O_2 是最常用的气体，它们可以单独使用，也可以以最佳比例混合使用，但通常要依据产品生理特性、可能变质的原因和流通环境等经实验确定。例如，豆制品、奶粉、果汁的充气包装中采用氮气可防止氧化；面包、年糕的充气包装中采用二氧化碳可防止发霉；花生仁、杏仁的充气包装中采用二氧化碳和氮气可防止氧化、吸潮、香味失散。

7）收缩包装和拉伸包装技术

收缩包装是指用收缩薄膜包裹物品或内包装件，再对薄膜进行适当地加热处理，使薄膜收缩紧贴于物品或内包装件的包装技术。收缩包装用于销售包装，具有使内包装物形体突出、形象鲜明、质感性强、利于销售的作用；用于运输包装，具有包装方便、效率高、便于装卸搬运、方便交换点验的作用。收缩包装始于 20 世纪 60 年代中期，70 年代得到迅速发展，已在一些经济发达国家广泛应用。据统计，美国、日本及欧洲等国每年消费的收缩薄膜均在 10 万吨以上，瑞典有 30%的流通包装已从瓦楞纸箱改变为收缩薄膜组合包装，整个西欧的流通包装中有 15%采用了收缩包装，我国国内现在也已经开始广泛使用。

拉伸包装是依靠机械装置，在常温下将弹性薄膜围绕包装件拉伸紧裹，并在其末端进行封合的包装技术。拉伸包装无须加热，可节能 1/20。它既可用于单件商品的包装，也可用于集合包装。

2. 现代集合包装技术

随着电子商务的快速发展和国际贸易的日益频繁，规模化、集装化和标准化已成为现代物流的发展趋势。如何利用标准规格的集装容器、增加器具的利用率、在运输过程中最大限度地减少运输成本，已成为提升物流效率、降低物流成本的关键因素。现代集合包装技术是利用先进的包装技术进行集合包装，有利于节约包装费用，提高经济效益。集合包装就是将若干相同或不同的包装单位汇集起来，最后包装成一个更大的包装单位或装入一个更大的包装容器内的包装形式。比如，把许多货物包装成一个包，若干包又打成一个件，若干件最后装入一个集装箱，这便是集合包装的简单组合过程。现代集合包装主要有以下几种。

1) 集装箱

集装箱是一种使用于货物运输,便于使用机械装卸的组合包装容器,如图 5-10 所示。它的原意是运输货物的容器,也称"货箱"。国际上正式使用民用集装箱运输开始于 1955 年。近年来,集装箱运输得到了迅速发展,并逐渐走向规格化、标准化和大型化。随着大型标准化集装箱的发展,集装箱专业码头和专业船舶业出现了。陆地上建立了集装箱陆上运输系统,还大量发展了铁路和公路的集装箱专用车辆。

集装箱的优点:①结构坚固,能长期反复使用;②途中中转,可以不动容器内的货物而直接换装;③能进行快速装卸,并能从一种运输工具上直接方便地换装到另一种运输工具上;④能提高货物的完好率,大大减少破损率;⑤能充分利用包装容积。其缺点是自重大,回收管理困难。

图 5-10 集装箱

集装箱按使用材料分类,有铝合金集装箱、钢制集装箱、玻璃钢制集装箱;三类按结构分类,有内柱式与外柱式集装箱、折叠式集装箱和薄壳式集装箱三种;按使用的目的分类,有干货类集装箱、侧开门集装箱、侧壁全开式集装箱、通风集装箱、顶开集装箱、吊挂衣服集装箱等。

2) 托盘

所谓托盘,是指一种便于装卸、运输、保管、使用的可以承载单位竖立物品的负荷面和铲车插口构成的装卸用垫板。作为与集装箱类似的一种集装设备,托盘现已广泛应用于生产、运输、仓储和流通等领域,被认为是 20 世纪物流产业中两大关键性创新之一。

因为它好似盘子可以托起食品一样,所以被形象地称为"托盘"。现代托盘是随着集装箱和集合包装而出现的一种新的物流技术。托盘最早产生于美国、日本等发达国家。初期,它是作为叉车的附属装卸工具与叉车配套使用的,以便实现机械化作业。第二次世界大战后,托盘逐步成为一种储存工具。20 世纪 60 年代,托盘已成为一种不可或缺的运输工具和销售工具。目前,托盘已渗入物流的整个过程,成为一种物流工具,是实现物流合理化的一个重要条件。

托盘的优点:①可以有效地保护商品,减少商品的破损;②可以适应港口、货物机械化作业的要求,加快装卸、运输速度,减轻工人的劳动强度;③可以节约包装材料,降低包装成本,节约运输费用;④可以促进国际和国内港口作业的机械化,加快包装向规格化、标准化和系列化迈进的步伐;⑤与集装箱比,具有自重轻、易回收的优势。

托盘的种类很多,最主要的有平托盘、柱式托盘、箱式托盘和轮式托盘等,如图 5-11 所示。

图 5-11 各种托盘

3) 集装袋

集装袋全称柔性集装袋,也称为大袋、吨包装袋,是一种柔软、可曲折的包装容器,是由可折叠的涂胶布、树脂加工布及其他软性材料制成的大容积的运输袋,如图 5-12 所示。集装

图 5-12 集装袋

袋一般是以聚丙烯或聚乙烯为主要原料,经挤出成膜、切割、拉丝,再经编织、裁切、缝制而成。采用这种包装,不仅有利于提高装卸效率,促进散装货物包装的规格化、系列化,降低运输成本,而且具有便于包装、储存及造价低的优点。集装袋特别适用于机械化作业,是仓储、包装、运输的理想选择,可广泛应用于水泥、化肥、食盐、糖、化工原料、矿石等散装货物的公路、铁路及海上运输的包装。近年来,世界各国都广泛地采用集装袋来运输粉粒状货物。集装袋的出现和使用,是粉粒状货物装运方式的一次质的革命。

5.1.5 电子商务包装合理化

1. 影响商品包装的因素

(1) 被包装商品本身的体积、重量,以及它在物理和化学方面的特性。
(2) 被包装商品在流通过程中需要哪些方面的保护,或者称商品包装的保护性。
(3) 消费者的易用性。
(4) 商品包装的经济性。

2. 包装合理化

所谓包装合理化,是指在包装过程中使用适当的材料和适当的技术,制成与物品相适应的容器,节约包装费用,降低包装成本,既满足包装保护商品、方便运输、有利销售的要求,又要提高包装的经济效益的包装综合管理活动。

1) 包装合理化的要求

(1) 防止包装不足。包装不足是指包装强度不足,包装材料水平不足,包装容器层次与容积不足,以及包装成本过低,不能有效地保护商品。

(2) 防止包装过剩。包装过剩是指包装物强度设计过剩,包装材料选择过高,包装技术过高,包装层次过多,包装体积过大,包装成本过高。

(3) 用科学方法确定最优包装。确定包装形式,选择包装方法,都要与物流诸因素的变化相适应,必须考虑装卸搬运、保管、运输等因素的变化与影响。

2) 包装合理化的途径

(1) 包装轻薄化。由于包装只是起保护作用,对产品使用价值没有任何意义,因此在强度、寿命、成本相同的条件下,更轻、更薄、更短、更小的包装,可以提高装卸搬运的效率,而且轻、薄、短、小的包装一般价格比较便宜。

(2) 包装标准化。包装的规格和托盘集装箱关系密切,所以包装应考虑与运输车辆、搬运机械的匹配,从系统的观点出发制定包装的尺寸和标准。

(3) 包装机械化与自动化。为了提高作业效率和包装现代化水平,各种包装机械的开发和应用是很重要的。

(4) 采用无包装的物流形态。对需要大量输送的商品(如粮食、水泥、煤炭),采用专门的散装设备,可获得较高的技术经济效果。

(5) 包装绿色化。包装是产生大量废弃物的环节,如果处理不好,可能造成环境污染,所以包装材料最好可反复多次使用并能回收再利用。在包装材料的选择上，还要考虑对人体健康不产生影响，对环境不造成污染，实现包装的绿色化。

> **知识拓展**
>
> **绿色包装**
>
> 绿色包装又称无公害包装或环境之友包装，指对生态环境和人类健康无害，能重复使用和再生，符合可持续发展的包装。它的理念有两个方面的含义：一个是保护环境，另一个就是节约资源。从技术角度讲，绿色包装是指以天然植物和有关矿物质为原料，研制成对生态环境和人类健康无害、有利于回收利用、易于降解及可持续发展的一种环保型包装。也就是说，其包装产品从原料选择、产品制造到使用和废弃的整个生命周期，均应符合生态环境保护的要求，故应从绿色包装材料、包装设计和大力发展绿色包装产业三方面入手实现绿色包装。

5.2 电子商务流通加工

流通加工在电子商务物流中的地位虽不能与运输、仓储等主要功能要素相比，但它能起到运输、仓储等主要功能要素无法起到的作用。流通加工是一种低投入高产出的加工方式，这种简单的加工往往能解决大问题。实践表明，在电子商务活动中，有的流通加工通过改变装潢使商品档次提升而充分实现其价值，有的流通加工可使产品利用率大幅提高。可见，流通加工是物流企业的重要利润源，它在电子商务物流中的地位是不容忽视的，属于产品增值服务范围。

5.2.1 流通加工认知

我们一直以来都认为，生产是通过改变物的形态来创造价值的，流通则是保持物的原有形态和使用价值的。流通现代化的发展，使上述观念发生了很大的变化。现在，工业发达国家广泛开展流通过程中的加工活动，以使流通过程更加合理。流通加工之所以会有很大的发展，是因为在社会生产中，生产环节的加工活动往往不能满足消费（或再生产）的需要。在生产方面，要想保持生产的高效率，使产品顺利地流通，产品的规格就不能太复杂；而在消费方面，消费者则要求产品是多种多样的。这就需要对生产出来的定型产品再做进一步的加工。这种加工过去是由用户来进行的，这有很多缺点，如设备的投资大、利用率低、物资利用率不高、加工质量差等，于是人们就从生产和使用环节抽出这种加工，置于流通环节，形成了流通加工。

流通加工是指物品在从生产地到使用地的过程中，根据客户的需要施加包装、分割、计量、分拣、刷标志、拴标签、组装等作业的总称。流通加工是在物品从生产领域向消费领域流动的过程中，为了促进消费、维护产品质量和提高物流效率，对物品进行加工，使物品发生物理、化学或形状变化的活动。

5.2.2 流通加工与生产加工的比较

与生产加工相比，流通加工在加工方法、加工组织、生产管理方面并无显著区别，但在加工对象、加工程度方面差别较大。

1. 加工对象不同

生产加工贯穿于整个生产过程，加工对象除加工原材料外也包括加工半成品和成品，是尚未进入流通领域的劳动产品，故不具有商品属性；而流通加工的对象是进入流通过程的商品，具有商品属性。

2. 加工内容不同

流通加工程度大多是简单加工，不是复杂加工，是对生产加工的辅助和补充。一般来讲，如果必须进行复杂加工才能形成人们所需的商品，那么这种复杂加工应专设生产加工过程，生产过程理应完成大部分加工活动，流通加工对生产加工则是一种辅助及补充。特别需要指出的是，流通加工绝不是对生产加工的取消或代替。

3. 加工目的不同

从价值观点看，生产加工的目的在于创造价值及使用价值，而流通加工则在于完善其使用价值并在不做大改变的情况下提高价值。

商品生产是为交换、为消费而进行的生产，而流通加工的一个重要目的是为了消费（或再生产）所进行的加工，这一点两者有共同之处。但是，流通加工有时也是以自身流通为目的的，纯粹是为流通创造条件，这种为流通所进行的加工与直接为消费进行的加工在目的上是有所区别的，这也是流通加工不同于一般生产加工的特殊之处。

4. 所处领域不同

流通加工的组织者是从事流通工作的人，能密切结合流通的需要进行这种加工活动。从加工单位来看，流通加工由商业或物资流通企业完成，而生产加工则由生产企业完成。

5.2.3 电子商务流通加工的作用

在物品从生产领域向消费领域流动的过程中，流通加工的主要作用是促进销售、维护产品质量和提高物流效率。电子商务流通加工虽然是简单加工，但其作用的确很大，表现在以下几个方面。

1. 可以提高原材料的利用率

通过流通加工进行集中下料，将生产厂商直接运来的简单规格产品，按用户的要求进行下料，可以优材优用、小材大用、合理套裁，明显地提高原材料的利用率，有很好的技术经济效果。例如，我国一些地区，对平板玻璃的集中套裁，使玻璃的利用率由 60%提高到 90%左右，经济效果十分显著。

2. 可以方便用户使用和消费

一般生产企业需要的原材料种类繁多，其中大多未经过初级加工。通过流通加工环节，对原材料按用户的要求进行初级加工，可使用户省去进行初级加工的投资、设备及人力。对于没有加工能力和进行初级加工经济上不合算的企业，初级加工非常重要。目前发展较快的初级加工有将水泥加工成生混凝土，将原木或板、方材加工成门窗，钢板预处理、整形等加工。

3. 可以提高加工效率和设备利用率

在分散加工的情况下，加工设备由于受生产周期和生产节奏的限制，设备利用时松时紧，使得加工过程不均衡，设备加工能力不能得到充分发挥。而流通加工面向全社会，加工数量大，加工范围广，加工任务多，通过建立集中加工点，采用一些效率高、技术先进、加工量大的专门机具和设备，一方面可以提高加工效率和加工质量，另一方面可以提高设备利用率。

4．可以提高生产效益，也可以提高流通效益

由于采用流通加工，生产企业可以进行标准化、整包装生产，这样做有利于发挥规模经济的特点，提高生产效率，节省包装费用和运输费用，降低成本；流通企业可以促进销售，增加销售收入，提高流通效益。

在流通过程中，进行一些改变产品某些功能的简单加工，所起作用除上述几点外还可提高产品销售的经济效益。例如，内地的许多制成品（如洋娃娃玩具、时装、轻工纺织产品、工艺美术品）在深圳进行的简单装潢加工，改变了产品的外观，仅此一项就可使产品售价提高20%以上。

5.2.4 电子商务流通加工的分类

由于具有不同的目的和作用，电子商务流通加工的类型呈现多样化特点。

1．为保护产品的流通加工

这种加工形式的目的是使产品的使用价值得到妥善的保护，以延长产品在生产与消费、使用时间之间的间隔。比如，水产品、蛋产品、肉产品的保鲜、保质的冷冻加工、防腐加工，丝、麻、棉织品的防虫、防霉加工，为防止金属材料的腐蚀而进行的喷漆、涂防锈油，运用手工、机械或化学方法防锈，木材的防腐朽、防干裂加工，水泥的防潮、防湿加工，煤炭的防高温自燃加工，都属于这种流通加工。

2．为适应多样化需求的流通加工

为了满足客户对产品多样化的需求，同时保证高效率的社会化大生产，可将生产出来的标准产品进行多样化的改制加工。例如，对钢材卷板的舒展、剪切加工，平板玻璃按需要规格的开片加工，木材改制成枕木、方材、板材加工，都属于这种流通加工。

3．为方便消费、省力的流通加工

这种流通加工也是多样的：根据需要将钢材定尺、定型，按要求下料；将木材制成可直接投入使用的各种型材；将水泥制成混凝土拌合料，使用时只需加水搅拌即可使用等。

4．为提高产品利用率的流通加工

通过在流通领域的集中加工来替代分散在各使用部门的分别加工，可以提高物资的利用率。集中加工形式可以减少原材料的消耗，提高加工质量。例如，钢材的集中下料可充分进行合理下料、搭配套裁、减少边角余料，从而达到加工效率高、加工费用低的目的。

5．为提高物流效率、降低物流损失的流通加工

企业可以通过改变一些产品本身的形态，使之更易于流通操作。例如，自行车在消费地区的装配加工，可防止整车运输的低效率和高损失；造纸用木材磨成木屑的流通加工，可极大提高运输工具的装载效率；集中煅烧熟料、分散磨制水泥的流通加工，可有效防止水泥的运输损失，减少包装费用，也可以提高运输效率；石油气的液化加工，使很难输送的气态物转变为容易输送的液态物，亦可提高物流效率。

6．为促进产品销售的流通加工

通过对一些产品各种形式的流通加工，可以从若干方面起到促进产品销售的目的。例如，将过大包装或散装产品进行适合一次性销售小包装的分装加工，将原有以保护产品为主的运输包装改换成销售包装,将蔬菜、肉类进行清洗、包装,都属于这类流通加工。

5.2.5 电子商务流通加工合理化

1. 流通加工合理化的含义

流通加工合理化是实现流通加工的最优配置,不仅要做到避免各种不合理,使流通加工有存在的价值,而且要做到是最优的选择。

为避免各种不合理现象,对是否设置流通加工环节、在什么地点设置、选择什么类型的加工、采用什么样的技术装备等,需要做出正确抉择。

2. 不合理的电子商务流通加工形式

(1) 流通加工地点设置不合理。电子商务流通加工地点设置,即布局状况,是决定整个流通加工环节是否有效的重要因素。一般情况下,为衔接单品种大批量生产与多样化需求的流通加工,将加工地点设置在需求地区,才能实现大批量的干线运输与多品种末端配送的物流优势。如果将流通加工地设置在生产地区,一方面,为了满足用户多样化的需求,会出现多品种、小批量的产品由产地向需求地的长距离运输;另一方面,在生产地增加了一个加工环节,同时也会增加近距离运输、保管、装卸等一系列物流活动。所以,在这种情况下,最好由原生产单位完成加工而不需要设置专门的流通加工环节。

(2) 流通加工方式选择不当。电子商务流通加工方式包括流通加工对象、流通加工工艺、流通加工技术、流通加工程度等。电子商务流通加工方式的确定实际上是与生产加工的合理分工。分工不合理,把本来应由生产加工完成的作业错误地交给流通加工来完成,或者把本来应由流通加工完成的作业错误地交给生产过程去完成,都会造成不合理。

(3) 流通加工作用不大,形成多余环节。有的电子商务流通加工过于简单,或者对生产和消费的作用都不大,甚至有时由于流通加工的盲目性,同样未能解决品种、规格、包装等问题,相反还增加了作业环节,这也是流通加工不合理的重要表现形式。

(4) 流通加工成本过高,效益不好。电子商务流通加工的一个重要优势就是它有较大的投入产出比,因而能有效地起到补充、完善的作用。如果流通加工成本过高,则不能实现以较低投入获得更高使用价值的目的,势必会影响经济效益。

3. 电子商务流通加工合理化的实现

实现电子商务流通加工合理化主要考虑以下几个方面。

(1) 加工和配送相结合。这是将电子商务流通加工设置在配送点中,一方面按配送的需要进行加工,另一方面加工又是配送业务流程中分货、拣货、配货的一环,加工后的产品直接投入配货作业,也就无须单独设置一个加工的中间环节,使流通加工有别于独立的生产,从而使流通加工与中转流通巧妙地结合在一起。同时,由于配送之前有加工,可使配送服务水平大大提高。这是当前对流通加工做合理选择的重要形式,在煤炭、水泥等产品的流通中已表现出较大的优势。

(2) 加工和配套相结合。"配套"是指对使用上有联系的用品集合成套地供应给用户使用,如方便食品加工配套。当然,配套的主体来自各个生产企业,如方便食品中的方便面,就是由其生产企业配套生产的。但是,有的配套不能由某个生产企业全部完成,如方便食品中的蔬菜、汤料等,这样的食品由物流企业进行适当的流通加工,可以有效地促成配套,大大提高流通作为供需桥梁与纽带的能力。

（3）加工和合理运输相结合。电子商务流通加工能有效衔接干线运输与支线运输，促进两种运输形式的合理化。利用流通加工，在支线运输转干线运输或干线运输转支线运输这本来就必须停顿的环节，不进行一般的支转干或干转支，而是按干线或支线运输的合理要求进行适当加工，可以大大提高运输及运输转载水平。

（4）加工和合理商流相结合。通过加工有效促进销售，使商流合理化，也是电子商务流通加工合理化的方向之一。加工和配送的结合，通过加工提高了配送水平，强化了销售，是加工与合理商流相结合的一个成功例证。此外，通过简单地改变包装加工促成方便的购买量，通过组装加工消除用户使用前进行组装、调试的难处，都是有效促进商流的例子。

（5）加工和节约相结合。节约能源、节约设备、节约人力、节约耗费是电子商务流通加工合理化需要考虑的重要因素，也是目前我国设置流通加工、考虑其合理化较普遍的形式。

对于电子商务流通加工合理化的最终判断，是看其是否能实现社会的和企业本身的两个效益，而且是否取得了最优效益。对电子商务流通加工企业而言，与一般生产企业一个重要的不同之处是，电子商务流通加工企业更应树立"社会效益第一"的观念，只有在"补充完善为己任"的前提下才有生存的价值。如果只是追求企业的微观效益，不适当地进行加工，甚至与生产企业争利，就有违于流通加工的初衷，或者其本身已不属于流通加工范畴。

课后自测习题

一、选择题

1. 包装按其技术方法进行分类，不包括下列中的（　　）。
   A．防潮包装　　　　　　　　B．防锈包装
   C．防震包装　　　　　　　　D．运输包装

2. 包装的功能不包括（　　）。
   A．保护商品　　　　　　　　B．方便流通
   C．促进销售　　　　　　　　D．提高效率

3. 包装标准化的内容不包括（　　）。
   A．包装材料标准化　　　　　B．包装时间标准化
   C．包装容器标准化　　　　　D．包装工艺标准化

4. 下面关于流通加工的说法中正确的有（　　）。
   A．流通加工是社会化分工的产物
   B．流通加工的组织者为制造企业
   C．流通加工的对象是原材料和零配件
   D．流通加工不能提高商品的价值

5. 流通加工与一般生产加工不同，主要区别表现为（　　）。
   A．加工对象不同　　　　　　B．加工广度和深度不同
   C．加工目的不同　　　　　　D．加工流程不同

二、名词解释

1. 包装　　2. 流通加工　　3. 包装标准化　　4. 流通加工合理化

三、论述题

1. 什么是流通加工？它与一般生产加工有哪些区别？
2. 电子商务流通加工的类型和作用有哪些？
3. 简述包装的含义、功能和分类。
4. 如何实现电子商务包装合理化？
5. 什么是集合包装？现代集合包装主要有哪些？

案例分析

电子商务绿色包装应用

近十年来，电商快递业的迅猛发展，给消费者的生活带来了便利，同时也产生了海量的快递包装垃圾。这些垃圾包括包装箱、胶带、塑料袋、聚合物填充材料等，分布地点极度分散，还和其他生活垃圾混合，回收处理十分不便，对环保也带来极为严峻的挑战。为此，电商和物流企业纷纷积极投身于包装耗材减量、包装材料替换、包装循环利用等包装绿色化实践之中。

1. 包装耗材减量

实现包装绿色化，对胶带、运单、填充物等耗材"减量"最直观有效。菜鸟通过优化纸箱型号、推荐合理的装箱方案，让箱型更匹配、装箱更紧凑，减少"大材小用、过度包装"的现象，平均减少 15%的包材使用，仅在菜鸟仓内一年就对 2.9 亿个包裹进行了"瘦身"。目前该技术已经面向全行业推广。京东在保障商品安全的前提下，对封箱胶带进行了"瘦身"，将其宽度减少 15%，降至 45mm，并且禁止封箱胶带使用时层层缠绕，已累计减少使用胶带超过 5 亿 m。苏宁物流电子运单普及率已经达到 100%，缩小了面单尺寸，通过优化面单设计，减少了面单展示内容（保护消费者隐私），将面单面积从 150mm×100mm 降至 100mm×100mm，在年度面单使用量增长 30%的情况下，实现了全年减少面单耗材使用面积达 60 余万 m^2；降低了胶带宽度，将宽度从 60mm 降至 48mm，全年减少了胶带用量面积 100 余万 m^2；降低了气垫膜厚度，将厚度从 20μm 降至 15μm，全年填充物中塑料使用量减少了 25%；推广运输料箱和快递漂流箱方式，通过实行电商商品在收货地进行包装生产和发票打印制度，一方面提高了单车商品装载量，另一方面也避免了因运输挤压导致包裹破损，快递站点的耗材损耗量减少了 50%；鼓励门店自提和现场验货，对门店仓已备货的商品，在销售页面会提示并鼓励消费者到店自提，每年可节约 20%的包装盒消耗量。

此外，电商行业所使用的重点快递企业的电子面单使用率已达 98%以上，电子面单是使用不干胶热敏纸打印客户收派件信息的面单，具有节约纸张、缩短操作时间、优化配送流程、保护客户隐私等特点。使用电子面单的打印效率比普通纸质面单提升了 60%～90%，成本也比传统面单节约了 50%以上。以广泛使用的菜鸟电子面单为例，在推广的 5 年中，已经累计服务 1 000 亿个包裹，节约纸张 4 000 亿张，帮助全行业节约成本 200 亿元。传统发货需要操作者将已打出的快递单和订单信息核对匹配后再发货,而电子面单在订单信息申请快递单号的时候就已完成了订单匹配,不需要再一一核对,大大节省了时间。电子面单还可以通过二维码隐藏收件人的隐私信息,避免消费者个人隐私泄露。目前,电商行业所使用的电子面单系统主要包括菜鸟电子面单、京东无界电子面单、拼多多电子面单及大客户电子面单。各类电子面单系统的对比详情如表 5-1 所示。

表 5-1 电商企业电子面单系统对比

名 称	主 导 方	使 用 方	特 点
菜鸟电子面单	阿里巴巴	淘宝、天猫、阿里巴巴的订单必须使用菜鸟电子面单 拼多多、微店等其他平台或线下订单也可使用	打印速度提升 4~6 倍,包裹出库时减少了抽底单的工序,降低了操作成本,提升了操作效率;提升了包裹送达时效;打印信息错误等情况发生时,已打印出来的快递单号可以自动回收,避免了单号浪费;菜鸟电子面单在部分业务维权时,无须上传底单图片,也能实现快速维权处理
京东无界电子面单	京东	京东订单必须使用无界电子面单 拼多多、微店等其他平台或线下订单也可使用	提高了物流效率,降低了操作成本,保障了消费者的信息安全,协助商家提升了履约效率
拼多多电子面单	拼多多	拼多多平台订单	对于拼多多商家具有免罚的额外特权;商家使用拼多多的电子面单系统,兼容性高,打单发货效率更高,还可监控订单;只要有一家店开通了拼多多电子面单,就可以关联其他拼多多店铺一起使用拼多多电子面单打印发货
大客户电子面单	各家快递公司	线下电子面单或微商	打印、发货效率高,但各家快递公司电子面单模板尺寸不一,如同一家电商企业与多家快递公司合作,需用多个打印机打印电子面单

2. 包装材料替换

运用科技手段研发环保新材料对传统 PC、PVC 材料进行替换也是包装绿色化的重要途径。在绿色包装材料的研发设计上,申通快递与清华大学化学工程系合作研发了可降解环保材料包装袋,与环保公司合作研发了植物基胶带、环保文件封套等。德邦物流于 2018 年成立了包装研究中心,与多方合作共同研究绿色包装材料,目前已经成功推出零胶纸箱。这种纸箱配有防盗"魔力扣",无须使用传统的塑料胶带。百世快递则与环保企业合作研发了新型的淀粉基塑料袋。据了解,这种新型的塑料袋投入使用后可降低 40% PE 用量。灰度环保科技公司研发了 PP 材质的环保循环包装材料。这种包装材料具有无毒、无味、防水、耐腐蚀、耐酸碱等特性,可直接包装食品,无须胶水及封箱胶带即可成型封箱。

3. 包装循环利用

无须胶带封装、循环利用包装也是绿色包装的重要措施之一。很多电商企业产品采购入库会带有外层纸箱,对于质量较好、可重复利用的外层纸箱可拆下来叠好放在打包台供发快递时使用,快递送达之后,还可询问客户纸箱是否可以回收。目前苏宁采取激励措施,鼓励终端快递员回收纸箱,快递员每回收一个纸箱,可得到 0.2~0.5 元的奖励。此外,苏宁针对快递包装绿色化的绿色循环包装产品包括循环保温箱、供给袋、可循环使用的漂流箱等。苏宁的漂流箱有5种不同大小的规格，箱体材质是大豆秸秆和玉米芯等，且完全不需要封箱胶带，每个箱子可循环使用6次以上，回收后再使用时仅需更换一个一次性锁芯即可。京东物流则使用由可复用材料制成的快递盒——青流箱。箱体正常情况下可以循环使用20次以上，破损后还可以回炉重造，而且青流箱无须胶带封装，现已经在全国多个城市常态化使用。电商和物流快递企业采用的典型绿色包装如表5-2所示。

表5-2 电商和物流快递企业采用的典型绿色包装

时间	名称/推广者	图片	特点
2017年	漂流箱/苏宁		可循环的塑料箱，在商品出库前系统会自行匹配投递适用料箱的订单，智能推荐和匹配漂流箱，有策略地减少纸质包装盒的使用。漂流箱设计了牢固的一次性封箱扣，保障商品安全，保护用户隐私
2017年	绿盒子青流箱/京东		继冷链保温循环箱、循环包装袋后，新投入的又一可循环使用的物流包装。由最新的热塑性树脂材料制作，采用中空板结构，可5秒成型打包。此种材料抗打击、耐高低温和湿度性能强，可以保护消费者购买商品的完好性。正常情况下可以循环使用20次以上，破损后还可以无限次回炉重造
2018年	丰·BOX可循环快递箱/顺丰		采用拉链设计的包装箱易拆封，且有防盗、防水、阻燃、隔热、保温等功能，解决了传统纸箱成本高、易破损、资源浪费等问题。根据相关数据分析预测，1个"丰·BOX"可替代50个纸箱和140m胶带
2018年	菜鸟循环快递箱/菜鸟		首批"上岗"的无胶带、可多次利用的环保快递箱。插拔式的指环锁扣设计，不需要用胶带包装；可折叠设计，不需要任何辅助工具就可以成型。提高了配送效率，成本对比传统纸箱下降了近3成，可大幅降低物流成本。循环快递箱的使用寿命约2个月
2018年	共享快盆/圣加中物联网技术有限公司		一种基于物联网核心技术的共享智能包装箱，一种含有向量芯片的共享包装箱。它的安全设计与汽车的防护相同，绿色环保，操作轻便，经久耐用。每个包装箱可循环使用上千次，而且每循环2 000次可节约1棵树木。需物流行业和社会消费群体两者的配合，才能使共享快递箱为环保事业贡献力量

结合上述资料分析：

（1）我国电子商务绿色包装应用出现了哪些变化？

（2）你认为电子商务企业实施绿色包装还可以从哪些方面入手？

第 6 章 电子商务配送与配送中心

 **本章要点**

1. 了解电子商务配送的含义及特点
2. 了解电子商务配送中心的含义及分类
3. 熟悉电子商务配送中心的作业流程
4. 掌握电子商务配送的模式
5. 掌握电子商务配送中心选址应考虑的因素

 案例引入

智慧物流之"智能配送"模式

作为智慧物流的终端环节,配送在物流行业中占据着重要地位。随着科技的快速发展,无人物流逐渐被研发出来。尤其在新冠肺炎疫情期间,无人物流在减少接触感染方面发挥了重要的作用。

苏宁重磅打造的全链路无人物流系统实现了高效流畅的无接触模式:包裹从无人仓出发,通过无人驾驶的无人重卡被迅速运输到分拨中心,然后经由"最后一公里"无人配送机器人或无人机,送至无人快递柜(或送到客户手中),真正做到了全流程无人配送。

其中,最具亮点的无人配送环节是苏宁推出行业领先的战"疫"奇兵——无人仓。据了解,苏宁无人仓以 AGV 系统为核心载体,以自主研发的设备控制与调度平台为仓库的大脑,结合无人叉车、无人包装机、机械臂等无人设备,组成了高效安全的战"疫"团队。每当接到用户下单信号之后,借助视觉导航技术的无人叉车,将货物精准上架到接驳区;紧接着,AGV 机器人通过智能路径规划、自主导航、自动避障等程序,将货物运输到机械臂拣选区;机械臂再通过自动化拆垛系统,将货物轻柔地放置在传送带上,经过自动包装和自动贴签处理,最终完成商品的快速出库。在无人仓的高效协作下,仓库商品拣选效率可以到达 600 件/小时,商品最快可达到 20 分钟完成出库全过程,单件商品拣选成本降低了 52%。

此外,苏宁还打通了疫情下小区配送末端,实现了配送最后 100m 的无人化作业,重磅推出苏宁无人配送小 biu 机器人。当快递员将商品放入其货仓中并输入发货指令后,机器人就会乖乖地带上货物出发,还会自主规划路线、避开障碍物、返回充电。

基于 30 年的零售和物流积淀,苏宁"末端配送机器人—支线无人车调拨—干线无人重卡"的三级智慧物流运输体系及全流程无人化布局已初步成型，并在特殊时期大显身手，经受住了市场和用户最严格的检验。

苏宁物流研发中心总经理陈坚认为，5G 应用范围不断扩大能让更多数据植入物流运作的海量终端，推动信息数据链向 AI 数据链转变，这可能是带来无人技术爆发增长的新拐点。无人物流未来可期，苏宁要做的仍旧是引领行业，打造"极智服务"，继续实现无人技术应用的全场景、全链路闭环，为企业降本增效的同时，最大化地提升消费者的服务体验，让智慧物流带来的便利真正全面铺开，走入寻常百姓家。

思考：什么是智慧配送？苏宁的智慧物流有哪些特点？

6.1 电子商务配送

电子商务配送，就是信息化、现代化、社会化的配送。这种新型的配送模式带来了流通领域的巨大变革，已经有越来越多的企业开始积极搭乘电子商务快车，采用电子商务配送模式。电子商务物流配送，对配送服务的个性化提出了更高的要求，尤其是同城"落地配"的"最后一公里"末端配送服务，所面对的市场需求是多品种、少批量、多批次、短周期的，客户的地点是散状分布，客户对配送接货时间也往往有明确要求，电子商务季节性高峰更给配送带来了很多难题。

6.1.1 电子商务配送认知

1．配送的含义

目前，对配送的定义，比较有代表性的有如下几种：

日本颁布的《日本工业标准（HS）物流用语》中将配送定义为："将货物从物流据点送交给收货人。"

早稻田大学教授西泽修在他的专著《物流 ABC 指南》中对配送进行了较为详细的描述：从发货地到消费地之间，所有进货品、半成品、发货品及库存品都是有计划地、统一地进行管理和实施。配送是费用最低、服务最好的送货方式，是为了最有效地将原材料、产品送达，把采购、运输、仓库的功能有机地组合在一起的活动。

我国物流领域的前辈王之泰教授这样定义配送："配送是按用户订货要求，在配送中心或其他物流节点进行货物配备，并以最合理的方式送交用户。"

《物流术语》中将配送定义为："根据客户要求，对物品进行分类、拣选、集货、包装、组配等作业，并按时送达指定地点的物流活动。"

2．电子商务配送的含义

电子商务配送是指采用网络化的计算机技术和现代化的硬件设备、软件系统及先进的管理手段，针对社会需求，严格按用户的订货要求，进行一系列分类、编码、整理、配货等理货工作，将商品定时、定点、定量地交给没有范围限度的各类用户，满足其对商品需求的物流活动。

6.1.2 电子商务配送的特点

1．虚拟性

电子商务配送的虚拟性来源于网络的虚拟性。通过借助现代计算机技术，配送活动已由过去的实体空间拓展到了虚拟网络空间，实体作业节点可以虚拟信息节点的形式表现出来。实体配送活动的各项职能和功能可在计算机上进行仿真模拟，通过虚拟配送，找到实体配送中存在的不合理现象，从而进行组合优化，最终实现实体配送过程，达到效率最高、费用最少、距离最短、时间最少的目标。

2. 实时性

虚拟性的特性不仅有助于辅助决策，让决策者获得高效的决策信息支持，还可以实现对配送过程的实时管理。配送要素数字化、代码化之后，突破了时空制约，配送业务运营商与客户均可通过共享信息平台获取相应配送信息，从而最大限度地减少各方之间的信息不对称，有效地缩小配送活动过程中的运作不确定性与环节间的衔接不确定性，打破了以往配送途中的"失控"状态，做到全程"监控配送"。

3. 个性化

个性化配送是电子商务物流配送的重要特性之一。作为末端运输的配送服务，它所面对的市场需求是多品种、少批量、多批次、短周期的，小规模的频繁配送将导致配送企业的成本增加，这就必须寻求新的利润增长点，而个性化配送正是这样一个开采不尽的利润源泉。电子商务配送的个性化体现为"配"的个性化和"送"的个性化。"配"的个性化主要指通过配送企业在流通节点（配送中心）根据客户的指令对配送对象进行个性化流通加工，从而增加产品的附加价值；"送"的个性化主要是指依据客户要求的配送习惯、喜好的配送方式等，为每一位客户制订量体裁衣式的配送方案。

4. 增值性

除传统的分拣、备货、配货、加工、包装、送货等作业外，电子商务配送的功能还向上游延伸到市场调研与预测、采购及订单处理上，向下游延伸到物流咨询、物流方案的选择和规划、库存控制决策、物流教育与培训等附加功能上，从而为客户提供了具有更多增值性的物流服务。

6.1.3 电子商务配送的必要条件

1. 高水平的企业管理

电子商务配送作为一种综合性一体化的物流活动，其管理水平要求达到科学化和现代化。因为只有通过合理的科学管理制度、现代化的管理方法和手段，才能确保配送基本功能和作用的发挥，从而保障相关企业和用户整体效益的实现。管理科学的发展为流通管理的现代化、科学化提供了条件，促进了流通产业的有序发展，同时要加强对市场的监管和调控力度，使之有序化和规范化。总之，一切以市场为导向，以管理为保障，以服务为中心，加快科技进步，是电子商务配送的根本出路。

2. 高素质的人员配置

电子商务配送能否充分发挥其各项功能和作用，完成其应承担的任务，人才配置是关键。为此，电子商务配送的人才配置要求必须配备数量合理、具有一定专业知识和较强组织能力、结构合理的决策人员、管理人员、技术人员和操作人员，以确保电子商务配送的高效运转。电子商务发展一方面要求人才的专业化程度不断加深，另一方面要求人才能够全面发展，以适应多变的外部环境，这就给人才的培养和开发带来了机遇和挑战。

3. 高水平的装备配置

电子商务配送面对成千上万的供应厂商和消费者，以及瞬息万变的市场，承担着为众多用户配送商品和及时满足他们不同需要的任务,这就要求必须配备现代化装备和应用先进的管理系统,尤其是要重视计算机网络的运用。同时,采用现代化的配送设施和配送网络,将会逐渐形成社会化大流通的格局。专业化的生产和严密组织起来的大流通,对物流手段的现代化提出了更高要求,如对自动分拣系统、立体仓库、旋转货架、AGV 自动导向系统、商品条码分类系统、悬挂式输送机等这些新型高效大规模的物流配送机械系统有着广泛而迫切的需求。这些现代化的物流设备能适应市场需求,可以提供更完美的服务,在为多用户、多品种、少批量、高频度等服务方面具有独特的优势,能够做到准确、迅速、灵活。

> **知识拓展**
>
> **自动分拣系统**
>
> 自动分拣系统是第二次世界大战后在美国、日本和欧洲的物流配送中心广泛采用的一种分拣系统。该系统的作业过程可以简单描述如下:物流中心每天接收成百上千家供应商或货主通过各种运输工具送来的成千上万种商品,在最短的时间内将这些商品卸下并按商品品种、货主、储位或发送地点进行快速准确地分类,将这些商品运送到指定地点(如指定的货架、加工区域、出货站台等),同时当供应商或货主通知物流中心按配送指示发货时,自动分拣系统在最短的时间内从庞大的高层货架存储系统中准确找到要出库的商品所在位置,并按所需数量出库,将从不同储位上取出的不同数量的商品按配送地点的不同运送到不同的理货区域或配送站台集中,以便装车配送,如图 6-1 所示。
>
>
>
> 图 6-1 自动分拣系统

6.1.4 电子商务配送的功能要素

电子商务配送功能要素包括备货、储存、分拣及配货、配装、配送运输、送达服务和配送加工。

1. 备货

备货是配送的准备工作或基础工作,包括准备货源、订货或购货、集货、进货及有关的质量检查、结算、交接等。配送的优势之一,就是可以集中用户的需求进行一定规模的备货。备货是决定配送成败的初期工作,如果备货成本太高,会大大降低配送的效益。

2. 储存

储存有储备和暂存两种形态。储备是按一定时期的配送经营要求形成的对配送的资源保证，可在配送中心附近单独设立仓库。这种类型的储备数量较大，储备结构也较完善，可视货源及到货情况，有计划地确定周转储备和保险储备的数量。暂存是具体执行配送时，按分拣配货要求，在理货场地内暂时地存储少量货物。由于总体储存效益取决于储存总量，所以这部分暂存数量只会对工作方便与否造成影响，不会影响储存的总效益，因而在数量上控制并不严格。

3. 分拣及配货

分拣及配货是配送不同于其他物流作业环节的特有功能要素，也是关系配送成败的一项重要工作。分拣及配货是实现送货的准备性工作，是不同配送企业在送货时进行竞争和提高自身经济效益的必然延伸。所以，也可以说分拣及配货是送货向高级形式发展的必然要求，有了分拣及配货就会大大提高送货服务水平。

4. 配装

在单个用户配送数量不能达到车辆的有效载运负荷时，就存在如何集中和搭配不同用户的配送货物进行装载，以充分利用运能、运力的问题。和一般送货的不同之处在于，配装送货可以大大提高配送水平及降低送货成本。所以，配装是配送系统中有现代特点的功能要素，也是现代配送区别于传统送货的改进之处。

5. 配送运输

配送运输属于运输中的末端运输，它和其他运输形态的主要区别在于，配送运输是较短距离、较小规模、较高成本的运输形式，一般使用汽车作为运输工具。

6. 送达服务

配好的货物运输到用户的地址还不算配送工作的完结，这是因为送货和用户接货往往还会出现不协调，使配送前功尽弃。因此，要圆满地实现运抵货物的交接，并有效地、方便地处理相关手续并完成结算，还应讲究卸货地点、卸货方式等。送达服务也是配送独有的特殊性。

7. 配送加工

配送加工这一功能要素虽不具普遍性，却有着重要的作用，主要原因是通过配送加工可以大大提高用户的满意度。配送加工是流通加工的一种，但配送加工有其不同于一般流通加工的特点，即配送加工一般只取决于用户要求，其加工的目的较为单一。

6.1.5 电子商务配送的模式与流程

1. 电子商务配送的模式

1）自营配送

自营配送模式是指企业配送的各个环节由企业自身筹建并组织管理，实现对企业内部及外部货物配送的模式。其优势如下：

（1）企业对供应链各环节有较强的控制能力，易于与生产和其他业务环节密切配合，全力服务本企业的经营管理，确保企业能够获得长期稳定的利润。对于竞争激烈的产业，自营物流配送模式有利于企业对供应和分销渠道的控制。

（2）可以合理地规划管理流程，提高物流作业效率，减少流通费用。对于规模较大、产品单一的企业而言，自营物流可以使物流与资金流、信息流、商流结合得更加紧密，从而大大提高物流作业乃至企业全方位的工作效率。

（3）可以使原材料和零配件采购、配送及生产支持从战略上一体化，实现准时采购、增加批次、减少批量、减少资金占用、降低成本的目的，从而实现零库存、零距离和零营运资本。

（4）反应快速、灵活。由于企业自营配送模式属于企业内部的一个组成部分，与企业经营部门关系密切，以服务于本企业的生产经营为主要目标，所以能够更好地满足企业在物流业务上的时间、空间要求，特别是要求物流配送较频繁的企业，自营配送能更快速、灵活地满足企业的要求。

其不足之处是，企业自建配送体系的投资规模非常巨大，在企业配送规模较小时，配送的成本和费用也相对较高，存在投资风险。一般只有实力较强的大企业才有可能进行自营配送。该模式比较适合连锁经营企业。

2）共同配送

共同配送模式是指若干物流企业在配送网络与服务方面存在优势互补的情况下，各方在基于互相信任、风险共担、利益共享的长期战略合作伙伴关系下，通过协作性信息平台将各方的配送中心、运输部门等相关物流服务部门连接成为虚拟联盟，通过配送要素之间的双向或多向流动、信息共享及一系列的决策支持技术来实现对这些物流企业配送业务的统一调度和管理。共同配送模式的另一种表现形式是，多个客户联合起来，共同由一个第三方物流服务公司来提供配送服务。共同配送针对商品配送的品种多样化、需求多层化、流通渠道多元化的特点，按照不同的需求进行配送。共同配送有六大好处：

（1）有利于提高集约化程度，使物流企业的人工、设备和设施费用分摊到共享的客户身上。这些零散客户共享所带来的生意就像大客户所带来的生意规模一样大，使得物流企业可以发挥物流的规模效益，从而节约成本，提高服务水平。

（2）有利于满足客户要求。有很多客户的需求量并不大，但是商品种类多，对时间又有较高的要求，只有进行共同配送，才能整合多客户资源，满足不同客户的要求。

（3）有利于优化资源配置。共同配送整合了所有参与客户的商品资源，整合了客户和第三方物流的车辆和仓库资源，同时整合了所有参与客户的配送线路资源。

（4）有利于提高运输效率。共同配送整合了大量客户，使冷藏车辆的载重和车辆载货空间得到了有效利用，避免了车辆不满载导致的浪费，提高了运输的效率。

（5）有利于提高配送科技含量。多家企业参与共同配送，一方面有助于共建信息系统与网络，实现信息共享与快速响应，另一方面也有利于在配送过程中利用射频技术、全球定位系统、传感技术等，对配送过程进行全面监控，为客户提供更多增值服务。

（6）有利于提高社会效益。实施共同配送，大大减少了在途配送车辆，缓解了交通压力，降低了碳排放量，对环境的污染也随之减少。

3）第三方配送

第三方配送是指生产经营企业为集中精力搞好主业和节约成本，把原来属于自己处理的物流配送活动，以合同方式委托给专业物流服务企业，同时通过信息系统与物流企业保持密切联系，以达到对配送全程管理控制的一种物流运作与管理方式。第三方物流配送模式有以下三个优点：

（1）将企业的非核心业务外包给专业的第三方物流企业，势必节省大量的基础设施和设备、网络及人力的成本投入，必然会在一定程度上加强企业自身的核心竞争能力。

（2）可以转移物流过程中的各种风险和潜在风险，包括管理风险、人员劳资风险、交通风险等。

（3）财务核算、成本控制更加清晰明了。

4）无人配送

随着人工智能的发展，越来越多的智能设备被用于物流领域。作为一种新型的配送模式，无人配送可以极大地提高物流配送的作业效率和客户满意度。

1916 年，英国工程师阿奇博尔德进行了无人飞行器试验，使得无人机正式登上历史舞台。如今，随着人工智能的发展，无人机已经开始在商业领域发挥作用。2013 年 9 月，顺丰公司在广东省东莞市进行无人机的飞行测试。2013 年 12 月，亚马逊公司尝试将无人机运用到物流配送当中，使无人机正式进入大众视野。随后，国外的 UPS、谷歌，国内的淘宝、京东等电商企业，都开始进行无人机快递操作实验并进行推广。

无人配送是指在物流配送环节，通过运用一些智能化的无人设备，进行分拣、装卸、保管等作业活动，并将货物按照客户要求按时送达指定地点的一项物流活动。就目前而言，无人配送设备主要有无人机和无人车两种类型，如图 6-2 所示。

图 6-2　无人机配送和无人车配送

无人配送作为智慧化物流发展的一个热点，对于提高物流效率、降低物流成本具有重要作用。无人配送模式的优点有三个：

（1）可提高作业效率。2017 年，京东在江苏昆山启用了全球首个无人分拣中心。该中心每小时可分拣完成多达 9 000 个包裹，与传统方式相比节省了 180 个工作日，同时工作效率也提升了 3 倍。在传统的配送方式下，大多数员工从事的都是一些简单的重复性工作，随着工作时间的加长，很容易产生厌烦情绪，机器则不会。配送领域的无人化和无人分拣中心一样，可使作业效率大幅度提高。

（2）能够节省物流成本。虽然无人配送设备在投入初期会耗费大量成本，但从长远来看，其所需成本会远远低于传统的人工配送成本。在使用无人配送设备的过程中，除充电和维修保养外，几乎用不到任何费用；人工成本则不然，它只会随着时间的积累而不断增长。

（3）能够有效提高物流服务水平。在传统的配送模式下，企业必须在人员密集的区域（如学校、小区）设立配送点，将附近的货物统一送到这些配送点之后，由客户自行前来提取货物；而无人配送实施以后，无人机则完全可以将货物送到客户家的阳台上，以最大限度地方便客户，提高物流服务水平。

2．电子商务配送的流程

随着互联网的发展，商品交换的场所虚拟化，交换方式、速度和效率都发生了极大的变化，市场范围也随着互联网的延伸得到了极大的扩展。但是，一切交换活动的最终完成，都必须落实在实物的传递和送达这一过程，只有实物送达交易的购买方，商务活动才算完成。实物的传递和送达这一活动就是物流配送活动。作为电子商务的一个关键环节，物流配送承担着将虚拟活动变为现实的职能，对电子商务的发展起着重要作用。电子商务配送流程主要包括采购作业流程、仓储作业流程、配送作业流程、退货及后续处理作业流程。

（1）采购作业流程。采购作业是准备配送商品的阶段，它是配送中心运转的基础环节。物流业务管理部门根据用户的要求及库存情况，通过电子商务中心向供应商发出采购订单；供应商收到采购订单并加以确认后，向业务部门发出供货通知；业务部门再向仓储中心发出接货信息，而仓储中心根据货物情况准备合适的仓库，最后由供应商将发货单通过互联网发送给仓储中心，货物则通过各种运输手段送至仓储中心。采购作业流程如图6-3所示。

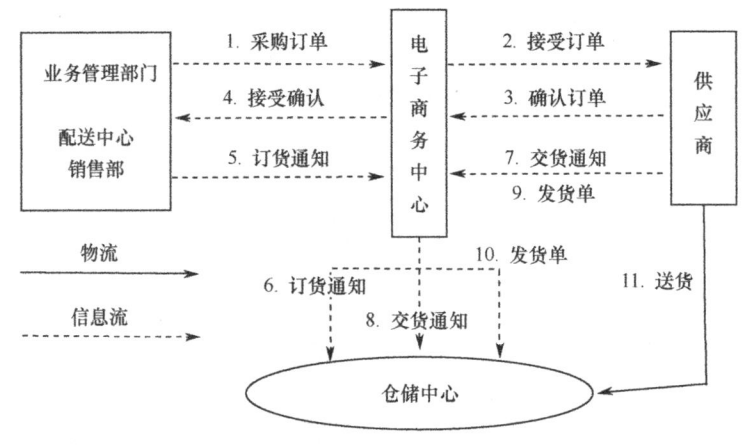

图6-3 采购作业流程

采购作业流程基本上有两种模式：第一种模式是由提供配送服务的第三方物流企业承担采购责任，直接向生产、经销企业订货或购货。第二种模式是物流、商流两者相分离的模式，由货主进行订货、购货，配送中心负责进货、理货等工作，货物所有权属于货主。

（2）仓储作业流程。仓储作业是采购作业的延续。仓储中心受业务管理部门的统一管理，它的主要作业区是收货区、拣货区和发货区。仓储中心收到供应商的送货单和货物后，在进货区对新进入的货物通过条形码扫描仪进行货物验收，确认发货单与货物一致后，对货物进行进一步处理（如验收不合格则退货），一部分货物被直接放入发货区进行暂时储存。这属于直通型货物，仅仅适用于周转率大的商品，今天进仓明天出货的商品最适合利用仓库首层暂存区放置。另一部分货物属于存放型货物，要进行入库储备处理，即进入拣货区。这是出于安全库存的考虑，按照一定时期配送活动的要求和到货周期，有计划地确定能够使配送活动持续进行的库存数量和形式。这适用于在仓库存放一段时间的商品。分拣货物一般采取两种方式来操作：一是摘取式；二是播种式。拣货是通过自动分拣输送系统和自动导向系统完成的，货物会进入自动化仓库。当需要发货时，根据发货单上的显示，通过自动分拣输送设备将货物送到相应的装车线，对货物进行包装处理后，装车送货。仓储作业流程如图6-4所示。

（3）配送作业流程。配送作业是电子商务配送的核心环节。配送部门由业务管理部门进行统一配送调度，根据客户的具体要求，打印相应的送货单，在运输途中通过地理信息系统、全球定位系统进行实时监控，及时沟通和反馈配送信息，并在货物到达目的地、经客户确认签字无误后，凭回单向业务管理部门确认。

（4）退货及后续处理作业流程。退货及后续处理作业是电子商务配送流程的最后一个环节。客户因某种原因可能请求退货，企业应制订相应的退货处理政策。很多企业都认为货物配送出去，收回货款，电子商务过程就可终结。但面对竞争激烈的市场环境，售后服务已成为企业竞争策略的重要内容，越来越多的企业都开展了售后服务业务，因此必须对物流的后续处理给予应有的重视。退货可由配送企业集中送回原仓储地点，由专人清理、登记、查明原因，如果是产品质量问题，应进行抽样检验，超出相应标准则及时通知采购作业流程停止订货，并通知网站管理部门将网页上相关货物的信息及时删除，尚未超标则作为验收不合格物品进行退货处理。如退货还可继续使用，则可进入库存，重新开始新的仓储管理配送过程。

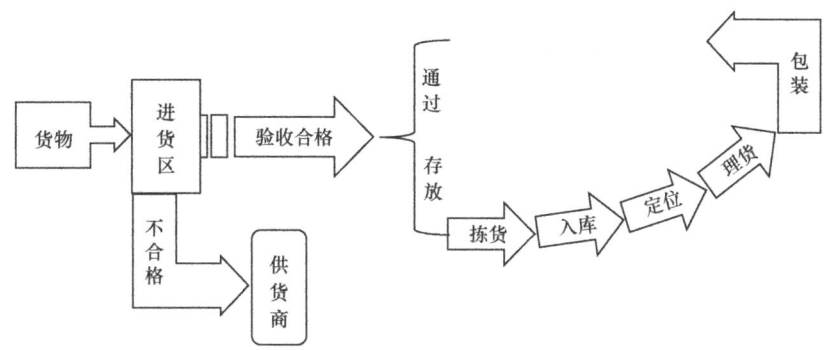

图 6-4　仓储作业流程

除此之外，企业还应建立客户满意度调查和投诉反馈系统，对电子商务配送系统进行监督和考核。电子商务企业将配送业务外包给专业物流企业，如果缺少必要的监督和约束手段，配送往往会成为电子商务顺利运行的障碍。客户满意度调查一般包括客户请求的响应速度、满足时间和质量等。值得注意的是，客户满意度调查和投诉反馈系统不是一个独立的业务步骤，这项工作与订单管理、仓储分拨、运输、退货管理等环节有密切联系。

6.2　电子商务配送中心

随着电子商务配送现代化、一体化的发展，配送的各环节被看成一个整体综合起来考虑。这个整体的核心即集货、配货、装货和送货。对电子商务配送系统优化就是对集货、配货、装货和送货线路及其一体化进行优化。建立电子商务配送中心的目的是在提升企业物流服务水平、降低物流服务成本及满足客户需求的前提下取得更高的目标利益。

6.2.1　电子商务配送中心认知

所谓配送中心，是指从事配送业务的物流场所或组织。《物流术语》中对配送中心的定义为：具有完善的基础设施和信息网络，可便捷地连接对外交通网络，并向末端客户提供短距离、小批量、多批次配送服务的专业化配送场所。

电子商务配送中心是接受并处理末端用户的订货信息，对上游运来的多品种货物进行分拣，根据用户订货要求进行拣选、加工、组配等作业，并以令人满意的服务水平进行送货的设施和机构。电子商务配送中心是基于物流合理化和发展市场两个需要而发展的，它很好地解决了用户多样化需求和厂商大批量专业化生产的矛盾，因此逐渐成为现代化物流的标志。电子商务配送中心利用流通设施和信息系统平台，对物流经手的货物，做倒装、分类、流通加工、配套，设计运输路线和运输方式，为客户提供量身配送服务。

6.2.2 电子商务配送中心的分类

配送中心是一种新兴的经营管理形态，具有满足少量多样的市场需求及降低流通成本的作用。但是，由于建造企业的背景不同，其配送中心的功能、构成和运营方式就有很大区别，因此在规划配送中心时应充分考虑配送中心的类别及特点。电子商务配送中心的具体分类方式如下。

1. 按配送中心的设立者分类

（1）制造商型配送中心。制造商型配送中心是指以制造商为主体的配送中心。这种配送中心里的物品 100%是由企业自己生产制造的，用以降低流通费用、提高售后服务质量和及时地将预先配齐的成组元器件运送到规定的加工和装配工位。这类配送中心从物品制造到生产出来后条码和包装的配合等多方面都较易控制，所以按照现代化、自动化的配送中心设计比较容易，但不具备社会化的要求。

（2）批发商型配送中心。批发商型配送中心是指由批发商或代理商所成立的配送中心，它是以批发商为主体的配送中心。批发是物品从制造者到消费者手中之间的传统流通环节之一，一般是按部门或物品类别的不同，把每个制造厂的物品集中起来，然后以单一品种或搭配向消费地的零售商进行配送。这种配送中心的物品来自各个制造商，它所进行的一项重要的活动是对物品进行汇总和再销售，而它的全部进货和出货都是社会配送的，社会化程度高。

（3）零售商型配送中心。零售商型配送中心是指由零售商向上整合所成立的配送中心，它是以零售商为主体的配送中心。零售商发展到一定规模后，就可以考虑建立自己的配送中心，为专业物品零售店、超级市场、百货商店、建材商场、粮油食品商店、宾馆饭店等提供服务，其社会化程度介于前两者之间。

（4）专业物流配送中心。专业物流配送中心是指以第三方物流企业（包括传统的仓储企业和运输企业）为主体的配送中心。这种配送中心有很强的运输配送能力，地理位置优越，可迅速将到达的货物配送给用户。它为制造商或供应商提供物流服务，而配送中心的货物仍属于制造商或供应商所有，配送中心只是提供仓储管理和运输配送服务。这种配送中心的现代化程度往往较高。

2. 按配送中心的服务范围分类

（1）城市配送中心。城市配送中心是指以城市为配送范围的配送中心。由于城市范围一般处于汽车运输的经济里程，这种配送中心可直接配送到最终用户，且采用汽车进行配送。所以，这种配送中心往往和零售经营相结合，由于运距短，反应能力强，因而从事多品种、少批量、多用户的配送较有优势。

（2）区域配送中心。区域配送中心是指以较强的辐射能力和库存准备，向省（州）际、全国乃至国际范围的用户配送的配送中心。这种配送中心配送规模较大，用户也较多，配送批量也较大，而且往往是配送给下一级的城市配送中心，也配送给商店、批发商和企业用户，虽然也从事零星的配送，但不是主体形式。

3. 按配送中心的功能分类

（1）储存型配送中心。储存型配送中心有很强的储存功能。例如，美国赫马克配送中心的储存区可储存 16.3 万托盘。我国目前建设的配送中心，多为储存型配送中心，库存量较大。

（2）流通型配送中心。流通型配送中心基本上没有长期储存的功能，仅以暂存或随进随出的方式进行配货和送货。典型方式为，大量货物整批进入，按一定批量零出。一般采用大型分货机，其进货直接进入分货机传送带，分送到各用户货位或直接分送到配送汽车上。

（3）加工型配送中心。加工型配送中心是指以流通加工为主要业务的配送中心。

4．按配送货物的属性分类

根据配送货物的属性，电子商务配送中心可以分为食品配送中心、日用品配送中心、医药品配送中心、化妆品配送中心、家电产品配送中心、电子产品配送中心、书籍产品配送中心、服饰产品配送中心、汽车零件配送中心及生鲜处理中心等。

由于所配送的产品不同，配送中心的规划方向也完全不同。例如，生鲜品配送中心主要处理的物品为蔬菜、水果与鱼肉等生鲜产品，属于低温型的配送中心，是由冷冻库、冷藏库、鱼虾包装处理场、肉品包装处理场、蔬菜包装处理场及进出货暂存区等组成的，冷冻库温度为-25℃，冷藏库温度为 0℃～5℃，所以又称湿货配送中心。而书籍产品的配送中心，由于书籍有新出版、再版等特性，尤其是新出版的书籍或杂志，其中的 80%不上架，直接理货配送到各书店去，其余 20%左右的库存在配送中心等待客户再订货；另外，书籍或杂志的退货率非常高，有 3～4 成，因此在规划书籍产品的配送中心时，就不能与食品和日用品的配送中心一样。服饰产品的配送中心，也有淡旺季及流行性等特性，而且较高级的服饰必须使用衣架悬挂，其配送中心的规划也有其特殊性。

6.2.3 电子商务配送中心作业流程

电子商务配送中心的作业流程是规划电子商务配送中心的基础。电子商务配送中心的作业主要有收货、验收入库、储存、拣选配货、配装、加工、送货和信息处理等。

1．收货

收货是配送中心运作周期的开始。它包括订货和接货两个过程。配送中心收到和汇总门店的订货单后，首先要确定配送货物的种类和数量，然后要查询配送中心现有库存中是否有所需的现货。如果有现货，则转入拣选流程；如果没有现货或虽然有现货但数量不足，则要及时向总部采购部门发出订单，进行订货。通常，在商品资源宽裕的条件下，采购部门向供应商发出订单以后，供应商会根据订单的要求很快组织供货，配送中心接到通知后，就会组织有关人员接货。接货先要在送货单上签收，还要对货物进行检验。

2．验收入库

采用一定的手段对接收的货物进行检验，包括数量的检验和质量的检验。若与订货合同要求相符，则可以转入下一道工序；若不符合合同要求，配送中心将详细记录差错情况，并拒绝接收货物。按照规定，质量不合格的商品将由供应商自行处理。

经过验收之后，配送中心的工作人员随即要按照类别、品种将货物分开，分门别类地存放到指定的仓位和场地，或直接进行下一步操作。

3．储存

储存主要是指常备储存，其目的是为了保证销售需要，但要求是合理库存，同时要注意在储存业务中做到确保商品不发生数量和质量变化。还有一种储存形态是暂存，是指具体执行日配送时，按分拣配货要求，在理货场地所做的少量储存准备；或是在分拣配货之后，形成的发送货物的暂存。其作用主要是调节配货与送货的节奏，暂存时间不长。

4．拣选配货

拣选配货是指配送中心的工作人员根据信息中心打印出的要货单上所要的商品、要货的时间、储存区域,以及装车配货要求、门店的位置,将货物挑选出来的一种活动。拣选的方法一般是摘果式分拣和播种式分拣。

5. 配装

为了充分利用载货车厢的容积和提高运输效率,配送中心常常把同一条送货路线上不同门店的货物组合、配装在同一辆载货车上。在配送中心的作业流程中安排组配作业,把多家门店的货物混载于同一辆车上进行配载,不但能降低送货成本,而且可以减少交通流量、改变交通拥挤状况。一般对一家门店配送的商品集中装载在一辆车上,可以减少配送中心对门店的配送事项,同时有利于环境保护。

6. 加工

加工主要是对生鲜品进行切、垛、去除老叶等活动,或给服装等加标签,对促销品进行捆绑等简单的劳动。

7. 送货

送货是配送中心的最终环节,也是配送中心的一个重要环节。送货包括装车和送货两项活动。一般情况下,配送中心都使用自备的车辆进行送货作业。同时,它也借助于社会上专业运输组织的力量,联合进行送货作业。此外,为适应不同客户的需要,配送中心在进行送货作业时,常常做出多种安排:有时是按照固定时间、固定路线为固定用户送货;有时也不受时间、路线的限制,机动灵活地进行送货作业。

8. 信息处理

信息处理主要是配送中心与客户进行信息沟通,在配送的各个环节传递信息,如接收门店订货,并对订货进行处理,打印拣选单等。另外,为保障配送中心整体的正常运作,在业务上还需要进行信息处理、业务结算、退货、废弃货物处理等作业。

6.3 电子商务物流配送中心规划

电子商务配送中心在配送系统中处于枢纽位置,对整个系统起着承上启下的作用。因此,电子商务配送中心选址方案的合理与否,关系到整个物流系统的平衡发展。电子商务配送中心的建设对电子商务企业的发展有着极其重要的影响,所以企业必须高度重视配送中心的选址工作,并将其与企业战略目标保持一致。电子商务配送中心一旦确定便会长期运行,合理的选址不仅能够节约运行费用,还能提高物流作业效率乃至整个物流系统的服务水平。所以,在建设配送中心时,要考虑到配送中心建成后的企业物流运营状况,先将各方面情况综合考虑进来,然后选择合适的配送中心,避免未来运营时出现因规划不善造成的闲置或不能满足需求等状况。

6.3.1 电子商务配送中心选址规划

1. **电子商务配送中心选址规划的含义**

电子商务配送中心选址规划是指在包含若干供应点及需求点的区域内,选择合适的位置设置配送中心的过程。

一般来说,较优的电子商务配送中心选址方案是使物品通过配送中心的汇集、中转、分发,直至配送到需求点的全过程效益最好。配送中心拥有众多设施及物流设备,一旦建成很难搬迁，如果选址不当，将付出长远代价。因此，电子商务配送中心的选址规划是电子商务配送中心规划与设计的关键环节。电子商务配送中心选址决策是物流系统中具有战略性意义的决策问题，其选址是否合理，对整个物流系统的合理化、社会效益和企业命运都起着决定性的作用。

电子商务对配送系统的速度和效率提出了更高的要求。网上交易时客户在网上发出订单，配送中心应尽可能在最短的时间内将货物送到客户手中，这体现了网上购物的优越性。电子商务配送中心选址过程中要着重考虑和体现配送总费用最小和配送时间最短的特点，以便更好地为客户服务。因此，合理选择配送中心，建立高效率的配送系统，达到降低企业送货成本、提高货物到达速度、保障服务质量的目的，成为电子商务配送面临的重要问题。

2．电子商务配送中心选址应考虑的影响因素

影响电子商务配送中心选址的因素很多，既有微观的又有宏观的，既有定量的又有定性的。归纳起来，电子商务环境配送中心选址应该考虑的影响因素大致可分为以下几种。

1）自然环境因素

（1）气象条件。主要考虑自然环境中的湿度、盐分、降雨量、降雪量、风向、风力等，特别要考虑地震、山洪、泥石流、台风等自然灾害对配送中心的影响。选址时还要避开风口，以免加速露天堆放商品的老化。

（2）地理条件。配送中心应选择地势较高、地形平坦之处，且应具有适当的面积与外形。地形坡度应在 1%～4%，外形上可选择长方形，不宜选择狭长或不规则形状。另外，还要考虑地质情况，要求土壤承载力高，因为某些容重很大的物品堆码起来会对地面造成很大压力。

（3）水文条件。配送中心选址需远离容易泛滥的河川流域与上溢的地下水区域，要认真考察水文条件，地下水位不能过高，洪泛区、内滞区、干河滩等区域应禁止使用。

2）经营环境因素

（1）货物流量。配送中心设立的根本目的是降低社会物流成本，如果没有足够的货物流量，规模效益就不能得到充分发挥。所以，配送中心的建设一定要以足够的货物流量为基础。

（2）货物流向。货物流向决定着配送中心的工作内容和物流设施、设备等配置。对于供应物流来说，配送中心主要为生产企业提供原材料、零部件，应选靠近生产企业的地点，便于减少生产企业的库存，随时为生产企业提供服务，同时可以为生产企业提供暂存或发运工作。对于销售物流来说，配送中心的主要职能是将产品集中、分拣、配送到门店或客户手中，故应选择靠近客户的地点。

（3）商品特性。配送中心应该根据经营商品的不同特性进行选址，需考虑分布在不同地域的产业结构、产品结构和产业布局。

（4）物流费用。物流费用是配送中心选址的重要考虑因素之一。大多数配送中心应选择接近物流服务需求地，如接近大型工业、商业区，以便缩短运距、降低运费等物流费用。

（5）服务水平。在电子商务环境下，能否实现准时运送是配送中心服务水平高低的重要指标。因此，在配送中心选址时，应保证客户在任何时候向配送中心提出物流需求，都能获得快速满意的服务。

（6）人力资源条件。在高效的配送作业中，数量充足和素质较高的劳动力也是很重要的因素。因此，配送中心选址时必须考虑专业技术工人、熟练工人和其他劳动力的来源、数量及质量能否满足配送中心的需求。

（7）城市的扩张与发展。配送中心的选址，既要考虑城市扩张的速度和方向，又要考虑节省物流总费用和减少装卸搬运次数。

3）基础设施状况

（1）交通条件。交通条件是影响配送成本及效率的重要因素之一，交通因素不便将直接影响车辆配送的进行。因此，配送中心一般都选择在靠近交通枢纽的位置，如紧邻港口、交通主干道枢纽、铁路编组站或机场等，而且要便于两种或两种以上的交通方式联运。

（2）公共设施状况。配送中心所在地要求城市道路、通信等公共设施齐备，有充足的动力、能源供应条件，且周边有污水、废物处理能力。

4）社会环境因素

（1）政策环境。政策环境也是影响配送中心选址的重要因素之一。如果有政府的政策支持，将会更有利于配送中心的发展。政策环境条件包括企业优惠措施、城市规划、地区产业政策等。

（2）环境保护要求。配送中心选址既要考虑保护自然环境与人文环境等因素，还要尽可能降低对城市生活的干扰。

（3）居民生活状况。该因素主要是指当地居民的生活习惯情况，包括教育发展情况、宗教信仰、生活水平等。

5）客户分布状况

电子商务客户分布范围广泛，而且具有不确定性，因此需要根据历史统计资料，分析客户的分散程度，并对未来客户的数量和位置进行预测，选择客户最集中的区域建立配送中心。

6）地区的网络化发展水平

网络是电子商务的重要组成部分，电子商务的许多环节都是依靠网络来完成的。如果地区网络化水平低，则会阻碍电子商务业务在该地区的发展，从而配送需求也会大大减少。另外，电子商务配送采用先进的计算机技术和自动化设备为客户提供服务，如果网络化水平低，也会阻碍先进技术的运用。因此，应该考虑在网络化水平较高的地区设立物流配送中心。

3．电子商务配送中心选址的程序和步骤

电子商务配送中心选址的程序如图 6-5 所示。

（1）确定选址规划目标及选址要求。首先，分析企业战略及物流战略，明确企业业务发展方向及物流系统在企业发展中的地位。其次，进一步明确配送中心在物流系统中的地位，明确现有物流设施的布局，分析新建物流配送中心的必要性和意义，确定新建物流配送中心选址规划目标。最后，详细界定企业对物流配送中心选址的具体要求。

（2）约束条件及影响因素分析。在对企业物流系统现状进行分析的基础上，确定配送中心选址的约束条件，并分析影响配送中心选址的各类因素，包括需求条件、运输条件、配送服务的条件、用地条件、区域规划、流通加工职能条件等。不同类型的配送中心对选址的要求有所不同，如农产品配送中心、建材配送中心、化工产品配送中心等对选址都有特殊要求。此外，还需要根据实际情况确定影响配送中心选址的关键因素。

（3）收集、整理数据资料。配送中心的选址方法一般是通过把运输费用、配送费用及物流设施费用模型化，根据约束条件及目标函数建立数学模型，从中寻求费用最小的方案。但是，采用这种方法寻求最优的选址方案时，必须对业务量、费用等资料进行正确的分析和判断。

① 业务量资料。配送中心选址时，应掌握的业务量数据主要包括以下几类：配送中心向客户配送的货物类型及数量；配送中心储存的货物类型及数量；供应商向配送中心供应的货物类型及数量；配送路线上的业务量。由于这些数量在不同时期内会有波动，因此要对所采用的

数据进行研究。除对企业现状的各项数据进行分析外，还必须确定物流配送中心投入使用后的预测数据。

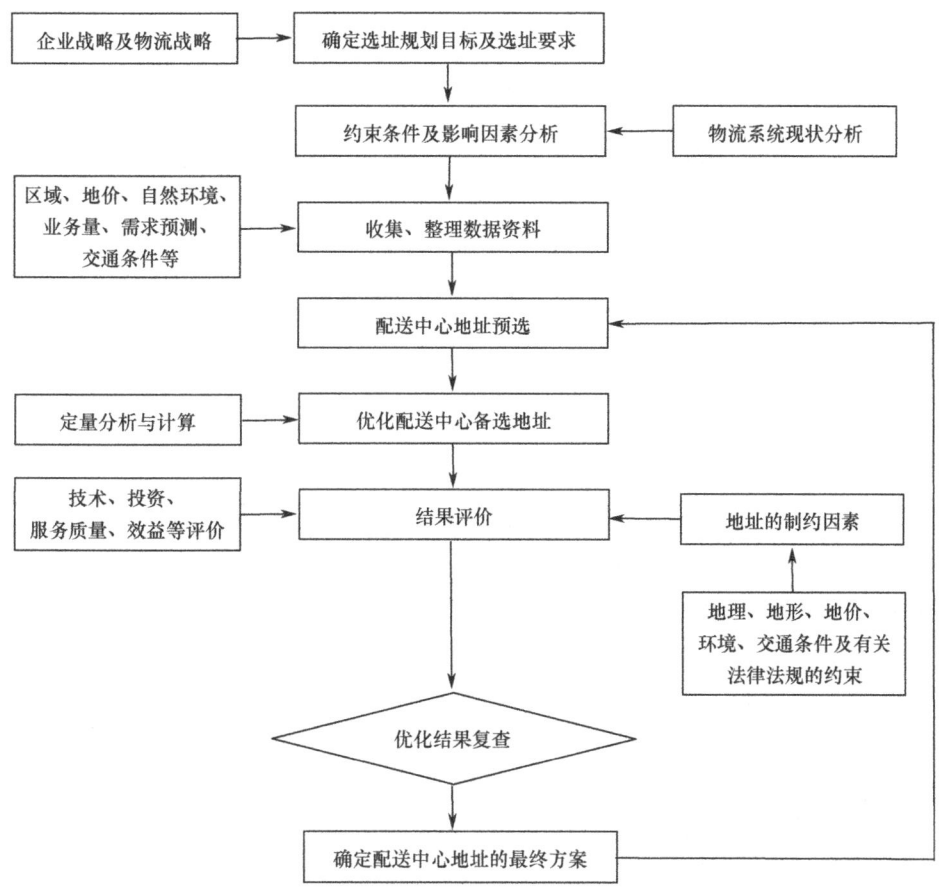

图 6-5　电子商务配送中心选址的程序

② 费用资料。配送中心选址时，应掌握的费用数据包括以下几类：供应商到配送中心的运输费用；配送中心到客户的运输费用；与设施、土地有关的费用及人工费、业务费等。由于前两项费用会随着业务量和运距的变化而变动，所以必须对吨公里的费用进行分析。第三项包括固定费用和可变费用，最好根据固定费用与可变费用之和进行成本分析。

③ 其他资料。在配送中心的选址过程中，还需要用缩尺地图表示客户的位置、现有设施的位置和供应商的位置，并整理各候选地址的配送路线及距离等资料；必备车辆数、作业人员数、装卸方式、装卸费用等资料要结合成本分析来确定。

（4）配送中心地址预选。在进行配送中心位置选择时，要根据上述各影响因素进行定性分析和评估，大致确定几个备选地址。在确定备选地址时，首先要确定区域范围，如在世界范围内选址，首先要确定某个国家；在某一国家范围内选址，首先要确定某个省份。然后，进一步将配送中心的位置确定在某个城市或商业区内。备选地址的选择是否恰当，将直接影响最优方案的确定。备选地址过多，候选方案的优化工作量将过大，成本较高；备选地址过少，可能导致最终方案远离最优方案，选址效果差。所以，合适的备选地址是配送中心选址规划中非常关键的一步。

（5）优化配送中心备选地址。在配送中心备选地址确定后，下一步要做的就是优化备选地址。这就要针对不同情况，确定选址评价方法，得出优化后的地址。若对单一配送中心进行选址，可以采用重心法等；若对多个配送中心进行选址，可以采用鲍莫-瓦尔夫模型等。近年来，选址理论发展迅速，计算机技术在其中也得到了广泛应用，这些发展都为定量化选址方法的研究提供了有力的支持。

（6）结果评价。由于定量分析方法主要考查对选址产生影响的经济因素，所以当直接应用定量模型得出的结果进行配送中心选址时，常常会发现在经济上最为可取的地点，在实际中却行不通。这是因为除经济因素外，还有很多非经济因素影响配送中心的选址，如气象、地形等。因此，要结合自然环境、经营环境、法律法规等因素，对计算结果进行评价，看结果是否具有现实可行性。

（7）优化结果复查。分析各影响因素对计算结果的相对影响程度，分别赋予其相应的权重，采用权重因素分析法对计算结果进行复查。如果复查通过，则进入下一个阶段；如果复查发现原计算结果不合适，则返回配送中心地址预选阶段，重新分析，直至得到合适的结果为止。

（8）确定配送中心选址的最终方案。如果优化结果通过复查，即可将优化结果作为最终选址结果。但是，所得方案不一定为最优方案，可能只是符合企业现实需求的满意方案。

4．电子商务配送中心选址常见的方法

（1）最优化规划方法。在实际的选址过程中，人们通常会遇到一些约束条件，如时间约束、路线约束和成本约束等。最优化规划方法就是指如何在某些特定的约束条件下，从给定的几个可用的选择中挑选出一个最佳的方法。随着计算机计算速度和能力的迅速增强，人们可以用最优化规划方法求解复杂的配送中心选址问题。最优化规划方法中，目前应用最多的是 0—1 整数规划技术及线性规划技术。

（2）解析方法。解析方法是指以距离、需求量、时间中的某一变量或者是三变量的结合为坐标系，以配送中心的位置为因变量，解析出若干自变量来，再用相应的数学方法求出配送中心的位置坐标。解析方法考虑的影响因素比较单一，主要适用于简单情况下的单个配送中心的选址问题。对于选址时运输成本并不是主要考虑的因素时，解析方法通常并不适用，需要借助其他方法来解决选址问题。

（3）启发式方法。启发式方法是一种逐次逼近最优解的方法。大部分启发式方法是在 20 世纪中叶被提出的，如遗传算法、模拟退火算法等。用启发式方法进行选址问题研究，第一步要定义目标函数，即计算总费用，然后规定判别规则、改进途径；接下来需要给出初始方案；最后迭代求解。启发式方法不是精确算法，不能保证给出的解决方案一定是最优的，但只要规则设立恰当，获得的可行解就会非常接近最优解。随着计算机的广泛运用，借助计算机来实现启发式方法的计算过程变得十分容易。启发式算法不能保证得到最优解，但通常可以得到问题的满意解，而且启发式算法相对最优化方法计算简单、求解速度快，因此在实际操作过程中是一种使用频率很高的方法。

（4）仿真方法。兴建配送中心是一个投资额比较巨大的工程。在实际操作中，时间、配送成本等各个方面的因素都是会变化的，如果不考虑这些变化，往往会造成投资的失败，损失将会巨大。在配送中心选址问题中，仿真方法可以通过反复改变和组合各种参数，多次试行，评价不同的选址方案。仿真方法可以描述多方面的影响因素，因此具有较强的使用价值，常用来求解较大规模的、难以计算的问题。其不足主要在于，需要进行相对比较严格的模型可信性和有效性检验；不能提出初始方案，只能通过对各个已存在的备选方案进行评价，从中找出最优方案。所以，在运用这项技术时必须首先借助其他技术找出各初始方案，初始方案的好坏会对最终决策结果产生较大影响。同时，仿真对人和机器的要求往往较高，要求设计人员必须具备丰富的经验和较高的分析能力，而复杂的仿真系统对计算机硬件的要求也较高。

（5）综合因素评价法。综合因素评价法是指全面考虑各种影响因素，并根据各影响因素的相对重要性对各备选方案进行评价、打分、择优，从而找出最终的选址方案。综合因素评价法有层次分析法、模糊综合评价法等。层次分析法和模糊综合评价法在物流配送中心的选址研究中有较为广泛的应用，但这两种方法都是基于线性的决策思想，而在当今复杂多变的环境下，线性决策思想逐渐暴露出其固有的局限性，所以非线性决策方法将成为今后进一步研究的重点和趋势。

6.3.2 电子商务配送中心布局规划

在电子商务活动中，物流成本占整个经营成本的比重较大，如果合理地进行区域布局规划与设计，则成本有可能降低10%～30%。物品搬运是配送中心最重要的活动，合理地对电子商务配送中心进行区域布局规划与设计，其经济效果将更为显著。

1. 电子商务配送中心布局规划内容

电子商务配送中心布局规划包括作业区域划分与区域功能规划。

（1）作业区域划分。根据作业区域的性质，电子商务配送中心的作业区域总体可分为物流作业区域、辅助作业区域和建筑外围区域。辅助作业区域和建筑外围区域统称周边辅助活动区域。电子商务配送中心的作业区域可进一步细分为一般性物流作业区、退货物流作业区、换货补货作业区、流通加工作业区、物流配合作业区、仓储管理作业区、厂房使用配合作业区、办公事务区、劳务活动区、厂区相关活动区。

划分作业区域可借助电子商务配送中心作业区域分析表（见表6-1）。该表详细列举了作业类型、作业项目、作业性质及承担各作业项目的作业区域。

表6-1 电子商务配送中心作业区域分析表

作业类型	作业项目	作业性质	作业区域
仓储管理作业	定期盘点	定期对整个物流配送中心的物品进定期盘点	□仓储区 □拣选区 □散装拣选区
	不定期抽盘	不定期地按物品种类轮流抽盘	□仓储区 □其他区域
	到期物品处理	针对已超过使用期限的物品所做的处理作业	□仓储区 □废品暂存区 □其他区域
	即将到期物品处理	针对即将到期的物品所做的分类标识或处理作业	□仓储区 □其他区域
	移仓与储位调整	配合需求变动与品项变化调整仓储区域或储位分配	□仓储区 □调拨仓储区 □其他区域

（2）区域功能规划。在作业区域划分的基础上，针对不同作业区域的特点，可详细设定各作业区域的功能及作业能力需求。规划区域功能可借助区域功能规划表（见表6-2）。

表6-2 区域功能规划表规划要点

作业区域	规划要点		
进出货平台	□进出货口共享与否 □装卸货车辆型号 □装卸货车辆回车空 □配送客户数量	□进出货口临近与否 □有无装卸货配合设施 □装卸货所需时间 □进货时段	□装卸货车辆进出频率 □物品装卸载特性 □供应商数量 □配送时段
进货暂存区	□每日进货数量 □进货点的作业内容	□托盘使用规格 □进货等待入库时间	□容器流通程度
理货区	□理货作业时间 □容器流通程度	□进货品检作业 □有无拆盘配合设施	□品检作业时间
仓储区	□最大库存量需求 □储区规划原则 □自动化程度需求 □盘点作业方式	□物品特性 □储位指派原则 □物品使用期限 □物品周转效率	□物品品项 □存货管制原则 □储存环境需求 □未来需求变动趋势
拣选区	□物品特性 □订单处理原则 □客户订单数量资料 □自动化程度需求	□配送品项 □订单分割条件 □订单拣取方式 □未来需求变动趋势	□每日拣出量 □订单汇总条件 □流通加工作业需求

2．电子商务配送中心区域布局规划方法

（1）摆样法。摆样法是利用二维平面比例模拟方法，让按一定比例制成的样片在同一比例的平面图上表示设施的组成、设施、设备或活动，通过相互关系分析，调整样片位置可得到较好的布局方案。这种方法适用于简单布局规划与设计问题，对复杂问题则不太准确，且花费的时间较多。

（2）图解法。图解法有螺线规划法、简化布局规划法和运输行程图等。该方法的优点在于将摆样法与数学模型法相结合，但现在应用较少。

（3）系统布局规划法。系统布局规划法以大量的图表分析和图形模型为手段，通过引入量化的关系密级的概念，建立各作业单元之间的物流相关关系图与非物流相关关系图，从而构成布局规划模型。它是当前布局规划与设计的主流方法。该方法最早应用于工厂的平面布局规划，后来逐步应用到配送中心的区域布局规划与设计之中。

（4）数学模型法。这是指把物流系统抽象为一种数学模型，通过求解数学模型找到最优解，运用运筹学、系统工程中的模拟优化技术研究最优布局问题，用数学模型提高配送中心区域布局的精确性和效率。但数学模型的求解往往比较困难，需要借助计算机的强大运算能力，解决布局规划的复杂任务。计算机辅助求解的布局方法有很多，但大体可分为下列两大类。

① 构建型算法。构建型算法是根据 SLP 理论，从物流和非物流信息出发，逐一对设施进行选择和放置决策，从无到有，生成比较好的或最优的平面布局图。

② 改进型算法。改进型算法是对初始布局方案进行改进，交代待布局部门的位置，通过对布局对象之间有规律的交换，保留新的优化方案，寻找一个成本最小的布局方案。

目前，人工智能技术的发展为平面布局提供了功能强大的算法。由于配送中心的区域布局规划与设计是典型的未解难题，所以人工智能技术成为在有效时间内寻找满意解的可行算法。它们应用快速并行处理，可以同时得到多个解，丰富了备选方案；并且它们允许代价更高的解出现，从而可以跳出局部最优点，解决对初始解敏感的问题。

6.3.3 电子商务配送中心车辆路径优化

1. 配送路径优化问题概述

配送路径优化是建立在一般路径优化的基础之上，由丹齐格（Dantzig）和拉姆泽（Ramser）在1959年提出的，被归纳为 Vehicle Routing Problem，简称 VRP。它是指在一定的约束下，根据已知的信息，如待服务客户的网点布局、配送中心的位置、车辆的最大负荷等信息，为车队制定出适当的行车路线分送货物，使得在满足客户需求的同时，达到既定的目标，实现诸如路程最短、成本最小、耗费时间最少等目标。

2. 电子商务配送中心车辆路径优化问题的考虑因素分析

在对电子商务环境下的配送路径进行优化之前，必须要对电子商务影响配送路径优化问题的各要素有清晰的了解。传统的配送路径优化问题往往只考虑了一些常规要素，如运输网络、配送中心、客户、货物、目标函数、约束条件和优化算法等；研究的内容一般局限于算法的改进优化，大部分研究仍以最短路径作为目标函数的基础，以此来降低成本和节约时间。研究电子商务环境下的物流配送问题时，除要考虑影响 VRP 问题的常规要素外，还要考虑与电子商务相关的要素，如配送车辆的经济车速、城市的交通条件、道路条件，甚至是当天的天气状况等。电子商务配送中心车辆路径优化需要考虑的因素具体如下：

（1）运输网络。运输网络主要由配送中心、客户和运输的路线三方面组成。运输的路线将配送中心和客户连接起来，构成一张平面图。对运输网络的了解是对路径优化的基本条件。

（2）配送中心。配送中心作为配送的始发点，其数量和选址都对配送路径优化有着至关重要的影响。

（3）客户。客户作为配送路径中的一个节点，其位置分布、收货的时间、所需货物的量都是路径优化中要考虑的问题。

（4）货物。由于载货车辆的载重量或容积有限，路径优化中要考虑到货物的载重量或容积。

（5）目标函数。VRP 问题的目标主要有以下几种：①最小化总运输成本；②最小化配送车辆总配送里程；③最小化配送车辆数；④最大化客户服务水平；⑤其他目标，如最小化配送车辆空载里程、最小化违约时间等。

（6）约束条件。VRP 问题的约束主要有以下几种：①车辆能力约束，如载重量和容积有限；②配送里程约束，如每种配送车辆都有自己的最大配送距离约束；③任务时间窗约束，如客户要求货物送达的时间是一定的。

（7）优化算法。VRP 问题一直是物流和算法研究领域的热点问题，它对提高配送系统效率和节约物流成本有重要的理论和实际意义。目前对 VRP 问题的求解方法非常多，一般可以分为两大类：精确算法和启发式算法。

（8）经济车速。经济车速是指汽车行驶中以最节省的方式消耗燃料的速度。车辆在行驶时，耗油量随着车速的变化而变化。根据汽车燃油的特性，当车辆低速行驶时，耗油量随着车速的增加而减少；当车速过了某个临界值时，耗油量又会随着车速的增加而增加。这个临界值就是经济车速。

（9）交通条件。在城市配送中，影响车辆车速的一个主要因素就是交通条件，也就是拥堵。目前人们生活的城市，拥堵已经司空见惯，不同程度的拥堵每天都在发生，而每天早晚高峰道路交通量大，导致车辆行驶缓慢。

（10）道路条件。道路条件是指由道路状况决定的，并影响汽车运行的因素。车辆在运行过程中的行驶速度不仅要受交通条件的影响，还要受道路条件的影响。道路条件对车速的影响主要来自以下几个方面：车道干扰情况、车道宽度、车道数、车流密度、路口数及施工路段等。此外，路面的质量对车辆配送也有一定的影响。因此，在进行电子商务物流路径优化时，一定要先熟悉各种备选路径的道路条件。

（11）天气状况。天气状况对车速的影响主要体现在以下两个方面：①对驾驶员心理上的影响。天气的阴晴、气候的冷暖都对驾驶员心情有着一定的影响：晴空万里常常给人带来不错的心情，阴天却可能使驾驶员的心情灰暗沮丧，尤其是目前低温和酷暑天气普遍存在，特别容易使驾驶员疲劳、心情不佳、动作迟缓、反应迟钝，从而影响车速，甚至导致事故。②对交通状况的影响。相较于心理变化对车速的影响，恶劣天气对车速的影响要明显得多。众所周知，诸如暴雨、暴雪、冰雹等恶劣天气都会对车辆行驶的速度有着不同程度的影响。

（12）配送的时效性。电子商务企业之间竞争的加剧让消费者对电子商务配送提出了更高的要求，消费者已经不仅仅要求电子商务企业在恰当的地点将正确数量的商品完好地送达，更要求企业在配送上所花费的时间尽量地缩短。鉴于此，当前很多 B2C 电子商务企业提出了"次日达"和"今日达"的服务，以此来确保配送的时效性。

（13）客户配送点的随机性。在传统配送模式中，客户收货地址往往是一定的，商品的需求量往往也是一定的，因此在配送的过程中，每天配送的路径不会有太大的变化。而在电子商务配送模式中，配送企业面对的客户是最终消费者，而这些最终消费者分散在城市各处，只有这些客户下达订单后，才能最终确定好配送点的最终位置，因此电子商务每天所面临的客户配送点在城市中是零星随机分布的，这也给电子商务企业配送的时效性带来了一定的困难。

3. 电子商务配送中心车辆路径优化问题的目标

电子商务环境下配送中心车辆路径优化问题的目标一般有以下几个：

（1）配送总成本最低。成本是企业最为关注的焦点问题，因此它也是配送路径优化问题中最常见的优化目标。在以往的路径优化问题中，人们总认为配送总路程和配送总成本成正比，通常将二者等同于一个目标。但由于现实生活中拥堵问题的普遍存在，导致了目前城市配送中最短路径并不一定是最优路径，也就是说配送总路程最短的路径也许并不是配送总成本最低的路径。

（2）配送的总等待时间最少。与其他行业的配送相比，电子商务配送中，客户对配送时间的要求极为苛刻，配送的快捷性已经成为电子商务企业间竞争取胜的有力武器。因此，将配送的总等待时间量化为成本有一定的现实意义。

（3）配送所用车辆最少。车辆的使用会产生一定的费用，而且在没有必要的情况下增加车辆的使用数量，会导致运输成本的大幅上升。由于增加车辆所需的费用一般比增加车辆运行距离的成本要高，因此要求使用最少的运输车辆也是比较常见的优化目标。

（4）客户满意度最大。在电子商务行业，配送的个性化十足，提升客户的满意度能够有效地吸引更多的客户，因此将客户满意度作为优化目标是未来 VRP 问题的发展方向之一。

除此之外，电子商务环境下的配送路径优化问题还必须考虑配送对环境的影响，实现企业节能减排的目标。目前正处于低碳经济的宏观大背景下，政府和社会要求企业为社会经济发展做出贡献的同时为环境保护出一份力,实现可持续发展。因此,电子商务企业在进行配送路径优化时,不仅要考虑车辆运输的成本,还要考虑配送过程中碳排放量产生的成本,力求在保证完成任务的前提下将碳的排放量降到最低。

课后自测习题

一、选择题

1. 下列选项中属于电子商务配送特征的是( )。
   A. 纯粹是送货　　　　　　　　B. 物流与商流分离
   C. 商流和物流的合一　　　　　D. 纯粹是储存
2. 按配送中心功能划分,电子商务配送中心的类型包括( )。
   A. 共同型配送中心　　　　　　B. 流通型配送中心
   C. 城市配送中心　　　　　　　D. 第三方配送中心
3. 共同配送的特点包括( )。
   A. 送货一方实现少量物流配送　B. 收货一方可以统一进行总验货
   C. 一车多户,送货路线成本最低 D. 适合中小型企业
4. 配送中心在物流系统中处于( )物流过程。
   A. 准备　　　　　　　　　　　B. 干线
   C. 末端　　　　　　　　　　　D. 首端
5. 电子商务配送活动的核心是( )。
   A. 物流　　　　　　　　　　　B. 送货
   C. 储存　　　　　　　　　　　D. 装卸

二、名词解释

1. 电子商务配送　　2. 电子商务配送中心　　3. 共同配送　　4. 第三方配送

三、论述题

1. 什么是电子商务配送?它有哪些特点?
2. 电子商务配送的主要模式有哪些?其各自的优点是什么?
3. 试述电子商务配送中心的含义和类型。
4. 试述电子商务配送中心作业流程。
5. 电子商务配送中心选址应考虑哪些因素?

 案例分析

社区生鲜电商的配送模式

社区生鲜电商无疑是近年来电商中发展势头迅猛、各类企业纷纷涉足的新领域。在生鲜配送中,"鲜"成为各个电商企业必须解决的实际问题。为此,不同企业选择了不同的物流配送模式。这些模式各具特色,分别有着自己的优缺点。

1. 自建物流模式

自建物流模式是指由网站自己筹资组建物流配送系统，经营管理整个物流运作过程的一种物流形态。这种模式下，从消费者网上下订单到货物最终送达到消费者手中，采取的是一体化服务，没有第三者的参与。一般采用仓库与配送点相结合的方式，在网购密集地区建立仓储中心和配送点，各配送点联网接入系统，对配送的全过程全程监控，根据订单地址，就近配送，缩短配送时间。

2. 第三方物流模式

第三方物流模式是指由第三方物流企业承担企业物流活动的一种物流形态。随着信息技术的发展和经济全球化趋势，越来越多的产品在世界范围内流通、生产、销售和消费，物流活动日益庞大和复杂，而第一方物流、第二方物流的组织和经营方式已不能完全满足社会需要；同时，为参与世界性竞争，企业必须确立核心竞争力，加强供应链管理，降低物流成本，把不属于核心业务的物流活动外包出去。

3. 社区式配送模式

社区式配送模式是指消费者网上下单，企业以社区为单位集中进行物流配送的一种新物流模式。它将分散的物流网络集中化，节省了人力，节省了时间。比如，"电子菜箱"模式就是电商经与社区管理者协商后，上缴管理费，安装"电子菜箱"，形成终端网络。配置了"电子菜箱"的小区居民可以在电商网站上下单，分拣员根据订单进行分拣，并按照客户所在的区域分区码放，最后按照具体区域，专人专车将商品按时送到其所在小区的"电子菜箱"，全程冷链运送。客户凭借会员卡，打开"电子菜箱"就可拿到商品。

4. "便利店+O2O"模式

"便利店+O2O"模式是指网上商城与便利店合作，线上与线下结合，网上商城提供线上购买信息，线下的便利店为客户提供自提点，相当于便利店成了网上商城的仓储中心、配送点。这种模式利用便利店的冷柜设备，将用户网上下单的商品放到冷柜中，消费者到便利店线下提货，解决了物流配送"最后一公里"的问题。有的企业甚至直接线下开店，用户网上下单，然后借助LBS[①]定位，选择距离最近的便利店购物，这样就没有物流成本。

资料来源：作者根据相关资料整理。

结合上述资料分析：

社区生鲜电商的配送模式有哪几类？分别有何特点？

---

① LBS（Location Based Services）意为基于位置的服务。

第 7 章　电子商务物流信息技术

1. 理解条码技术的类型及工作原理
2. 熟悉主流物流信息技术的组成及在电子商务中的应用
3. 掌握 GIS 和 GPS 的组成及功能
4. 了解智能技术在电子商务物流中的应用

京东"618"收货新体验：智能快递车送达第一单，小城市也能当日达

2021 年 6 月 1 日至 6 月 18 日 24 时，2021 "京东 618，18 周年庆"累计下单金额突破 3 438 亿元，创下新纪录！京东物流依托覆盖全国、触达全球的物流网络，以及先进的技术优势，让更多消费者享受到了极致的收货体验。

近年来，京东物流不断拓展业务布局，除服务京东零售外，快消品、服饰、3C 电子、生鲜等领域的商家也成为京东物流的关键服务对象。这个"618"，京东物流以一体化供应链服务优势，帮助众多合作伙伴实现业务增值，共享消费红利，并在助力实体经济发展、推进乡村振兴等方面发挥出独特的效能。整个"618"期间，京东物流农产品上行业务量同比增长超过 200%，一个又一个鲜活的区域经济体被充分激活。

"618"期间，京东物流供应链产品的"十项全能"运营举措进一步升级，基于大数据应用、精准建模、科学算法、一体化全托管供应链，通过智能预测为客户量身定制大促备货建议，以及合理分仓布品，并且实时进行库存监控、精准管理、一对一专项服务，开通绿色通道保障大促期间运营科学、高效、平稳。整个"618"期间，全国日均单量预测准确率已达到 95.5%，有效地保障了客户的履约稳定性。

京东"618"，不止于消费，更是中国物流服务创新的校验场。6 月 1 日开门红零点刚过，智能快递车就为消费者送去了京东"618"的第一单，用时 4 分钟。为提升大促期间的服务时效，京东物流创新性地开启预售前置模式，在消费者支付定金瞬间即开始仓储生产、打包。这个"618"，京东物流在预售前置领域持续加码，将品类范围拓展至几乎所有中小件品类，全国超过 200 个城市的消费者能够享受到最快分钟级的收货体验，92% 的区县和 84% 的乡镇实现了当日达和次日达。

高效便捷的物流体验，离不开京东物流科技的强力支持。这个"618"，京东物流全国运营超过 1 000 个仓库，科技共创的云仓项目，面积已经超过 2 100 万 m^2。32 座"亚洲一号"作为亚洲电商物流领域规模最大的智能仓群，所应用的智能存储、智能搬运、智能分拣和智能拣选等机器人产品成为京东物流从容应对亿级订单的核心力量。据统计，"618"期间京东物流智能仓单日处理业务量同比增长超过 100%。

思考：京东为提供高效便捷的物流体验，采用了哪些现代物流信息技术？

资料来源：京东"618"收货新体验：智能快递车送达第一单，小城市也能当日达，燕赵都市报

7.1 条码技术

计算机和网络技术的发展，彻底改变了人们传统的工作方式。但是如何解决计算机的快速录入问题，一直是影响计算机应用的瓶颈。因为手工键盘输入速度慢、容易出错，而且工作强度大。到目前为止，先后涌现出多种自动识别技术，如手写识别技术、语音识别技术、条码识别技术、磁识别技术等。尤其是以条码技术为首的自动识别技术，因其输入速度快、准确率高、成本低、可靠性强等优点，发展十分迅速，现已广泛应用于物流特别是电子商务物流的多个环节。

7.1.1 条码认知

1. 条码基础

条码（Barcode）是由一组按特定规则排列的条、空及对应字符组成的表示一定信息的符号。条码中的条、空分别由深浅不同且满足一定光学对比度要求的两种颜色（通常为黑色和白色）表示。条为深色，空呈浅色。这组条、空和相应的字符代表相同的信息。前者用于机器识读，后者供人直接识读或通过键盘向计算机输入数据使用。这种用条、空组成的数据编码很容易译成二进制数和十进制数。这些条和空可以有各种不同的组合方法，从而构成不同的图形符号，即各种符号体系，也称码制，适用于不同的场合。

常见的条码是由反射率相差很大的黑条（简称"条"）和白条（简称"空"）排成的平行线图案。条码可以标出物品的生产国、制造厂家、商品名称、生产日期、图书分类号、邮件起止地点、类别、日期等许多信息，因而在商品流通、图书管理、邮政管理、银行系统等许多领域都得到广泛的应用。目前，国际上广泛使用的条码种类有 EAN 码、UPC 码（商品条码，用于在世界范围内唯一标识一种商品。超市中最常见的就是 EAN 码、UPC 码）、Code39 码（可表示数字和字母，在管理领域应用最广）、ITF25 码（在物流管理中应用较多）、Coda bar 码（多用于医疗、图书领域）、Code93 码、Code128 码等。其中，EAN 码是当今世界上广为使用的商品条码，已成为电子数据交换的基础；UPC 码主要为美国和加拿大使用；在各类条码应用系统中，Code39 码因其可采用数字与字母共同组成的方式而在各行业内部管理上被广泛使用；在血库、图书馆和照相馆的业务中，Coda bar 码也被广泛使用。除以上列举的一维条码外，二维条码也在迅速发展，并在许多行业和领域得到了广泛应用。

条码技术（Bar Code Technology，BCT）是在计算机的应用实践中产生和发展起来的一种自动识别技术。它是为实现对信息的自动扫描而设计的，是实现快速、准确而可靠地采集数据

的有效手段。条码技术的应用解决了数据录入和数据采集的瓶颈问题，为物流管理提供了有利的技术支持。条码技术的核心内容是通过利用光电扫描设备识读这些条码符号来实现机器的自动识别，并快速、准确地把数据录入计算机进行数据处理，从而达到自动管理的目的。

条码技术为我们提供了一种对物流中的物品进行标识和描述的方法。借助自动识别技术、POS[①]系统和 EDI[②]等现代技术手段，企业可以随时了解有关产品在供应链上的位置，并即时做出反应。当今广泛使用的有效客户反应、快速响应、自动连续补货等供应链管理策略，都离不开条码技术的应用。条码是实现 POS 系统、EDI、电子商务、供应链管理的技术基础，是物流管理现代化、提高企业管理水平和竞争能力的重要技术手段。物流条码是条码中的一个重要组成部分，它不仅在国际范围内提供了一套可靠的代码标识体系，而且为贸易环节提供了通用语言，为 EDI 和电子商务奠定了基础。因此，物流条码标准化在推动各行业信息化和现代化建设进程、供应链管理和电子商务建设的过程中起到了不可估量的作用。

知识拓展

POS 系统

- POS 系统即销售时点系统，是指通过自动读取设备（如收银机）在销售商品时直接读取商品销售信息（如商品名、单价、销售数量、销售时间、销售店铺、购买顾客等），并通过通信网络和计算机系统传送至有关部门进行分析加工以提高经营效率的系统。
- POS 系统最早应用于零售业，后来逐渐扩展至其他诸如金融、旅馆等服务行业，利用 POS 系统的范围也从企业内部扩展到整个供应链。

2. 条码的特点

在信息输入技术中，可供采用的自动识别技术种类很多。条码作为一种图形识别技术与其他识别技术相比有如下特点：

（1）简单、易于制作。条码标签易于制作，对设备和材料没有特殊要求。

（2）信息采集速度快。普通计算机的键盘录入速度是每分钟 200 字符，而利用条码扫描录入信息的速度是键盘录入的 5 倍，并且能实现即时数据输入。

（3）采集信息量大。利用条码扫描一次可以采集十几位字符的信息，二维条码更可以携带数千个字符的信息，而且可以通过选择不同码制的条码增加字符密度，使录入的信息量成倍增加。

（4）可靠性高。键盘录入数据，误码率为三百分之一；利用光学字符识别技术，误码率约为万分之一；而采用条码扫描录入方式，误码率仅有百万分之一，首读率可达 98%以上。据统计，键盘输入平均每 300 个字符就可能出现一个错误；而条码输入平均每 15 000 个字符可能出现一个错误，加上校验位的误码率是千万分之一。

（5）设备结构简单、成本低。与其他自动化识别技术相比，条码技术的设备也相对便宜，且识别设备操作容易，不需要特殊培训，推广应用条码技术所需费用较低。

（6）灵活、实用。条码符号作为一种识别手段可以单独使用，也可以和有关设备组成识别

---

① POS（Point of Sale）意为销售时点。

② EDI（Electronic Data Interchange）意为电子数据交换。

系统实现自动化识别，还可和其他控制设备联系起来实现整个系统的自动化管理。同时，在没有自动识别设备时，也可实现手工键盘输入。

（7）自由度大。识别装置与条码标签相对位置的自由度要比 OCR（光学字符识别）大得多。条码通常只在一维方向上表达信息，而同一条码上所表示的信息完全相同且连续，这样即使标签有部分缺欠，仍可以从正常部分输入正确的信息。

3．条码的组成

一个完整条码的组成次序依次为静区（前）、起始符、数据符（中间分割符，主要用于 EAN 码）、终止符、静区（后），如图 7-1 所示。

图 7-1　条码的组成

（1）静区。静区是指条码左右两端外侧与空的反射率相同的限定区域，是没有任何符号的白色区域。它能使阅读器进入准备阅读的状态。当两个条码相距较近时，静区则有助于对它们加以区分。静区的宽度通常不小于 6mm（或 10 倍模块宽度）。

（2）起始符。起始符是指条码符号的第一位字符，标志着一个条码符号的开始。阅读器确认此字符存在后开始处理扫描脉冲。

（3）数据符。数据符是指位于起始符后的字符，用来记录一个条码的数据值。其结构异于起始符，允许双向扫描。

（4）终止符。终止符是指条码符号的最后一个字符，标志着一个条码的结束。阅读器在确认该字符后停止工作。

构成条码的基本单位是模块。模块是指条码中最窄的条或空。模块的宽度通常以 mm 或 mil（千分之一英寸）为单位。构成条码的一个条或空称为一个单元，一个单元包含的模块数是由编码方式决定的。有些码制中，如 EAN 码，所有单元由一个或多个模块组成；而另一些码制，如 39 码，所有单元只有两种宽度，即宽单元和窄单元，其中的窄单元即一个模块。

7.1.2　条码的类型

1．按信息表达维度划分

（1）一维条码。一维条码可标识物品的生产国、制造厂家、商品名称、生产日期、类别等信息，在商品流通、图书管理、邮政管理、银行系统等许多领域有广泛的应用。目前使用频率最高的几种码制有 EAN 码、UPC 码、39 码、ITF-14 码和 EAN128 码。UPC 条码主要用于北美地区。EAN 码是国际通用符号体系，它是一种定长、无含义的条码，主要用于商品标识。另外，有一些码制主要适用于特殊需要的领域，如库德巴码用于血库、图书馆、包裹等的跟踪管理。还有类似 39 码的 93 码，它的密度更高些，可代替 39 码。

（2）二维条码。一维条码所携带的信息量有限，如 EAN-13 码仅能容纳 13 位阿拉伯数字，更多的信息只能依赖商品数据库的支持，离开了预先建立的数据库，这种条码就没有意义了，因此在一定程度上也限制了条码的应用范围。基于这个原因，20 世纪 90 年代出现了二维条码。

二维条码是用某种特定的集合图形按一定规律在平面（二维方向上）上分布黑白相间的图形来记录数据符号信息。目前二维条码主要有 PDF417 码、Code49 码、Code 16K 码、Data Matrix 码、Maxiocle 码等，主要分为堆积或层排式、棋盘或矩阵式两大类。

二维条码信息容量大，可容纳多达 1 108 个字节或 1 850 个大写字母或 2 710 个数字，比一维条码信息容量约高几十倍。依靠其庞大的信息携带量，二维条码能够把过去使用一维条码时存储于后台数据库中的信息包含在条码中，可以直接通过阅读条码得到相应的信息。二维条码还能把图片、声音、文字等可以数字化的信息进行编码，编码范围广；还可以表示多种语言文字，条码符号形状、尺寸大小比例可变，自由度较高。当二维条码因穿孔、污损等引起局部损坏时，仍然可以得到正确识读；损毁面积达 50%仍可恢复信息，因而容错能力强。二维条码还可引入加密措施，保密性和防伪性好，增加了数据的安全性。二维条码误码率不超过千万分之一，比一维条码的百万分之一误码率要低得多，译码的可靠性高。此外，二维条码还具有对不同行的信息自动识别功能和处理图形旋转变化功能。总之，二维条码在电子商务、电子政务的信息安全、交易、物流、产业链管理等诸多方面都有应用，贯穿工业、商业、国防、交通运输、金融、医疗卫生、邮电及办公室自动化等识别领域，应用范围十分广泛。

2．按服务领域划分

（1）商品条码。EAN 商品条码亦称通用商品条码，由国际物品编码协会制定，通用于世界各地，是国际上使用最广泛的一种商品条码。EAN 商品条码分为 EAN-13（标准版）和 EAN-8（缩短版）两种，如图 7-2 所示。

编制商品条码要符合唯一性原则、稳定性原则和无含义性原则。

唯一性原则是商品编码的基本原则，也是最重要的一项原则。在商业 POS 自动结算销售系统中，不同商品是靠不同的代码来识别的，假如把两种不同的商品用同一代码来标识，违反唯一性

EAN-13　　　　　EAN-8

图 7-2　EAN 商品条码

原则，则会导致商品管理信息系统混乱，甚至给销售商或消费者造成经济损失。稳定性原则是指商品标识代码一旦分配，只要商品的基本特征没有发生变化，就应该保持不变。同一商品项目，无论是长期连续生产还是间断式生产，都必须采用相同的标识代码。即使该商品项目已经停产，其标识代码也应至少在 4 年之内不能应用于其他商品项目上。即使商品已不在供应链中流通，由于要保存历史资料，需要在数据库中较长时期地保留它的商品标识代码。因此，在重新启用商品标识代码时，还需考虑此因素。无含义性原则是指商品标识代码中的每一位数字不表示任何与商品有关的特定信息。有含义的编码，通常会导致编码容量的流失。厂商在编制商品项目代码时，最好使用无含义的流水号。对于一些商品，在流通过程中可能需要了解它的其他附加信息，如生产日期、有效期、批号及数量等，此时可以采用应用标识符来满足附加信息的标注要求。

（2）物流条码。物流条码是物流过程中用以识别具体实物的一种特殊代码。它是由一组黑白相间的条、空组成的图形，可被识读设备自动识别，并自动完成数据采集。运用物流条码可使信息的传递更加方便、快捷、准确，有利于充分发挥物流系统的功能。

物流条码标准体系经有关方面协商一致，由主管机构批准，以特定形式发布，作为共同遵

守的准则和依据。目前现存的物流条码码制多种多样，但国际上通用的和公认的物流条码码制只有三种：ITF-14 条码、UCC/EAN-128 条码及 EAN-13 条码。选用条码时，要根据货物的不同和商品包装的不同，采用不同的条码码制。单个大件商品，如电视机、电冰箱、洗衣机等商品的包装箱往往采用 EAN-13 条码。储运包装箱常常采用 ITF-14 条码（见图 7-3）或 UCC/EAN-128 条码（见图 7-4），包装箱内可以是单一商品，也可以是不同的商品或多件头商品小包装。

图 7-3　ITF-14 条码

图 7-4　UCC/EAN-128 条码

（3）商品条码与物流条码的区别。首先，二者的标识目的不同。商品条码是最终消费品的消费单元上的标识，通常是单个商品的唯一标识，一般用于零售业的现代化管理；物流条码是储运单元（或称贸易单元）的唯一标识，通常标识多个或多种商品的集合，用于物流的现代化管理。其次，二者的服务领域不同。商品条码服务于供应链中的消费环节；物流条码服务于供应链中除消费环节外的所有环节。再次，二者的信息容量不同。商品条码多采用 EAN/UPC 码制，由一个 13 位或 8 位数字及条码符号组成，其长度固定，信息容量少；物流条码主要采用 UCC/EAN-128 码制，是一个可变长度，可表示多种含义、多种信息的条码。最后，二者的维护标准不同。商品条码是一个国际化、通用化、标准化商品的唯一标识，是零售业的国际化语言，其标准无须增减更新，便于维护；物流条码应用不断扩大，内容也不断丰富，条码的内容可适时增减，维护条码标准的难度增大。

7.1.3　条码系统的组成

条码系统是为了阅读出条码所代表的信息，由条码扫描器、放大整形电路、译码接口电路和计算机系统等部分组成的系统。它分为软件和硬件两部分。

1. 软件部分

条码系统的软件主要包括数据采集器（手持终端）程序、后台数据交换服务及条码打印程序三个模块。数据交换服务自动完成与 ERP[①]的数据实时交换，从 ERP 系统读取基础数据、单据数据，以及业务配置数据等，并从数据采集器接收实际的作业数据，检查并控制作业数据的有效性及合法性，将作业数据回写 ERP 系统，生成各类库存单据。条码打印程序从 ERP 系统读取基础数据，并根据预设的标签格式打印各类物料条码标签。实践中，部分应用并不要求一定包含全部三个模块，如有些系统可以没有数据采集器程序，而直接用条码扫描器来完成输入程序的工作。

2. 硬件部分

条码系统的硬件包含读取条码的条码扫描设备和打印条码的条码打印机。常用的条码识读设备主要有 CCD[②]扫描器、激光扫描器和光笔扫描器三种，如图 7-5 所示。第一种，CCD

---

① ERP（Enterprise Resource Planning）意为企业资源计划。
② CCD（Charge Coupled Device）意为电荷耦合器件。

扫描器。它主要采用固定光束（通常是发光二极管的泛光源）照明整个条码，将条码符号反射到光敏元件阵列上，经光电转换，辨识出条码符号。新型的 CCD 扫描器不仅可以识别一维条码和行排式二维条码，还可以识别矩阵式二维条码。第二种，激光扫描器。它是以激光为光源的扫描器，由于其扫描光照强，可以远距离扫描且扫描精度较高，所以被广泛应用。激光扫描器可以分为手持式扫描器和卧式扫描器。第三种，光笔扫描器。它是最先出现的一种手持接触式条码识读器，也是最为经济的一种条码识读器。使用时，操作者需将光笔接触到条码表面，当光笔发出的光点从左到右划过条码时，在"空"部分光线被反射，"条"的部分光线将被吸收，经过光电转换，电信号通过放大、整形后用于译码器，读取信息。光笔扫描器的优点是成本低、耗电低、耐用，适合数据采集，可读较长的条码符号；其缺点是光笔对条码有一定的破坏性。

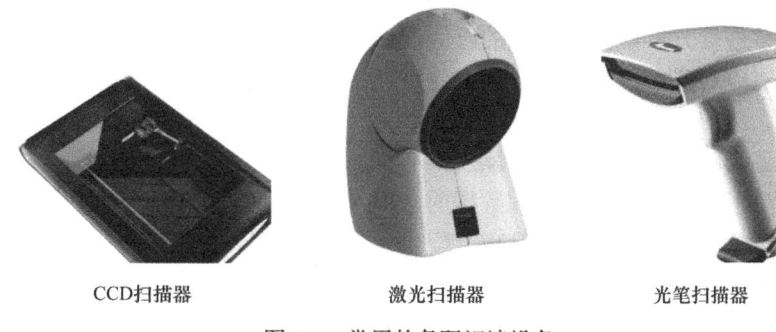

CCD扫描器　　　　激光扫描器　　　　光笔扫描器

图 7-5　常用的条码识读设备

> **知识拓展**
>
> 条码颜色设计
>
> 为了使扫描器正确读取商品条码表示的信息，条与空之间的颜色反差越大越好。通常来说，黑色和白色搭配的商品条码是最易识读的。值得注意的是，有一些特殊的颜色不能用在条空上，如红色就不能作为条的颜色。这是因为扫描器通常发出红光，用红光区扫描红色的条，会导致条对红光的反射率与空的反射率相似，非常不利于条空区分。

7.1.4　条码技术在电子商务物流中的应用

条码技术在电子商务实践中发挥了重要的作用，商品条码已经成为商铺入驻网上商城的必要条件。商品条码为信息追溯和仓储管理提供了通用的数据标准，有利于电商平台和商家大规模地实现品类信息管理，也赋予了消费者一双"慧眼"，消费者可以通过它查询、追溯商品信息。条码技术在电子商务物流中的应用主要体现在以下两个方面。

1. 条码技术在库存管理中的应用

条码技术在库存管理上的应用是将无线网络技术和条码自动识别技术嵌入企业产成品库存管理中去。从成品入库开始，就用固定式扫描设备，扫描入库流水线的成品包装条码，记录入库时间及入库的产品数量，形成产品库的入库登记。在产品出库时，按照出库计划，扫描整机包装箱的条码，检验出库的产品信息，包括产品的种类、数量等，是否与计划出库的产品信息相吻合，最后完成产品出库操作。在整个存取过程中，应用条码技术，可以有效地防止产品登记错误的现象，避免产品出现缺漏或者产品被错拿的现象，提高产品存货和拣货的准确性。

在库存管理的每个环节中，将人工操作完全电子化并在手持终端中实现，可以提高人工的效率，确保在库存管理、运输过程中的统一性和准确性。条码在库存管理中的应用会使由于物料出入库、物品存放地点等信息传递烦琐、滞后所导致的库存量上升、发货日期无法保证且难以估计、决策依据不准等一系列问题得到更好的解决。利用条码技术，对仓库进行基本的进、销、存管理，可以有效地降低成本，形成质量检验报告，与采购订单挂钩以建立对供应商的评价体系。

2. 条码技术在配送管理中的应用

配送中心的业务处理涉及收货、摆货、仓储、配货、补货等，条码的应用几乎出现在配送中心作业流程的所有环节中。配送中心接到客户的送货订单后，通过扫描条码将信息进行汇总，并对配送信息进行分析，决定配送的时间段、配送的路线等。配送中心将货物从仓库中拣出后，会在装车之前对商品进行扫描，以确保所发送的商品的准确性，避免发错商品。在整个发货运输过程中，对商品进行实时跟踪，每到一个地点，用条码阅读器读取信息，输入计算机，实时监控商品的动态状况，有利于配送中心及时地对商品的运输做出调整。条码和计算机的应用，大大提高了信息的传递速度和数据的准确性，从而可以做到实时物流跟踪，实现仓库的进货、发货、运输中的装卸自动化管理，配送中心的运营状况、商品的库存量也会通过计算机及时传递给管理层和决策层。

7.2 射频识别技术

射频识别技术是利用无线电波对记录媒体进行读写。射频识别的距离可达几十厘米至几米，且根据读写的方式，可以输入数千字节的信息，同时具有极高的保密性。射频识别技术适用于物料跟踪、运载工具和货架识别等要求非接触数据采集和交换的场合，要求频繁改变数据内容的场合尤为适用，在其他物品的识别及自动化管理方面也得到了较广泛的应用。

7.2.1 射频识别技术认知

1. RFID 概述

RFID 即射频识别技术，是自动识别技术的一种。它通过无线射频方式进行非接触双向数据通信，利用无线射频方式对记录媒体（电子标签或射频卡）进行读写，从而达到识别目标和数据交换的目的，被认为是 21 世纪最具发展潜力的信息技术之一。

RFID 技术的基本工作原理并不复杂：标签进入阅读器后，接收阅读器发出的射频信号，凭借感应电流所获得的能量发送出存储在芯片中的产品信息（无源标签或被动标签），或者由标签主动发送某一频率的信号（有源标签或主动标签），阅读器读取信息并解码后，送至中央信息系统进行有关数据处理。

2. RFID 的特点

（1）数据的无接触读写。只要通过 RFID 读写，即可无须接触，直接读取信息至数据库内，且可一次处理多个标签，还可以将物流处理的状态写入标签，供下一阶段物流处理的读取判断。

（2）容易小型化和多样化的形状。RFID 在读取上并不受尺寸大小与形状的限制，无须为了读取精确度而配合纸张的固定尺寸和印刷品质。此外，RFID 标签更可往小型化与多样化发展，以应用在不同的产品上。

（3）耐环境性。纸张一受到脏污就会看不到信息，但 RFID 对水、油和药品等物质有强力的抗污能力。RFID 在黑暗或脏污的环境中，也可以读取数据。

（4）可重复使用。由于 RFID 为电子数据，可以被反复覆写，因此可以回收标签重复使用。比如，被动式 RFID，不需要电池就可以使用，没有维护保养的需要。

（5）穿透性好。若 RFID 被纸张、木材和塑料等非金属或非透明的材质包覆，也可以进行穿透性通信。不过如果是铁质金属的话，就无法进行通信了。

（6）数据的记忆容量大。未来物品所需携带的资料量将愈来愈大，对卷标所能扩充容量的需求也在增加，而 RFID 的数据容量会随着记忆规格的发展而扩大，所以不会受到限制。

7.2.2 射频识别技术的组成

RFID 系统在具体的应用过程中，根据不同的应用目的和应用环境，系统的组成会有所不同。但从 RFID 系统的工作原理来看，系统一般都由信号发射机、信号接收机、编程器、天线等几部分组成。

（1）信号发射机。在 RFID 系统中，为了不同的应用目的，信号发射机会以不同的形式存在，典型的形式是标签。标签相当于条码技术中的条码符号，用来存储需要识别传输的信息。另外，与条码不同的是，标签必须能够自动或在外力的作用下把存储的信息主动发射出去。标签一般是带有线圈、天线、存储器与控制系统的低电集成电路。

（2）信号接收机。在 RFID 系统中，信号接收机一般叫阅读器。根据支持的标签类型不同与完成的功能不同，阅读器的复杂程度是明显不同的。阅读器基本的功能就是提供与标签进行数据传输的途径。阅读器还提供相当复杂的信号状态控制、奇偶错误校验与更正功能等。标签中除存储需要传输的信息外，还必须含有一定的附加信息，如错误校验信息等。识别数据信息和附加信息按照一定的结构编制在一起，并按照特定的顺序向外发送。阅读器通过接收到的附加信息来控制数据流的发送。一旦到达阅读器的信息被正确地接收和译解，阅读器就会通过特定的算法决定是否需要发射机对发送的信号重发一次，或者指导发射器停止发信号，这就是"命令响应协议"。使用这种协议，即便在很短的时间、很小的空间阅读多个标签，也可以有效地防止"欺骗问题"的产生。

（3）编程器。只有可读可写标签系统才需要编程器。编程器是向标签写入数据的装置。编程器写入数据一般来说是离线完成的，也就是预先在标签中写入数据，等到开始应用时直接把标签黏附在被标识项目上就可以了。也有一些 RFID 应用系统，写数据是在线完成的，尤其是数据在生产环境中作为交互式便携数据文件来处理时。

（4）天线。天线是标签与阅读器之间传输数据的发射、接收装置。在实际应用中，除系统功率外，天线的形状和相对位置也会影响数据的发射和接收，所以需要专业人员对系统的天线进行设计、安装。

7.2.3 射频识别技术在电子商务物流中的应用

物流是 RFID 最有潜力的应用领域之一，UPS、DHL、Fedex 等国际物流巨头都在积极实践 RFID 技术，以期在将来大规模应用以提升其物流能力。该技术可应用的过程包括物流过程中的货物追踪、信息自动采集、仓储管理应用、港口应用、邮政包裹、快递等。

根据 RFID 系统完成的功能不同，可以粗略地把 RFID 系统分成四种类型：EAS 系统、便携式数据采集系统、物流控制系统、定位系统。

1. EAS 系统

EAS 即电子物品监控系统，是一种设置在需要控制物品出入的门口的 RFID 技术。这种技术的典型应用场合是商店、图书馆、数据中心等地方，当未被授权的人从这些地方非法取走物品时，EAS 系统就会发出警告。应用 EAS 技术时，首先要在物品上粘贴 EAS 标签，当物品被正常购买或者合法移出时，在结算处通过一定的装置使 EAS 标签失活，物品就可以取走。物品经过装有 EAS 系统的门口时，EAS 装置能自动检测标签的活动性，当发现活动性标签时，EAS 系统就会发出警告。EAS 技术的应用可以有效防止物品被盗，不管是大件商品，还是很小的物品。应用 EAS 技术，物品不用再被锁在玻璃橱柜里，可以让客户自由地观看、检查商品，这在自选日益流行的今天有着非常重要的现实意义。典型的 EAS 系统一般由三部分组成：①附着在商品上的电子标签，具有电子传感器功能；②电子标签灭活装置，以便授权商品能正常出入；③监视器，可在出口造成一定区域的监视空间。

EAS 系统的工作原理：在监视区，发射器以一定的频率向接收器发射信号。发射器与接收器一般安装在零售店、图书馆的出入口，形成一定的监视空间。当具有特殊特征的标签进入该区域时，会对发射器发出的信号产生干扰，这种干扰信号也会被接收器接收，再经过微处理器的分析判断，就会控制警报器的鸣响。根据发射器所发出的信号不同及标签对信号干扰原理的不同，EAS 可以分成许多种类型。EAS 技术的最新研究方向是标签的制作，人们正在讨论 EAS 标签能不能像条码一样，在产品的制作或包装过程中加进产品，成为产品的一部分。

2. 便携式数据采集系统

便携式数据采集系统的功能是使用带有 RFID 阅读器的手持式数据采集器采集 RFID 标签上的数据。这种系统具有比较大的灵活性，适用于不宜安装固定式 RFID 系统的应用环境。手持式阅读器（数据输入终端）可以在读取数据的同时，通过无线电波数据传输方式实时地向主计算机系统传输数据，也可以暂时将数据存储在阅读器中，再一批一批地向主计算机系统传输数据。

3. 物流控制系统

在物流控制系统中，固定布置的 RFID 阅读器被分散布置在给定的区域，并且阅读器直接与数据管理信息系统相连，信号发射机是移动的，一般安装在移动的物体、人体上。当物体、人体经过阅读器时，阅读器会自动扫描标签上的信息并把数据信息输入数据管理信息系统存储、分析、处理，达到控制物流的目的。

4. 定位系统

定位系统用于自动化加工系统中的定位，以及对车辆、轮船等进行运行定位支持。阅读器放置在移动的车辆、轮船上或者自动化流水线中移动的物料、半成品、成品上，信号发射机嵌入操作环境的地表下面。信号发射机上存储有位置识别信息，阅读器一般通过无线的方式或者有线的方式连接到主信息管理系统。

但是 RFID 技术也有其自身的缺点，如相对于传统的条码技术，电子标签成本较高，不适合对每一种产品都贴上电子标签，对多个电子标签进行读取的时候可能发生标签冲突，多个读写器读写同一个电子标签也可能发生标签冲突。标签冲突是指读写器同时读取多个标签时需要处理多个标签的信息，有可能产生冲突的问题。同时，多个读写器读写同一个标签有可能发生数据不统一的问题。成本上的劣势及其他方面的因素使得 RFID 技术不可能完全替代其他的标签识别技术，如条码技术。

7.3 电子数据交换技术

电子数据交换简称 EDI，20 世纪 60 年代末期产生于美国。当时的贸易商们在使用计算机处理各类商务文件的时候发现，由人工输入到一台计算机中的数据 70%来源于另一台计算机输出的文件，由于过多的人为因素，影响了数据的准确性和工作效率的提高，于是他们开始尝试在贸易伙伴之间的计算机上使数据能够自动交换，EDI 应运而生。此后，随着电子数据交换和电子资金转账技术的发展，贸易进入了以 EDI 为代表的电子商务时期。

7.3.1 电子数据交换技术认知

EDI 也称"无纸贸易"。国际标准化组织 ISO 对 EDI 的定义是："为方便商业或行政事务处理，按照一个公认的标准，形成结构化的事务处理或消息报文格式，从计算机到计算机的数据传输方法。"通俗地讲，就是将业务文件按照公认的标准从一台计算机传输到另一台计算机的电子传输方式。EDI 是企业单位之间的商业文件数据传输，传输的文件数据采用共同的标准和固定格式。其所通过的数据通信网络一般是增值网和专用网，数据从计算机到计算机自动传输，无须人工介入操作。

但是，由于 EDI 电子商务使用增值网和专用网，这种网络成本较高，仅有一些大型企业用得起，一些中小企业只能"望网兴叹"。因此，这一因素限制了基于 EDI 的电子商务的推广和普及。

7.3.2 电子数据交换技术的组成及工作过程

1. 电子数据交换技术的组成

EDI 系统由 EDI 标准、EDI 软件及硬件、EDI 技术通信网络三个要素组成。

（1）EDI 标准。EDI 标准是由各企业、各地区代表共同讨论、制定的电子数据交换共同标准，可以使各组织之间的不同文件格式，通过共同的标准，获得彼此之间文件交换的目的。

（2）EDI 软件及硬件。实现 EDI，需要配备相应的 EDI 软件和硬件。EDI 软件具有将用户数据库系统中的信息译成 EDI 的标准格式，以供传输交换的能力。虽然 EDI 标准具有足够的灵活性，可以适应不同行业的不同需求，但由于每个公司都有其自己所规定的信息格式，因此当需要发送 EDI 电文时，必须用某些方法从公司的专有数据库中提取信息，并把它翻译成 EDI 的标准格式进行传输，这就需要有相关软件的帮助。

EDI 所需的应用软件主要有三个：①转换软件。转换软件可以帮助用户将原有计算机系统的文件转换成翻译软件能够理解的平面文件，或是将从翻译软件接收来的平面文件转换成原计算机系统中的文件。②翻译软件。翻译软件可以帮助用户将平面文件翻译成 EDI 标准格式，或将接收到 EDI 标准格式翻译成平面文件。③通信软件。通信软件可以为 EDI 标准格式的文件外层加上通信信封，再送到 EDI 系统交换中心的邮箱，或由 EDI 系统交换中心将接收到的文件取回。

EDI 所需的硬件设备大致有计算机、调制解调器及电话线。目前所使用的计算机，无论是

PC、工作站、小型机、主机等，均可使用。使用 EDI 进行电子数据交换需要通过通信网络，目前采用电话网络进行通信是很普遍的方法，因此调制解调器是必备硬件设备。调制解调器的功能与传输速度，应根据实际需求来决定选择。一般最常用的是电话线路；如果传输时效及资料传输量有较高要求，可以考虑租用专线。

（3）EDI 技术通信网络。通信网络是实现 EDI 的手段。EDI 通信方式有多种，一种是点对点方式。这种方式适合在贸易伙伴数量较少的情况下使用。但随着贸易伙伴数目的增多，当多家企业直接进行电脑通信时，由于计算机厂家不同、通信协议相异及工作时间不易配合等问题，给通信造成相当大的困难。为了克服这些问题，许多应用 EDI 公司逐渐采用第三方网络与贸易伙伴进行通信，即增值网络方式。它类似于邮局，为发送者与接收者维护邮箱，并提供存储转送、记忆保管、通信协议转换、格式转换、安全管制等功能。通过增值网络传送 EDI 文件，可以大幅度降低相互传送资料的复杂度和困难度，大大提高 EDI 的效率。

2．EDI 的工作过程

（1）发送方计算机应用系统生成原始用户数据。

（2）发送报文的数据影射与翻译（影射程序将用户格式的原始数据报文展开成平面文件，以便使翻译程序能够识别；翻译程序将平面文件翻译成 EDI 标准文件；平面文件是用户原始资料格式与 EDI 标准格式之间的对照性文件）。

（3）发送标准的 EDI 文件。

（4）接收方获取标准的 EDI 文件，并将 EDI 文件翻译成平面文件。

（5）接收方将平面文件转换并送到接收方信息系统中进行处理，最后成为接收方信息系统能够接收的文件格式。

EDI 的工作过程如图 7-6 所示。

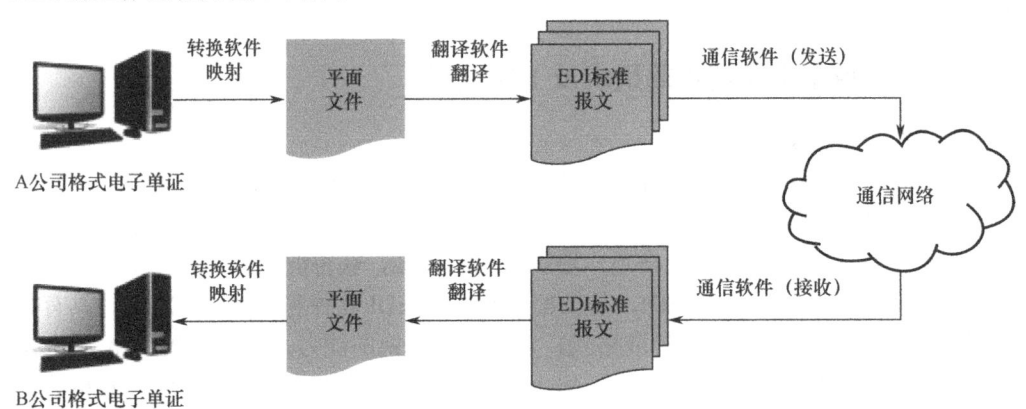

图 7-6　EDI 的工作过程

7.3.3　电子数据交换技术在电子商务物流中的应用

物流 EDI 是指货主、承运业主及其他相关的单位之间，通过 EDI 系统进行物流数据交换，并以此为基础实施物流作业活动的方法。物流 EDI 的参与单位有货主（如生产厂家、贸易商、批发商、零售商）、承运业主（如独立的物流承运企业）、实际运送货物的交通运输企业（铁路企业、水运企业、航空企业、公路运输企业）、协助单位（政府有关部门、金融企业）和其他的物流相关单位（如仓库业者、专业报送业者）。

1. 将 EDI 引入采购进货单

采购进货单是整个交易流程的开始。将 EDI 引入采购进货单的好处：接到 EDI 订单时不需要重新输入，可以节省订单输入的人力，保证数据正确；开发核查程序，核查收到的订单是否与交易条件相符，从而节省核查订单的人力，降低核查的错误率；与库存系统、拣货系统集成，自动生成拣货单，加快拣货与出货的速度，提高服务质量。

2. 将 EDI 引入出货单

在出货前事先用 EDI 发送出货单，通知客户出货的品名及数量，可以方便客户事先打印验货单并安排仓库，从而加快验收速度，节省双方交货、收货的时间。

3. 将 EDI 引入催款对账单

开发对账系统，并与出货系统集成，可以减轻财务部门每月对账的工作量，降低对账错误率，并节约业务部门催款的人力和时间。

4. 将 EDI 引入转账系统

实现与客户对账的系统后，可以引入银行的 EDI 转账系统，由银行直接接受客户的 EDI 汇款再转入企业的账户内，这样可以加快收款作业，提高资金利用效率。

7.4 信息自动跟踪技术

众所周知，物流运输行业是推动国民经济快速发展必不可少的基础产业，各类物流运输仓储企业虽然在长期的发展历程中积累了丰富的实践经验，但由于车辆动态信息的实时监控一直未得到解决，信息反馈不及时、不精确、不全面等问题导致了运力的大量浪费与运作成本的居高不下。面对当今客户日益增长的服务需求，以及国外物流企业运用信息技术与快速反应式运作抢占中国物流市场的冲击，我国的物流运输企业必须采取新科技手段，运用信息自动跟踪技术武装自己，提高自身的服务质量与服务水平，才能自信地迎接来自各方的挑战。

7.4.1 地理信息系统

1. GIS 的概念

地理信息系统简称 GIS，是以地理空间数据库为基础，采用地理模型分析方法，适时提供多种空间的和动态的地理信息，为地理研究和地理决策服务的计算机技术系统。

GIS 具有以下三个方面的特征：首先，具有采集、管理、分析和输出多种地理空间信息的能力，具有空间性和动态性；其次，以地理研究和地理决策为目的，以地理模型方法为手段，具有区域空间分析能力、多要素综合分析能力和动态预测能力，易于产生高层次的地理信息；最后，由计算机系统支持进行空间地理数据管理，并由计算机程序模拟常规的或专门的地理分析方法，作用于空间数据，利于产生有用信息，完成人类难以完成的任务。

通俗地讲，GIS 是整个地球或部分区域的资源、环境在计算机中的缩影。严格地讲，GIS 是反映人们赖以生存的现实世界（资源或环境）的形势与变迁的各类空间数据及描述这些空间数据特征的属性，在计算机软件和硬件的支持下，以一定的格式输入、存储、检索、显示和综合分析应用的技术系统。它是一种特定而又十分重要的空间信息系统，是以采集、储存、管理、处理分析和描述整个或部分地球表面（包括大气层在内）与空间和地理分布有关数据的空间信息系统。

GIS 是支持空间定位信息数字化获取、管理和应用的技术体系。随着计算机技术、空间技术和现代信息基础设施的飞速发展，GIS 在全国经济信息化进程中的重要性与日俱增。特别是当今"数字地球"概念的提出，使得人们对 GIS 的重要性有了更深的了解。20 世纪 90 年代以来，GIS 在全球得到了空前的发展，被广泛应用于各个领域，产生了巨大的经济效益和社会效益。

2．GIS 的功能

（1）输入。在地理数据用于 GIS 之前，数据必须转换成适当的数字格式。从图纸数据转换成计算机文件的过程叫作数字化。目前，许多地理数据已经是 GIS 兼容的数据格式，这些数据可以从数据提供商那里获得并直接装入 GIS 中，无须用户将其数字化。

（2）处理。处理是将数据转换成或处理成某种形式以适应系统的要求。这种处理可以是为了显示目的而做的临时变换，也可以是为了分析所做的永久变换。GIS 技术提供了许多工具来处理空间数据和去除不必要的数据。

（3）数据管理。对于小的 GIS 项目，把地理信息存储成简单的文件就足够了。但是，当数据量很大且数据用户数很多时，最好使用一个数据库管理系统（DBMS）来帮助存储、组织和管理数据。

（4）查询分析。GIS 提供简单的鼠标点击查询功能和复杂的分析工具，为管理者提供及时的、直观的信息。

（5）可视化。对于许多类型的地理操作，最终结果都能以地图或图形来显示。

3．GIS 在物流中的应用

GIS 应用于物流分析，主要是指利用 GIS 强大的地理数据功能来完善物流分析技术。国外公司已经开发出利用 GIS 为物流提供专门分析的工具软件。

完整的 GIS 物流分析软件是集车辆路线模型、网络物流模型、分配集合模型和设施定位模型于一身的。

（1）车辆线路模型。此模型用于解决一个起始点、多个终点的货物运输中，如何降低物流作业费用并保证服务质量的问题，包括决定使用多少车辆、每辆车的行走路线等。

（2）网络物流模型。此模型用于解决最有效的分配货物路径问题，也就是物流网点布局的问题。如果将货物从 n 个仓库运到 m 个商店，每个商店都有固定的需求量，这就需要确定由哪个仓库提货送给哪个商店的运输代价最小的问题。

（3）分配集合模型。此模型可以根据各个要素的相似点把同一层上的所有或部分要素分为几个小组，用以解决服务范围和销售市场范围等问题。

（4）设施定位模型。此模型用于确定一个或多个设施的位置。在物流系统中，仓库和运输线共同组成了物流网络，仓库处于网络节点上，节点决定着线路，如何根据供求的实际需要并结合经济效益等原则，在既定区域内设立多少个仓库，每个仓库的位置、每个仓库的规模及仓库之间的物流关系等，运用此模型均能很容易地得到解决。

7.4.2 全球定位系统

1．GPS 的定义及组成

全球卫星定位系统简称 GPS，是美军 20 世纪 70 年代初在子午仪卫星导航定位技术的基础上发展起来的。它具有全球性、全能性（陆地、海洋、航空与航天）、全天候性优势的导航定位、定时、测速系统。GPS 由三大子系统构成：空间卫星系统、地面监控系统、用户接收系统。

（1）空间卫星系统。空间卫星系统由均匀分布在 6 个轨道平面上的 24 颗高轨道工作卫星构成，各轨道平面相对于赤道平面的倾角为 55°，轨道平面间距 60°。在每一轨道平面内，各卫星升交角距差 90°，任一轨道上的卫星比西边相邻轨道上的相应卫星超前 30°。事实上，空间卫星系统的卫星数量要超过 24 颗，这样便于及时更换老化或损坏的卫星，保障系统正常工作。该卫星系统能够保证在地球的任一地点向使用者提供 4 颗以上的可视卫星。

空间系统的每颗卫星每 12 小时（恒星时）沿近圆形轨道绕地球一周，由星载高精度原子钟（基频 F=10.23MHz）控制无线电发射机在低噪音窗口（无线电窗口中，2～8 区间的频区天线噪声最低的一段是空间遥测及射电干涉测量优先选用频段）附近发射 L1、L2 两种载波，向全球的用户接收系统连续地播发 GPS 导航信号。GPS 工作卫星组网保障全球任一时刻、任一地点都可对 4 颗以上的卫星进行观测（最多可达 11 颗），实现连续、实时的导航和定位。

GPS 卫星向广大用户发送的导航电文是一种不归零的二进制数据码 D（t），码率为 50Hz。为了节省卫星的电能、增强 GPS 信号的抗干扰性、保密性，实现遥远的卫星通信，GPS 卫星采用伪噪声码对 D 码做二级调制，即先将 D 码调制成伪噪声码（P 码和 C/A 码），再将上述两噪声码调制在 L1、L2 载波上，形成向用户发射的 GPS 射电信号。因此，GPS 信号包括两种载波（L1、L2）和两种伪噪声码（P 码、C/A 码）。这四种 GPS 信号的频率皆源于 10.23MHz（星载原子钟的基频）的基准频率。基准频率与各信号频率之间存在一定的比例。其中，P 码为精确码，美国为了自身的利益，只供美国军方、政府机关及得到美国政府批准的民用用户使用；C/A 码为粗码，其定位和时间精度均低于 P 码，目前全世界的民用客户均可不受限制地免费使用。

（2）地面监控系统。地面监控系统由均匀分布在美国本土和三大洋的美军基地上的五个监测站、一个主控站和三个注入站构成。该系统的功能是对空间卫星系统进行监测、控制，并向每颗卫星注入更新的导航电文。

地面监控系统各站的主要任务：①监测站，用 GPS 接收系统测量每颗卫星的伪距和距离差，采集气象数据，并将观测数据传送给主控站。5 个监控站均为无人守值的数据采集中心。②主控站，接收各监测站的 GPS 卫星观测数据、卫星工作状态数据、各监测站和注入站自身的工作状态数据。③注入站，接受主控站送达的各卫星导航电文并将之注入飞越其上空的每颗卫星。

（3）用户接收系统。用户接收系统主要由以无线电传感和计算机技术支撑的 GPS 卫星接收机和 GPS 数据处理软件构成。①GPS 卫星接收机。GPS 卫星接收机的基本结构是天线单元和接收单元两部分。天线单元的主要作用是，当 GPS 卫星从地平线上升起时，能捕获、跟踪卫星，接收并放大 GPS 信号。接收单元的主要作用是，记录 GPS 信号并对信号进行解调和滤波处理，还原 GPS 卫星发送的导航电文，求解信号在站星间的传播时间和载波相位差，实时地获得导航定位数据，或采用测后处理的方式获得定位、测速、定时等数据。②GPS 数据处理软件。GPS 数据处理软件是 GPS 用户系统的重要组成部分，其主要功能是对 GPS 接收机获取的卫星测量记录数据进行粗加工、预处理，并对处理结果进行平差计算、坐标转换及分析综合处理，解得测站的三维坐标，以及测体的坐标、运动速度、方向及精确时刻。GPS 定位技术是正在发展中的高新技术，数据处理技术也处在不断更新之中，各系列 GPS 接收机制造厂家研制的处理软件也各具特色。

2. GPS 的特点

GPS 的问世标志着电子导航技术发展到了一个更加辉煌的时代。与其他导航系统相比，GPS 系统的主要特点有以下几个：

（1）全球地面连续覆盖。由于 GPS 卫星数目较多且分布合理，所以在地球上任何地点均可连续同步地观测到至少 4 颗卫星，从而保障了全球、全天候连续实时导航与定位的需要。

（2）功能多、精度高。GPS 可为各类用户连续地提供高精度的三维位置、三维速度和时间信息。

（3）实时定位速度快。目前 GPS 接收机的一次定位和测速工作在 1 秒甚至在更少的时间内便可完成，这对高动态用户来讲尤其重要。

（4）抗干扰性能好、保密性强。由于 GPS 系统采用了伪码扩频技术，因而 GPS 卫星所发送的信号具有良好的抗干扰性和保密性。

3. GPS 的应用

（1）典型 GPS 应用系统简介。①基于 GPS 技术的车辆监控管理系统。该系统是将 GPS 技术、GIS 技术和现代通信技术综合在一起的高科技系统。其主要功能是将任何装有 GPS 接收机的移动目标的动态位置（精度、纬度、高度）、时间、状态等信息，实时地通过无线通信网链传至监控中心，而后在具有强大地理信息处理、查询功能的电子地图上进行移动目标运动轨迹的显示，并对目标的准确位置、速度、运动方向、车辆状态等用户感兴趣的参数进行监控和查询，以确保车辆的安全，方便调度管理，提高运营效率。该系统应用广泛，特别适用于公安、银行、公交、保安、部队、机场等单位对所属车辆的监控和调度管理，也可应用于对船舶、火车的监控等。②基于 GPS 技术的智能车辆导航仪。该装置是安装在车辆上的一种导航设备。它以电子地图为监控平台，通过 GPS 接收机实时获得车辆的位置信息，并在电子地图上显示车辆的运动轨迹，在接近路口、立交桥、隧道等特殊路段时可进行语音提示。作为辅助导航仪，它可按照规定的行进路线使司机无论是在熟悉还是不熟悉的地域都可迅速到达目的地。该装置还设有最佳行进路线选择及路线偏离报警等多项辅助功能。

（2）利用 GPS 技术实现货物跟踪管理。货物跟踪是指物流运输企业利用现代信息技术及时获取有关货物运输状态的信息（如货物品种、数量、货物在送情况、交货期间、发货地和到达地、货物的货主、送货责任车辆和人员等），提高物流运输服务的方法。具体说就是物流运输企业的工作人员在进行物流作业时，利用扫描仪自动读取货物包装或者货物发票上的物流条码等货物信息，通过计算机通信网络把货物的信息传送到总部的中心计算机上进行汇总整理，这样所有被运送货物的物流全过程的各种信息都集中在中心计算机里，便于随时查询货物的位置及状态。

7.5 电子商务智能技术

近年来，我国电子商务和物流企业开始实现智能化发展，很多企业开始打造自己的智能物流体系。物联网、云计算、大数据、人工智能和区块链等相关智能技术的发展，为解决电子商务智能物流系统的建设提供了机遇。

7.5.1 物联网技术

物联网（Internet of Things，IoT）是指将无处不在的末端设备和设施，包括具备"内在智能"的传感器、移动终端、工业系统、数控系统、家庭智能设施、视频监控系统等，以及具备"外在智能"的各种资产、携带无线终端的个人与车辆等"智能化物件或动物"或"智能尘埃"，集中起来，通过各种无线和/或有线的长距离和/或短距离通信网络实现互联互通、应用大集成及基于云计算的 SaaS 营运等模式，在内联网、专用网、和/或互联网环境下，采用适当的信息安全保障机制，提供安全可控乃至个性化的实时在线监测、定位追溯、报警联动、调度指挥、预案管理、远程控制、安全防范、远程维保、在线升级、统计报表、决策支持等管理和服务功能，实现对"万物"的高效、节能、安全、环保的"管、控、营"一体化。

物联网在电子商务物流领域的应用场景主要有产品溯源、冷链控制、安全运输和路由优化四种。场景一为产品溯源，是通过传感器追溯农产品从种植到运输到交付环节的所有信息，同时通过区块链技术记录货物从出发到接收过程中的所有步骤，确保信息的可追溯性，从而避免丢包、错误认领等问题。场景二为冷链控制，是通过车辆内安装的温控装置，对车内的温湿度情况进行实时监控，确保全程冷链不断链。场景三为安全运输，是通过设备对司机、车辆状态数据进行收集，及时发现司机疲劳驾驶、车辆超载超速等问题，及早警报，预防事故。场景四为路由优化，是通过车辆上安装的信息采集设备，采集运输车情况、路况、天气等信息，上传至信息中心分析后对车辆进行调度优化。未来，物联网技术将在上述四种典型应用场景中大有作为。其核心在于低成本传感器技术的突破，这将会使该领域应用空间不断拓展。业界知名的智慧物联网公司 G7 就是目前国内领先的专注于此领域的代表企业。

7.5.2　云计算技术

云计算是继 20 世纪 80 年代大型计算机到客户端-服务器端的大转变之后的又一种巨变。云计算描述了一种基于互联网的新的 IT 服务增加、使用和交付模式，通常涉及通过互联网来提供动态易扩展且经常是虚拟化的资源。云其实是网络、互联网的一种比喻说法。

狭义来讲，云计算是信息化基础设施的交付和使用模式，是通过网络以按需要、易扩展的方式获取所需资源，提供资源的网络就被称为"云"。对于使用者来说，"云"可以按需使用，随时扩展，按使用付费。广义来讲，云计算是指服务的交付和使用模式，是通过网络以按需要、易扩展的方式获取所需信息化、软件或互联网等相关服务或其他服务。总之，云计算是一种分布式并行计算，由通过各种联网技术相连接的虚拟计算资源组成，通过一定的服务获取协议，以动态计算资源的形式来提供各种服务。

云计算在电子商务物流领域的应用场景主要有订单管理、库存管理和运输管理三种。场景一为订单管理。云计算在电子商务物流中应用的初始环节是订单管理环节。客户需求及内部物流、资源状况、任务完成情况等都是通过订单来描述的，云配送系统的行为表现为围绕订单而进行的一个协调配置过程。云计算下的订单管理系统涉及一整套的订单处理过程，从提出需求到接受订单、订单状况跟踪、运输等。具体管理内容包括订单的定制及传送、订单的确认接受、订单合同管理、订单计划定制、订单相关资源管理、订单相关关系管理、订单执行情况的跟踪监控、订单出错及变动处理、订单状态查询、订单后勤管理、订单财务管理、订单协调管理等。场景二为库存管理。云计算下的库存管理是现代供应链库存管理模式的新发展，它吸取了供应链库存管理的思想并还原了物流、信息流和商流的本质属性，即在物流没有最终确定之前只是以信息的流动来代替，并在整个配送系统上进行商流的管理，在云计算平台的统一调度下，减少库存空间、降低囤货风险，以及根据实际的需求或市场变化，随时进行换货，分散库存成本，以最低的成本、最少的浪费和冲突、最大的价值增值能力和最有效的物流活动来进行物流组织与管理。云计算下的库存管理系统可以根据现场情况变化的数据信息实时调整作业计划，使整个作业计划安排能够达到最佳，同时能将人们在实际库存作业中的优秀经验整合到系统作业管理中，使系统能够充分整合现有的库存资源而达到作业效率的最佳化，降低库存，减少风险。场景三为运输管理。云计算下的运输管理包括四部分内容：运输决策管理、运输过程管理、运输结算管理和运输信息管理。云计算下的运输管理系统必须做到对业务进行实时监控，随时掌握任务指令的完成情况，并及时对统计数据进行分析，与历史数据进行比较，做出适当的决策。该系统不仅要做到对相关静态信息的管理，包括产品、单据管理等；还要做到对动态信息的管理，如对货物进行全程跟踪。运输决策管理模块、运输过程管理模块和运输结算管理模块一方面要接受云配送平台经过分析处理后所下达的指令，另一方面要将所处模块的信息实时反馈到云配送平台中进行处理，所有信息统一交由运输信息管理模块储存、汇总、分析。

7.5.3 大数据技术

大数据技术是指大数据的应用技术，涵盖各类大数据平台、大数据指数体系等大数据应用技术。

大数据是指无法在一定时间范围内用常规软件工具进行捕捉、管理和处理的数据集合，它是需要新处理模式才能具有更强的决策力、洞察发现力和流程优化能力的海量、高增长率和多样化的信息资产。

大数据技术已成为众多企业重点发展的新兴技术，多家企业已成立相应的大数据分析部门，进行大数据的收集、研究、分析和应用布局。

大数据技术在电子商务物流领域的应用场景主要有需求预测、设备维护预测、供应链风险预测和网络及路由规划四种。场景一为需求预测，即通过收集用户的消费特征、商家历史销售等大数据，利用算法提前预测需求，前置仓储与运输环节。大数据技术目前在需求预测上已有部分应用，但在预测精度上仍有较大的提升空间，需要扩充数据量，优化算法。场景二为设备维护预测，是通过物联网的应用，在设备上安装芯片，实时监控设备运行数据，并通过大数据分析做到预先维修，增长设备使用寿命。随着工业机器人的应用，这一方向将在未来拥有广泛的发展空间。场景三为供应链风险预测，是通过对异常数据的收集，对诸如贸易风险、不可抗力因素造成的货物损坏等进行预测。场景四为网络及路由规划，是利用历史数据、时效、覆盖范围等构建分析模型，对仓储、运输、配送网络进行优化布局，如通过对消费者的数据分析提前在消费者附近仓库进行备货，甚至可实现实时路由优化，指导车辆采用最佳路线进行跨城运输与同城配送。大数据技术将在上述应用场景中重点应用。各相关企业未来将进一步加强对物流及商流数据的收集、分析与业务应用。

7.5.4 人工智能技术

人工智能，英文缩写为 AI。它是研究、开发用于模拟、延伸和扩展人的智能的理论、方法、技术及应用系统的一门新的技术科学。

人工智能技术主要由电商平台推动，尚处于研发阶段，除图像识别外，其他人工智能技术距离大规模应用仍有较大差距。人工智能在电子商务物流领域的应用场景主要有五种。场景一为智能运营规划管理，是人工智能未来将通过机器学习，使运营规则引擎具备自学习、自适应的能力，能够在感知后进行自主决策。比如，人工智能根据"双十一"与一般情况的不同场景订单，自主设置商品的不同生产方式、交付时效、异常订单处理等运营规则，实现人工智能处理。场景二为仓库选址，是人工智能根据现实环境的各种约束条件，如客户、供应商和生产商的地理位置、运输经济性、劳动力可获得性、建筑成本、税收制度等，进行充分学习和优化，从而决策出最优解决方案的选址模式。场景三为决策辅助，是利用机器学习等技术自动识别场院内外的人、物、设备的状态和学习优秀的管理及操作人员的指挥调度经验，逐步实现辅助决策和自动决策。场景四为图像识别，是利用计算机图像识别、地址库、神经网络等提升手写运单机器有效识别的准确率，大幅度减少人工输单的工作量和出错率。场景五为智能调度，是通过对商品数量、体积等数据进行分析，对包装、运输车辆等各环节进行智能调度，如通过测算百万 SKU 商品的体积数据和包装箱尺寸，由人工智能系统计算并推荐耗材和打包顺序，从而合理安排箱型和商品摆放方案。

7.5.5 区块链技术

区块链是一个信息技术领域的术语。从本质上讲，它是一个共享数据库，存储于其中的数据或信息具有不可伪造、全程留痕、可以追溯、公开透明、集体维护等特征。这些特征为区块链技术奠定了坚实的"信任"基础，创造了可靠的"合作"机制，使其具有广阔的运用前景。

区块链在电子商务物流领域的应用场景主要有两种。场景一为"区块链+物联网"的解决方案，即通过区块链降低电子商务物流成本，追溯物品的生产和运送过程，并且提高供应链管理的效率。区块链通过节点连接的散状网络分层结构，能够在整个网络中实现信息的全面传递，并能够检验信息的准确程度。这种特性在一定程度上提高了物联网交易的便利性和智能化。场景二为"区块链+大数据"的解决方案，即利用大数据的自动筛选过滤模式，在区块链中建立信用资源，双重提高交易的安全性，并提高物联网交易便利程度，为智能物流模式应用节约时间成本。区块链节点具有十分自由的进出能力，可独立参与或离开区块链体系，不对整个区块链体系产生任何干扰。"区块链+大数据"的解决方案就利用了大数据的整合能力，促使物联网基础用户拓展更具方向性，便于在智能物流的分散用户之间实现用户拓展。

课后自测习题

一、选择题

1. 下列属于电子商务物流信息跟踪技术的是（　　）。
   A．EDI　　　　B．RFID　　　　C．GPS　　　　D．GIS
2. 完整的 GIS 物流分析软件集成了（　　）。
   A．车辆路线模型　　　　　　B．分配集合模型
   C．网络物流模型　　　　　　D．设施定位模型
3. 下列属于研究、开发用于模拟、延伸和扩展人的智能的理论、方法、技术及应用系统的一门新的技术科学是（　　）。
   A．大数据　　　B．云计算　　　C．区块链　　　D．人工智能
4. 由一组按特定规则排列的条、空及对应字符组成的表示一定信息的符号是（　　）。

A. 条码　　　　B. RFID　　　　C. GPS　　　　D. GIS
5. EDI 技术的应用软件不包括（　　）。
A. 系统软件　　B. 翻译软件　　C. 转换软件　　D. 通信软件

二、名词解释

1. 条码　　2. RFID　　3. GPS　　4. GIS

三、论述题

1. 比较分析条码技术与射频识别技术的异同。
2. 分析射频识别技术在电子商务物流中的应用。
3. 电子商务领域有哪些智能物流技术？它们对电子商务有何促进作用？

案例分析

北斗卫星导航系统

中国北斗卫星导航系统（以下简称"北斗系统"），英文名称为 BeiDou Navigation Satellite System，简称 BDS，是我国自行研制的全球卫星导航系统，也是继 GPS、GLONASS 之后的第三个成熟的卫星导航系统。北斗系统和美国的 GPS、俄罗斯的 GLONASS、欧盟的 GALILEO，是联合国卫星导航委员会已认定的卫星导航供应商。

北斗系统是我国着眼于国家安全和经济社会发展需要，自主建设、独立运行的卫星导航系统，是为全球用户提供全天候、全天时、高精度的定位、导航和授时服务的国家重要空间基础设施。

随着北斗系统建设和服务能力的发展，相关产品已广泛应用于交通运输、海洋渔业、水文监测、气象预报、测绘地理信息、森林防火、通信时统、电力调度、救灾减灾、应急搜救等领域，并且逐步渗透到人类社会生产和生活的方方面面，为全球经济和社会发展注入了新的活力。

卫星导航系统是全球性公共资源，多系统兼容与互操作已成为发展趋势。我国始终秉持和践行"中国的北斗，世界的北斗"的发展理念，服务"一带一路"建设发展，积极推进北斗系统国际合作，与其他卫星导航系统携手，与各个国家、地区和国际组织一起，共同推动全球卫星导航事业发展，让北斗系统更好地服务全球、造福人类。

北斗系统由空间段、地面段和用户段三部分组成。

空间段由若干地球静止轨道卫星、倾斜地球同步轨道卫星和中圆地球轨道卫星组成。

地面段包括主控站、时间同步/注入站和监测站等若干地面站，以及星间链路运行管理设施。

用户段包括北斗及兼容其他卫星导航系统的芯片、模块、天线等基础产品，以及终端设备、应用系统与应用服务等。

资料来源：作者根据网络资料整理。

结合上述资料分析：

（1）北斗卫星导航系统由哪些部分组成？各部分分别有何功能？

（2）我国为何自主研发北斗卫星导航系统？它可为电子商务物流提供哪些服务？

第 8 章 电子商务逆向物流

1. 理解电子商务逆向物流产生的驱动因素
2. 熟悉电子商务逆向物流的分类
3. 掌握电子商务逆向物流的运作模式及流程
4. 掌握电子商务逆向物流系统的实施

快递包装箱回收再利用

39.65 亿件,这是 2020 年 11 月 1 日至 11 日全国邮政、快递企业总共处理的快件数量,其中仅 11 日当天快件数量就达到 6.75 亿件,同比增长 26.16%,再创历史新高。快递数量快速增长的同时,数量庞大的快递包装应该如何处理?快递包装"绿色化"给了人们新的选择。

1. 快递包装箱回收再利用

中国传媒大学西门的快递收发点旁边,放着一个快递包装回收箱。2020 年"双十一"期间,很多学生拿到快递当场拆包后,就将快递的包装箱放进回收箱中,退货时可以向工作人员免费索取被回收的纸箱。"一般而言,一所高校每天大概要派送 1 万~2 万件快递,到'双十一''618'这种网购节会更多,以往由于快递收发点没有地方处置快递包装箱,所以学生都将包装箱扔进校园内的垃圾桶,这样既不环保,也增加了保洁人员的工作量。"该收发点负责人表示。如今有了回收箱,大约三到四成学生会主动将包装箱进行回收再利用。

数据显示,我国快递业每年消耗的纸类废弃物超过 900 万吨、塑料废弃物约 180 万吨,并呈现快速增长态势。"二次利用"作为减少快递垃圾的重要途径,越来越受到社会各界的关注。

目前,中国邮政在 1.1 万余个营业网点设置了包装废弃物回收装置;顺丰在 1.8 万个网点设置了标准快递包装废弃物回收装置,在 40 个地区开展包装回收;京东在近 30%的网点设置了快递包装回收装置,截至目前已回收纸箱并二次使用的数量达 1.5 亿个……国家邮政局市场监管司副司长边作栋表示,快递包装箱回收是发展绿色快递的重要途径,希望广大用户尽可能将基本完好的纸箱回收再利用，实现物尽其用。

  2. 减少快递过度包装

除快递包装箱的二次利用外，如何减少快递过度包装也是绿色快递亟待改善的重点。

对于快递过度包装，消费者可能有些直观的感受。例如，只是一个几厘米长的小摆件，却不得不从层层的塑料泡泡网中把它拆解出来，包装的重量往往超过商品本身。

人们日常接触到的快递包装主要以纸箱、塑料袋、填充物和透明胶带为主。纸箱在生产的过程中需要耗费大量木材；而塑料袋、填充物和透明胶带等基本上都被填埋或焚烧处理，对环境造成了很大的压力。

"整体来看，过度包装这种情况正在行业内逐步改善，绿色、简洁的快递包装、标签正在逐步推广。"中通快递相关负责人表示。以中通快递为例，目前全网电子面单使用率超过99.9%，与传统面单相比减少了80%的纸张耗材；传统的48mm胶带变更为45mm以下的"瘦身胶带"封装比例大于90%；带RFID（射频识别技术）芯片的可循环中转袋超过637万个。

截至2020年8月底，全国"瘦身胶带"封装比例达94.3%，电商快件不再二次包装率达68.5%，可循环中转袋使用率达87.2%，新增了3.5万个设置标准包装回收箱的邮政快递网点。

思考：随着电子商务的发展，以包装回收为代表的逆向物流未来发展前景如何？你认为网购快递的包装回收应该由哪一方来主导？

资料来源：成功财经网

8.1　电子商务逆向物流认知

随着电子商务的快速发展，电子商务所带来的退换货问题越来越多，这不仅关系客户满意度的提升，还影响企业形象和品牌形象。同时，随着人们环保意识的提高及环保法律法规的出台实施，电子商务物流过程中产生的大量包装物的回收和再利用也受到越来越多的关注，由此产生的电子商务逆向物流也越来越多。

8.1.1　逆向物流的概念

逆向物流最早是在1992年由Stock提出的。他在给美国物流管理协会的一份报告中提出逆向物流，并指出了逆向物流领域与商业和社会的相关性，从那个时候起逆向物流便进入了人们的视野。1998年，美国逆向物流执行委员会主任Rogers博士和Tibben Lembke博士出版了第一本逆向物流著作 *Going Backwards:Reverse Logistics Trends and Practices*。这本著作主要从逆向物流的首要性、逆向物流管理、逆向处理和二手市场、逆向物流及其环境、企业逆向物流、行业逆向物流和逆行物流的未来趋势七个方面对逆向物流进行了研究。

美国物流管理协会认为逆向物流是对由最终消费端到最初的供应源之间的在制品、库存、制成品及相应的信息流、资金流所进行的一系列计划、执行和控制活动及过程，目标是对产品进行适当的处理或者恢复一部分价值。《物流术语》中对逆向物流的定义是："逆向物流也称反向物流，是指为恢复物品价值、循环利用或合理处置，对原材料、零部件、在制品及产成品从供应链下游节点向上游节点反向流动，或按特定的渠道或方式归集到指定地点所进行的物流活动。"由于逆向物流包含的范围较广，因此逆向物流有广义和狭义之分。

狭义的逆向物流主要是指回收物流，即将退货、返修物品和周转使用的包装容器等从需方返回供方或专门处理企业所引发的物流活动。它是将废弃物中有再利用价值的部分加以分拣、加工、分解，使其成为有用的资源重新进入生产和消费领域的过程。广义的逆向物流除包含狭义的逆向物流外，还包括废弃物物流的内容，即将经济活动或人民生活中失去原有使用价值的物品，根据实际需要进行收集、分类、加工、包装、搬运、储存等，分送到专门处理场所的物流活动。其最终目标是减少资源利用，减少废弃物产生。

整体而言，逆向物流的主要思想包括以下几个方面：

（1）逆向物流的目的是重新获得废弃产品或有缺陷产品的使用价值，或是对最终的废弃物进行正确的处理。

（2）逆向物流的流动对象是产品，以及用于产品运输的容器、包装材料及相关信息，并将它们从供应链终点沿着供应链的渠道反向流动到相应的各个节点。

（3）逆向物流活动包括对流动对象的回收、检测、分类、再制造和报废处理等活动。

（4）尽管逆向物流是物品的实体流动，但同正向物流一样，逆向物流中也伴随着资金流、信息流及商流的流动。

8.1.2 电子商务逆向物流产生的驱动因素

1．电子商务的快速发展

电子商务商业模式压缩了渠道成本，但是也增加了退货的可能性，其中的原因包括产品在运输过程中被损坏、消费者得到的实际物品与网上看到的商品不同、消费者对商品不满意等。电商渠道给逆向物流带来了压力。一般零售商的退货率是 5%～10%，而通过电子商务销售产品的退货比例则高达 35%。由于电子商务渠道面对的客户是全球范围的，退货物品管理的复杂性就会增加，管理成本也将相应上升。以往电子商务领域只有正向物流，没有逆向物流，而行业的迅速发展呼唤电子商务物流实现完美闭环。

2．现代物流和快递业的快速发展

随着现代物流和快递业的发展，消费者已经可以足不出户网购全球商品，但也产生了相应的逆向物流的需求。同时，国内现代物流和快递业已经能够深入一二线城市及三四线城市，可以直达用户家中，这就为电子商务逆向物流发展打下了良好基础。

3．提高客户忠诚度的要求

在电子商务的发展过程中，由于消费者看不到实物，所以无论购物网站设计得多么富有吸引力，如果不能处理退货问题，消费者只能是好奇的看客而绝非忠诚的客户。但是，退货要有原则，要制定合理的退货价格，还应明确退货责任，避免出现纠纷。这就对电子商务逆向物流提出了更高的要求。

4．再售渠道中增加收入

对于一些滞销商品，或是性能状况较好的回收商品，经过适当的加工、包装、处理后，可再次出售。有时再售的价格可能高于原销售的价格，如每台售价 34.98 美元的 Uniden 无绳电话被退还给制造商后，制造商把这批电话卖给一家回收公司，而该公司把这些电话经过翻新改造后，以高达 48 美元的零售价格在墨西哥市场上重新出售。因此，电子商务逆向物流的实施可以通过再售增加收入。

5．提高企业自身及产品的品牌形象

处理好电子商务逆向物流可以提高企业形象。消费者通过逆向物流可以实现对不满意商品

的退换,一个高效、便捷的逆向物流系统,不仅能够提高消费者的满意度,还可以提升产品品牌形象,同时树立良好的企业形象。例如,商品评论中有很多关于退换货是否满意的评价,一般退换货快捷的平台或店铺获得的满意度较高,也更容易吸引消费者的注意。

6. 政府的相关立法

一方面,政府的环境立法有效地推动了企业对其所制造产品的整个生命周期负责的行为。我国相继出台了《中华人民共和国环境保护法》《中华人民共和国固体废物污染环境防治法》等法律,今后还将不断完善相关法律体系,以法律的形式明确各行业对环境保护和再生资源回收与利用的法律责任,规范其经营活动,逐步将逆向物流的发展工作纳入法制化轨道。另一方面,为了加强消费者权益保护,2014年3月15日正式实施的新消费者权益保护法规定,除特殊商品外,网购商品允许在到货之日起7日内无理由退货。国家工商行政管理总局公布的《网络交易管理办法》,使消费者的网购"后悔权"在法律和部门规章层面都获得了支持。这些法律都规定电子商务企业必须提供逆向物流服务,以满足消费者权益保护的要求。

> **知识拓展**
>
> **消费者权益法关于七天无理由退货的条款**
>
> ➢ 《中华人民共和国消费者权益保护法》(2013年10月25日第二次修正)第二十五条规定,经营者采用网络、电视、电话、邮购等方式销售商品,消费者有权自收到商品之日起七日内退货,且无须说明理由,但下列商品除外:消费者定做的;鲜活易腐的;在线下载或者消费者拆封的音像制品、计算机软件等数字化商品;交付的报纸、期刊。
>
> ➢ 除前款所列商品外,其他根据商品性质并经消费者在购买时确认不宜退货的商品,不适用无理由退货。
>
> ➢ 消费者退货的商品应当完好。经营者应当自收到退回商品之日起七日内返还消费者支付的商品价款。退回商品的运费由消费者承担;经营者和消费者另有约定的,按照约定。

8.1.3 电子商务逆向物流的特点

逆向物流作为电子商务价值链中特殊的一环,与正向物流相比,既有共同点,也有不同点。二者的共同点在于都具有包装、装卸、运输、储存、加工等物流功能。但是,电子商务逆向物流也有其鲜明的特殊性。

1. 分散性

随着电子商务的普及,相应的消费者的分布也十分广泛,由此产生的逆向物流的地点、时间和数量等都是难以预见的。废旧物资可能产生于生产领域、流通领域或生活消费领域,涉及任何领域、任何部门、任何个人,在社会的每个角落日夜不停地发生。正是这种多元性使得电子商务逆向物流具有明显的分散性。

2. 不确定性

消费者在电商平台购物后,商品是否有瑕疵和质量问题,以及消费者对商品的满意程度等都具有极大的不确定性,这些都会导致退货和换货等逆向物流。与正向物流不同的是,电子商务逆向物流产生的时间、地点及回收品的质量和数量都难以预测,这就导致了逆向物流供给具有高度的不确定性。

3. 复杂性

由于电子商务逆向物流的分散性和不确定性,以及相应的物品数量少、种类多,只有在不断汇集的情况下才能形成较大的流动规模。回收的产品在进入逆向物流系统时往往难以分类,因为不同种类、不同状况的废旧物资常常是混杂在一起的。同时,废旧物资的产生也往往不能立即满足人们的某些要求,需要经过加工、改制、维修等环节,甚至只能作为原料回收使用,这一系列过程的时间较长。逆向物流的恢复过程和方式按产品的生命周期、产品特点、所需资源、设备等条件不同而复杂多样,这些都决定了逆向物流的复杂性。

4. 多变性

由于电子商务逆向物流的分散性及消费者对退货、产品召回等回收政策的滥用,有的企业很难控制产品的回收时间与空间,加之逆向物流的处理系统与方式复杂多样,逆向物流技术具有一定的特殊性,以及相对高昂的成本,这些都导致了逆向物流的多变性。

5. 实施的困难性

逆向物流普遍存在于企业的各项经营活动中,从采购、配送、仓储、生产、营销到财务,需要做大量的协调和管理工作。电子商务逆向物流已经成为企业在激烈的竞争中找到竞争优势从而独树一帜的关键因素,但是逆向物流在成本、资产价值和潜在收益方面没有正向物流那么重要,因此分配给逆向物流的各种资源往往不足。另外,相关领域专业技术和管理人员的匮乏,缺少相应的逆向物流网络和强大的信息系统及运营管理系统的支持,这些也都成为逆向物流实施的障碍。

8.1.4 电子商务逆向物流的分类

电子商务逆向物流可按逆向物流对象的渠道、逆向物流的退货来源及逆向物流的退货成因等标准进行分类,如图 8-1 所示。

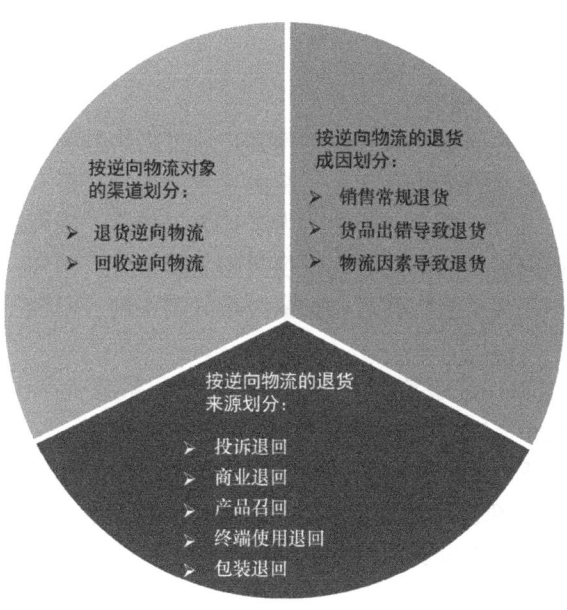

图 8-1 电子商务逆向物流分类

1. 按逆向物流对象的渠道划分

（1）退货逆向物流。退货逆向物流是指下游客户将不符合订单要求的产品退回给上游供应商，其流程与常规产品流向正好相反。

（2）回收逆向物流。回收逆向物流是指将最终客户所持有的废旧物品回收到供应链上各节点企业的物流活动。例如，现在京东、苏宁易购等电商平台提供废旧物品回收业务，可以将消费者家中闲置或损坏的物品进行回收。

2. 按逆向物流的退货来源划分

（1）投诉退回。此类逆向物流的形成可能是因为消费者对产品质量不满意或产品不符合客户要求，在质量保证期或维修期内需要维修保养的退回。这类物流一般发生在商品销售后的短暂时间内，客户通过电话、邮件等方式反馈所购商品情况，商家的措施通常是维修或退换货。手机、电脑等电子产品通常会通过此种方式进入回流渠道。

（2）商业退回。商业退回是指季节性产品过季、产品过期或物流过程中损坏等原因造成的产品退回。这些商品一般都具有未被使用的特点，如时装、日用品等。这类商品可通过再回收、再处理等方式，尽可能地进行价值回收。

（3）产品召回。由于产品设计或制造方面存在缺陷，可能导致安全及环保等问题，根据售后服务承诺条款的规定，用户可以退回给制造商。汽车行业一般通过此种方式进入回流渠道。经过制造商处理后，被召回的产品会再次回到用户手中。

（4）终端使用退回。这是指报废产品被收集后进行再利用、掩埋或焚烧。这种方式一般针对那些任意处理会给人类和环境造成严重影响的物品，如废旧电池等。

（5）包装退回。对于可重复利用的包装容器和材料，每次到达目的地之后，要回收返还，以便循环使用。随着人们环保意识的提升及环保法律的完善，包装退回正在成为电子商务逆向物流的重要类型。其中"共享快递包装"的重复使用，可以减少一次性包装物的使用，避免产生过多包装废弃物，实现绿色环保。以苏宁为例，一个共享快递盒的成本是 25 元，使用寿命预计可达 1 000 次以上，单次使用成本仅为 0.025 元。共享快递盒的循环重复次数越多，使用成本也越低。以共享快递包装为主的电子商务逆向物流也成为考验各大电商企业物流竞争力和物流效率的重要途径。

3. 按逆向物流的退货成因划分

（1）销售常规退货。这种退货一部分是因为客户通过网络购物，没有面对面的触觉和视觉感受，所以收到的实物和想象的产品有一定差距而导致的退货；还有一部分是因为受商家广告的影响盲目购物而产生的退货；再者电商企业为了扩大销售量，采用放宽退换货的规定来刺激消费而导致的退货，这形成了目前电商零售退换货的主要部分。例如，某知名品牌鞋子为了让客户满意，扩大运营成本，甚至鼓励客户在购买时最好购买同一双鞋子的两个尺寸，不合适的鞋子可以免运费退货。

（2）货品出错导致退货。这通常是由于商品自身的质量或货品出现小的瑕疵而导致的退货，如服装有灰渍、掉纽扣，电器有刮痕等。

（3）物流因素导致退货。在运输途中出现丢货、商品或商品包装出现损坏，或者交通问题出现延期等情况，影响客户在规定时间内到货的需求导致退货。这种缺陷和不足很快可以弥补，通过再设计处理后再次投入市场以创造价值。

8.2 电子商务逆向物流的运作模式及流程

电子商务逆向物流运作意义重大，不但能够为广大消费者提供更加优良的服务，而且能够增强企业的社会信誉度，实现资源的高效利用。想要切实地保障电子商务逆向物流运作的高效性，电子商务企业必须完善自身的商品退货规则，在保障自身产品质量的同时科学合理地选择物流运作模式，不断完善逆向物流流程，提供更加完善的电子商务逆向物流服务。

8.2.1 电子商务逆向物流运作模式

电子商务业务量迅速增长的同时也带来了退货量的增加，而退货成本的上升削减了电子商务的利润空间。如果企业对逆向物流环节不重视、对逆向物流模式选择不恰当，便会导致企业的反应速度缓慢、物流成本过高、客户满意度低下等诸多问题。一般而言，电子商务逆向物流主要有以下几种模式。

1．制造商负责模式

这是指通过电子商务平台销售出去的商品，在满足产品退换货的条件下，消费者直接将退货返还给制造商，由制造商自己负责完成退换货等逆向物流过程的模式。这种逆向物流模式下，企业要根据自己的实力和规模自己组建物流公司，处理客户退回货物的相关后续环节。

这种模式的优点是企业自己可以严格有效地控制和掌握逆向物流的各个环节，直接接触客户，获取比较准确的信息，保持信息的可靠性。同时，这种模式下的售后服务质量可靠，能够及时地反馈客户的信息，最大限度地满足消费者的实际需求，扩大企业的社会影响力。对于退货，制造商的处理方式也比较灵活，可以根据退回产品的状态进行处理：对于小瑕疵产品，可以修复后再销售；对于问题比较大的产品，可以分解后再制造。但是，这种模式在实际应用中也有弊端：要求企业有足够的资金投入到逆向物流建设中，加重了制造商的负担，削弱了企业抵御市场风险的能力，管理难度也相应增加。在社会资源的分配上，选择自营模式建立逆向物流不利于资源的优化配置。资金雄厚、规模较大的企业可以尝试这种经营模式。

2．电子商务企业负责模式

这种模式下，消费者将购买的商品直接退还给电商企业（卖家），由电商企业根据退货原因对比退货条款进行相应的处理。这种模式的优点在于降低了制造商的管理成本，不需要制造商的直接回收，可以不用建立独立的物流系统，减轻了企业的负担。电商企业对退回的产品进行统一分类管理，再返回给制造商，也减轻了制造商的管理成本。这种模式的缺点在于需要建立一套专门的退换货处理流程，增加了电商企业的运营成本。同时，制造商不能直接通过消费者得到退货的有效信息，不利于产品的进一步改进。

3．第三方逆向物流模式

第三方逆向物流模式，主要是指逆向物流应用中的外包模式。这种外包模式需要企业依据自身的实际需求，主动与第三方企业签订相关的协议，以支付费用等方式，将逆向物流交由专门从事逆向物流服务的第三方逆向物流服务提供商负责实施。

第三方逆向物流主要完成消费者退货的相关工作，包括对退货物品的修理、配送、包装等,适合绝大多数企业。随着国家对环保的要求越来越高,企业为了降低环保费用,树立良好的企业形象,通常会选择合适的第三方物流公司。业务外包的过程中,企业需要注重一定的策略:通常情况下,在保证自身核心竞争力不受影响的前提下,将一些杂乱的业务交给第三方逆向物流企业处理。这种模式的缺点在于,时间上会有不确定性,退回的产品也过于零散。

4. 逆向物流战略联盟模式

逆向物流战略联盟是由多个有自身专业特色与互补性特征的逆向物流组织,通过契约关系结成的逆向物流作业结合体。建立逆向物流战略联盟可以快速形成规模经济,使企业达成双赢模式,通过行业资源的共享减少环境方面的污染。逆向物流联盟拥有丰富的资源,能够有效地缓解企业的经营压力,降低企业的市场风险,为企业经济效益的增加提供可靠的保障。同时,这种模式也存在一定的缺陷,即存在可能泄露企业和新产品信息的风险。

8.2.2 电子商务逆向物流运作流程

1. 电子商务逆向物流的主要环节

电子商务逆向物流一般包括商品的回收、运输和处置等必要步骤。这些商品从消费者处反向移动,因此这个过程还包括涉及货物追踪和信用传递的信息流等。一般来说,逆向物流的实务运作包含以下几个步骤:

(1)回收。即从客户处搜集并取回商品的过程。这个步骤因回收商品和回收人的不同而不同,具体包括零售商退货回收、消费者退货回收、回收中心回收等三类回收操作方式。

(2)检验。即对回收回来的产品质量进行检验。一是为了控制不合理的回收,如通过检验可以控制买家的无理退货。二是通过检测回收品的性能、成分,决定下一步的处理方式是直接再销售还是加工后再销售,是分拆后投入生产还是报废处理。

(3)分类。在检验过程中,需要对产品进行分类,以确定产品回流的原因,以便对流经该节点的逆向物流进行分流处理。

(4)处理。处理包括客户对商品不满意时企业做出的决策和行动。对于流经各级节点的逆向物流,经过分类后,需由自身节点处理,对不能处理的向下一级节点转移,由下一级节点处理,直到生产商。其中包括可再销售的产品继续转销,无法再销售的产品交由配送中心处理。配送中心可将产品转移给生产商处理。生产商对可维修的产品进行维修,然后再销售;对不可维修的产品,通过分拆、整理重新进入原料供应系统;对召回产品,通过分拆、更换零部件或技术升级等补救措施,重塑产品价值;对分解后不再利用的零部件要采取填埋、机械处理等环保方式处理。整个处理过程包括修理、退换、检验、更换、修理、分拆、再制造、清算销售和掩埋处理等。

电子商务逆向物流过程涉及电子商务企业的回收退换货中心,也可能涉及第三方物流中心,退换货在这一过程中都会通过检验、分类之后,经过再销售或再加工,以及报废处置等环节,完成电子商务逆向物流过程,如图8-2所示。

2. 电子商务逆向物流的退换货流程

对现在的主流电商来说,通常支持的逆向物流形式主要包括退货退款和换货两种。用户可以根据实际场景和诉求选择期望的物流方式。对电商平台来说,不同的运营模式、商品类目等会有不同的逆向物流策略。比如,生鲜类目、虚拟商品往往是不支持退换货的,特价商品一般不支持退换服务,因此电商运营中心会针对类目、商家、商品、活动的维度进行相应的配置。电子商务逆向物流的退换货流程如下:

（1）流程发起。最常见的流程触发通常在订单的售后入口进行，用户可自主发起售后申请。以淘宝为例，用户可以在淘宝订单的详情页中找到退换货的入口，通过选择"我要换货"后进入换货申请页面。用户可在申请中选择自己需要更换的商品，限制是只能更换同一个SPU（商品链接）下当前有库存的商品。同时为了提升用户体验，流程发起往往也支持前台客服在收到用户反馈后，替用户在客服后台录入售后工单进行触发。两种方式创建的工单最终都需要经过商家/售后客服的审核确认才会进入后续的流程。

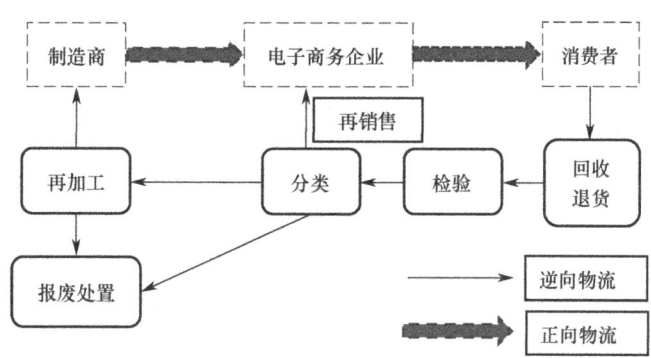

图 8-2　电子商务逆向物流的主要环节

（2）商家或客服处理。收到退换货申请后售后客服会对售后订单进行处理审核。审核会有两种结果：申请通过和拒绝退换货。客服通过用户上传的凭据及描述，或线下联系用户了解详情，判断是否同意本次售后。需要注意的是，用户发起申请到客服处理订单中间会有时间差，因此客服审核时不能保证客户需要更换的商品有货，所以在服务工单中需要支持商品的更换。当前更换商品是需要和用户协商一致的。在这个环节，对不同分层的用户会有不同的订单处理策略。比如，对优质用户，在商家同意用户的售后申请后，0 元订单就正常下发进行发货，不需要等收到用户退货，以提升用户体验（类似淘宝的极速退款，是在退货申请通过后即将货款退还给用户，而非商家确认收货后）。

（3）退货商品返仓。常规的退货链路处理是比较简单的，即用户联系物流公司，寄回商品后在 App 中录入物流信息，订单系统在此时触发创建销退单下发至仓库管理系统，仓库人员根据销退单中的物流单号匹配实物物流单号进行收货。如果用户超时未填写物流单号，则售后单自动关闭。如果用户实际寄回的商品和退货申请中的商品不符，通常是用户的失误，这种情况也不排除有用户是利用一些平台漏洞恶意而为之的。因此，对销退单来说，验收环节的数据需要反馈到服务工单中，由客服人员及时跟进处理。此外，对于入驻商家，需要在商品平台支持商家在收货异常时发起仲裁，避免造成不合理的商家损失。

（4）换货商品发货。换货商品的发货是通过系统服务工单信息自主创建 0 元订单实现的。0 元订单创建后，根据用户等级售后策略不同会存在不同的下发时间。通常包括退货验收通过触发 0 元补寄订单下发和工单审核通过后下发两种方式。换货订单的发货实际上和普通订单的发货流程不会有太大差异，在发货实操环节的感知并不大。但是对于出货量大的平台仓库，是可以增加策略优先支持普通订单的发货的。

电子商务逆向物流的退换货流程如图 8-3 所示。

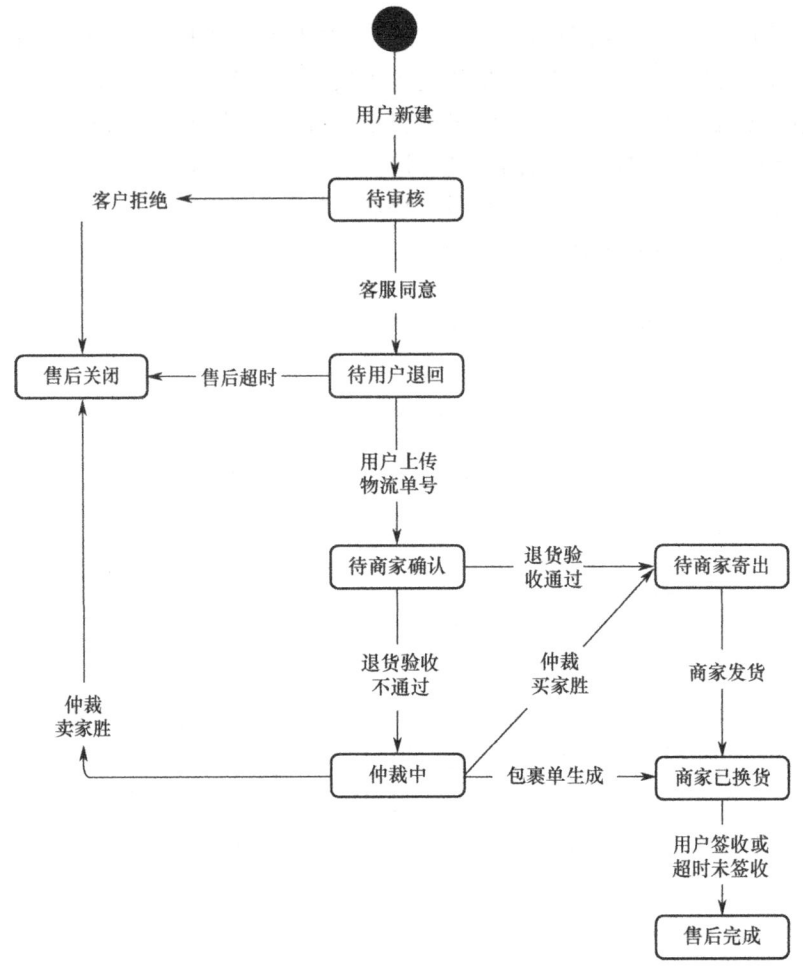

图 8-3　电子商务逆向物流的退换货流程

8.3　电子商务逆向物流系统设计与实施

电子商务逆向物流的高效运作需要以逆向物流信息系统为基础,因此设计科学、功能完善和运作高效的电子商务逆向物流系统至关重要。同时,电子商务逆向物流系统的实施离不开完善的退换货标准、第三方检测平台的参与及专业人员的培养。

8.3.1　电子商务逆向物流系统设计

电子商务逆向物流系统的合理设计不但能有效控制物流成本,更有利于维护和提高客户对商家的信誉,增强客户忠诚度,促进电子商务的稳定发展。在逆向物流系统中,逆向物流信息系统的设计至关重要。

1. 逆向物流信息系统网络结构设计

电子商务逆向物流信息系统采用集中制数据存储管理的以浏览器/服务器(B/S)为服务方式的应用模式,可以满足系统管理的实时性要求,而且在用户端工作站上不需要安装特制的软件，即可实现数据的安全传输，便于维护和升级管理。基于 Internet 的浏览器/服务器（B/S）正成为新型的企业管理信息系统的结构范式。

2．逆向物流信息系统功能模块设计

电子商务逆向物流信息系统的功能模块可以分为总控系统模块和子系统模块。总控系统部分与总体结构设计中的系统总体结构图相对应，主要包括系统总控程序的处理方式，确定各子系统的接口，以及各种检验、保护、后备手段的接口。子系统部分的设计主要是对子系统的总控程序和交互界面、各功能模块和子模块进行处理，主要有数据的输入、处理和输出等。逆向物流信息系统的功能模块如下：

（1）回收退货管理模块。这一模块对需要返回的逆流物进行回收、分类、保存和盘点，并对逆流物信息进行动态更新，以便对其进行查询检索和做进一步的处理。其中仓储管理应当广泛采用条码技术和射频技术，这样不但可以大大降低回收的成本，而且可以提高回收作业效率。

（2）再处理管理模块。这一模块要根据已经拣选分类的回收产品的性能、状态等有关信息，在某一特定标准下做出直接利用、加工利用、拆除拆装或废弃处理等决策。

（3）逆向运输管理模块。由于逆向物流具有规模小、运输量少、不定时等特点，对逆向物流运输的管理应在科学安排的基础上，根据其特点区别对待。该模块包含车辆优化调度功能和路线选择功能。

（4）财务管理模块。这一模块主要是对逆流物产生的会计成本进行统计分析，确定对逆流物的处理是否符合企业的利益需求，便于企业进行成本控制，取得较好的经济效益。

（5）客户管理模块。系统应可以为客户企业分别提供相应的信息渠道，使之成为让它们可以采用基于浏览器/服务器结构的数据库系统。在企业内部建立大型公用的数据仓库，除可为仓库和拆解中心提供访问外，也可对客户企业相关部门进行数据共享，以帮助供应链上的企业对逆流物产生的原因和领域进行统计分析，并从中发现规律，以便及时采取有效措施，控制逆流物的产生，减少企业成本，有效利用资源。

（6）系统管理模块。方便用户的访问，并对用户设置权限和对部分需要保密的信息加密，允许用户在权限之内对系统信息进行利用。

8.3.2　电子商务逆向物流系统实施

在线销售商应使购物者在线购物的同时明晰退货程序，或者将退货说明和产品一起发运给购物者。行之有效的退货逆向物流策略，在电子商务中不但不会流失客户，反而可以在一定程度上提升客户的忠诚度。因此，电子商务逆向物流系统应注重实施过程的运作。

1．建立完善的物流信息跟踪系统

对于最终客户与企业间发生逆向物流的情况，企业应尽力搜集的信息包括：消费者退货或提出维修的原因；逆向物流通道是否畅通；逆向物流再次进入逆向物流系统的途径及效率。建立完善的物流信息跟踪系统的关键环节是开发与使用基于这一流程的相关软件，并使其与企业信息系统逐步整合完善。

2．建立基于电子商务环境的完善的退货、报修系统

逆向物流这一过程发生在最终客户与销售商之间的节点上。不论是传统的销售模式还是电子商务模式下，这一过程都不可避免。但网络与计算机信息系统的应用，会大大提高企业的工作效率。首先，这一系统需要生产商给出统一的退货、报修标准。企业可以在网上公布其退换标准，方便客户查询，增强客户的购买安全感，这一点对中小型电子商务企业尤其重要。因为客户在网上购物时，信息是否充足十分重要。在无法看到商品实物的时候，企业对退换条件的设置将直接影响消费者的购买欲望。其次，在网络与计算机信息系统的平台上，消费者可以通过诸如电子邮件等信息传送工具，实现退换商品的部分甚至全部工作。最后，完善的退货、报修系统还应提供更多的扩展服务，如消费者可以通过网络了解报修货物在逆向物流通道中的运动情况及在退货过程中的资金流流动情况等，实现真正的交互服务。

3. 在企业内部建立完善的逆向物流处理系统

企业内部的逆向物流处理系统同样是基于网络与计算机信息系统的。建立此系统应遵循的一条基本原则是，尽量压缩逆向物流的处理时间。要达到这一基本原则的要求，需要注意以下几点：

（1）加强对逆向物流起始点的控制。虽然这项工作严格意义上讲不包含在企业内部的逆向物流处理系统之内，但它无疑是后续工作的基础。控制的内容应包括是否符合退换标准、简单分类及与用户沟通等，这些都可以借助网络和计算机信息系统完成，从而节省成本。

（2）对逆向物流进行分类与集中处理。分类与集中处理逆向物流是降低企业成本最直接的方法。这一过程是与之前的逆向物流起始点控制和及时的信息反馈密切相连的。同时，对分类后的逆向物流的统计与分析，又是降低逆向物流数量的基础。

（3）控制回流商品再次进入正向物流通道的时间。这包含两层含义：一是尽量压缩回流商品再次进入的时间，以满足客户要求；二是选择好时间点，使回流商品能够与原有的正向物流很好地结合在一起。

4. 完善退换货标准

针对电商行业中退换货具体标准不一的问题，首先应由政府制定完善的政策规定，并由行业内（如行业协会等业内机构）组织制定相应的实施细则。这样就大大降低了电商企业钻空子的机会，避免出现同一种商品在不同网店的退换货政策不一样的状况。其次要严格执行规定，对于违规者必须严肃处理，以提高法律规则的效力，从而提高退换货的公平度和网购效率。

5. 建立第三方检测平台

对一个行业的检测问题来说，最容易达到统一并且结果能令人信服的措施，就是在买卖双方之间建立独立的第三方检测平台，根据国家和行业统一规定，以及买卖双方提供的信息进行统一标准检验。可以允许多家第三方检测平台出现，但检测的标准必须是一致的；服务和价格上也允许存在差异，使业内存在较为激烈的竞争，以保证检测质量。检测上进行流程化作业，杜绝以前的人为故意拖延、互相推脱，提高商品质量检测精准度，减少不必要的重复运输，以降低买卖双方的利益损失。

6. 重视专业人员培养，提高退换货服务质量

首先是客服人员的服务。客服和消费者直接沟通，所以应做到回复及时、准确，交流亲切，应让消费者感受到退换货也是在行使自己的基本权利，而不是处于弱势。其次是退换货的效率。商家应该将要退换的货和正常卖出的商品一样进行处理，不能故意拖延，以提高客户满意度。对于电商企业来说，提高各方面的服务态度短期上增加了成本，但从长远利益考虑，企业口碑将会提升，销量也会增加。

第8章 电子商务逆向物流

课后自测习题

一、选择题

1. 电子商务逆向物流的特点主要有（　　）。
   A. 分散性　　　B. 不确定性　　　C. 复杂性　　　D. 多变性
2. 电子商务逆向物流的主要环节有（　　）。
   A. 回收　　　　B. 检验　　　　　C. 分类　　　　D. 处理
3. 电子商务逆向物流系统不包括（　　）。
   A. 回收退货管理模块　　　　　　B. 逆向运输管理模块
   C. 人力资源管理模块　　　　　　D. 客户管理模块
4. 逆向物流的对象主要包括（　　）。
   A. 产品　　　　B. 包装箱　　　　C. 运输的容器　　D. 包装盒
5. 电子商务逆向物流产生的驱动因素主要有（　　）。
   A. 电子商务的快速发展　　　　　B. 现代物流业的快速发展
   C. 提高客户忠诚的要求　　　　　D. 提高企业形象的要求

二、判断题

1. 电子商务中同样存在逆向物流。（　　）
2. 电子商务中的退换货属于逆向物流。（　　）
3. 废旧物品的最终处理不属于逆向物流。（　　）
4. 电子商务逆向物流一般由电子商务企业来承担。（　　）
5. 电子商务逆向物流系统的实施需要不断完善物流信息系统。（　　）

三、简答题

1. 按成因来划分，电子商务逆向物流有哪些类型？
2. 电子商务逆向物流的主要运作模式有哪些？
3. 简要画出电子商务逆向物流的主要环节。

案例分析

爱回收——国内最大的二手电子产品回收平台

爱回收网站（以下简称"爱回收"）是全国最大的O2O电子产品回收及以旧换新服务互联网平台（见下图）。爱回收主营个人和公司二手手机、电脑、笔记本电脑、相机和其他电子产品业务，是专门的电子产品回收与环保处置平台，回收的产品在其网站、应用商店及140多个城市的线下商店中再次出售。

2019年，京东将旗下拍拍二手业务与成立了八年的爱回收合并，并承诺在未来五年给予一定的独家流量资源，这次合并也使得京东成为爱回收最大的战略股东。此后的E轮融资、Pre-IPO轮融资最大股东京东都在持续参投，给爱回收供能。

爱回收网站

  爱回收承诺彻底粉碎旧机内的用户信息，通过百万回收商实时竞价给到用户全网最高价，并提供优质便捷的免费上门回收服务与热门商圈门店全覆盖，为用户提供安全、高价、便捷的一站式手机回收服务。爱回收积极拓展业务，致力于成为最具影响力的回收品牌，并推动电子产品回收再利用理念的普及，为环保事业做出贡献。

  爱回收采用当下最热的 O2O 商业模式，线上下单与线下交易相结合，努力构建 O2O 立体竞争力。线上，它与京东、三星等优质的合作商合作，作为流量来源。线下，其北上广深近百个热门商圈服务点，与免费上门服务相结合，为用户提供全面且便捷的服务。用户只需要登录爱回收官网即可对自己的闲置手机进行线上估价。用户通过填写线上问卷，选择目前手机的型号、成色、是否进水等，爱回收的线上价格引擎便会给到一个合理的回收报价。回收方式上，爱回收致力于为用户提供最为便捷的回收体验。用户可以选择免费上门（北上广深）、门店交易（北上广深）、快递邮寄（全国）三种方式完成回收。

  爱回收发布的 2020 年数据显示，其年支付成交金额突破 255 亿元，年支付成交量 2 718 万单，营收与净利润实现双增长且增速亮眼，持续全面盈利。2021 年第一季度爱回收数据战报显示，从 2020 年 Q2 起，公司连续实现季度盈利，爱回收 C2B 回收业务达第二名 3 倍以上，拍机堂 B2B 业务达第二名 6 倍以上，拍拍 B2C 业务达第二名 1.5 倍。作为国内二手 3C 电子产品交易平台的头部玩家，手握 3C 品类供应链，爱回收成为目前二手回收 3C 赛道上仅有的实现全面盈利的企业，业务已覆盖中国、印度、美国、巴西等世界主流二手数码自由贸易市场，这也成为其冲击资本市场的一大底气。

  资料来源：快资讯 http://www.360kuai.com/pc/91c4965a45df19442?

  结合上述资料分析：

  （1）爱回收网站快速发展的原因有哪些？

  （2）爱回收网站的物流类型有哪些？你认为哪种形式的发展趋势更好？

第 9 章 电子商务冷链物流

 **本章要点**

1. 理解冷链物流的含义及构成
2. 熟悉电子商务冷链物流的特点和行业标准
3. 了解电子商务冷链物流的运作模式
4. 了解电子商务冷链物流的主要硬件设备

 **案例引入**

备战"618":看苏宁和京东的冷链物流商业模式

在消费升级的推动下,冷链物流成为零售业和生鲜行业的主要基础设施。但根据相关数据统计发现,我国 90%的冷链企业都是区域性的,以运输为主,也就是说我国当前的冷链物流领域整体上还是处于比较散乱的状态。

新零售的兴起也推动了冷链物流的发展。由于生鲜食品极易腐烂,为了确保食材的品质,就要不断提高物流运输能力,因此冷链物流成了各路商家竞争的焦点。在"618"全球年中购物节中,苏宁和京东的战役从电商打到新零售;现在在冷链物流业中,两家也要一决高下。

1. 京东冷链物流特点:重技术

京东组建的生鲜冷链项目,依托于京东的自营配送体系,在生鲜冷链物流领域抢占"最后一公里",通过整车专送的模式,满足客户点对点的冷链运输需求,为商家提供多场景和一体化的同城冷链运输服务。

目前,京东冷链正在向 TOB 转型,聚焦冷链行业的发展趋势,打造精准的 F2B2C 一站式冷链服务平台,对货主、物流企业及货车司机等资源进行整合,通过平台模式为用户提供点对点的整车专送服务。这一方案可以有效解决冷链物流行业信息不对称或资源散乱等问题。

为提高物流管理效率,物流科技就成了京东冷链供应链体系中的重点。例如,智能 WMS 系统使订单全流程可视化,减少了低效的沟通;通过智能搬运和无人分拣设备等减少了人力成本,使管理效率提高。在冷链运输过程中,通过电子栅栏、恒温监测等设备,对产品信息进行随时处理和反馈,确保了产品质量。

京东冷链物流在大数据、人工智能、物联网技术等方面进行前瞻性布局,加快了人、货、场的数据升级,突破了冷链行业的技术瓶颈。

2. 苏宁冷链物流特点:重流程

在新零售战略下,冷链物流已经成为苏宁商业模式的重要推动力。在过去一年多的时间里,苏宁物流建立了 46 个冷链仓,已经在全国众多三四线城市中采用了冷链物流,可以说苏宁目前已成为国内冷链物流的佼佼者。

对冷链物流企业进行衡量主要是通过速度和广度这个指标,但这并非是苏宁对物流进行衡量的唯一标准,苏宁以标准化为驱动为用户体验升级做出创新。

(1)建立全流程运营标准。苏宁冷链物流在制冷结构、仓库结构、节能设计等方面采用标准化建设,并严格执行,确保生鲜商品品质。

(2)物流服务流程。苏宁冷链物流采用供应链一体化的服务流程设计,目前已经在全国 13 个城市中建立现代化多温区冷库,包括冷藏、冷冻、恒温等,为不同的生鲜品类提供合适的储存温度。

(3)精细化运营。随着用户对生鲜产品需求的不断增加和对产品品质要求的提高,苏宁冷链在生鲜产品供应链的每一个环节都实行精细化运营,如仓储、包装、预冷、运输、配送等各个环节都进行差异化的温控配送。随着生鲜消费结构的升级,冷链物流领域由于其自身模式的局限性,从产品到生态的整个过程都需要经历很长的培育过程,随着冷链配送在生鲜电商企业中优势更加明显,冷链物流必将受到更多资本的追捧。

思考:为什么京东、苏宁纷纷进入冷链物流领域?电子商务冷链物流市场发展的趋势如何?

资料来源:搜狐网

9.1 电子商务冷链物流认知

随着电子商务经营品类的不断扩大,越来越多的农产品、生鲜食品、冷冻食品及冷链药品等物品都成为电子商务物流的运营对象。由于这些物品的特殊性,低温、冷链的运输与配送成为电子商务物流重要的基础设施。

9.1.1 冷链物流的概念

冷链物流泛指冷藏冷冻类食品在生产、贮藏运输、销售到消费前的各个环节中始终处于规定的低温环境下,以保证食品质量,减少损耗的一项系统工程。它是以冷冻工艺学为基础、以制冷技术为手段的低温物流过程。

冷链物流多应用于食品行业,对于保证食品质量安全具有重要的价值。首先,冷链物流提高了食品的保鲜能力,延长了食品的存储期,可以满足人们对新鲜食品的需求。其次,通过流通环节控制食品的温度,减缓食品腐坏速度,减少了产品损耗量。最后,冷链物流可以实现装卸货物时的封闭环境、储存和运输等,为食品的安全输送提供了保证。

冷链物流涉及物流的运输、储存、装卸搬运等各个环节,是一个系统性工程,一般由七部分组成。

(1)温控保温冷库。即主要对储藏物品的湿度、温度提供精确保障,包括恒温恒湿冷库。

（2）冷链仓储。一般用于生鲜农产品类，通过仓库对商品与物品进行储存与保管。

（3）冷链传输。在一定温度下，通过对所需的传输机械设备、器具的使用，实现对生鲜农产品的分类拣选、包装。

（4）冷链装卸。冷链装卸时要进行物品温度的检测和监督，其中冷藏、冷冻物品的卸货时间需要按规定要求，对卸货车辆与卸货仓库进行密封处理，保证卸货期间物品温度升高控制在允许范围内，并且在卸货作业中断时即时关闭运输设备的厢体门，保持制冷系统正常运转。

（5）冷链信息化控制。信息技术是现代冷链物流的神经系统，易于实现对企业全部资源进行战略协同管理，降低冷链物流成本。冷链物流信息化系统关键技术包括信息采集与跟踪技术、信息传输与交换技术、信息处理技术等。

（6）冷链运输。冷链运输是指在运输全过程中，无论是装卸搬运、变更运输方式还是更换包装设备，都使所运输货物始终保持一定温度的运输。冷链运输方式可以是公路运输、水路运输、铁路运输、航空运输，也可以是多种运输方式组成的综合运输。

（7）冷链检疫检验。冷链检疫检验需要建立规范有序的食品检疫检验工作，安排专人管理运输量大、距离远和污染概率高的运输工具，做好常规的清洗、消毒等卫生处理工作，并落实冷链物流的实时监控和温度记录工作，确保食品在运输过程中质量状态符合要求，保障进口食品安全卫生。

9.1.2 电子商务冷链物流的特点

随着电子商务的发展逐渐深入到各行各业，电子商务冷链物流的需求剧增，其中主要来自生鲜食品冷链和药品冷链两方面。在物流配送过程中，生鲜食品和药品的质量和安全保障至关重要，而冷链物流的目的是保证易腐生鲜物品的品质及冷链药品的有效性。因此，电子商务冷链物流具有以下几个特征。

1. 复杂性

冷链物流必须遵循 3T 原则，即物流的最终质量取决于冷链的储藏温度（Temperature）、流通时间（Time）和产品本身的耐储藏性（Tolerance）。冷藏物品在流通过程中，其质量随着温度和时间的变化而变化，不同的产品都必须有对应的温度控制和储藏时间。这就大大提高了冷链物流的复杂性，所以说冷链物流是一个庞大的系统工程。

2. 协调性

由于易腐生鲜产品不易储藏，这就要求冷链物流必须高效运转，物流过程中的运输、装卸搬运、储存、配送等每个环节都必须相互协调、相互合作，不能出现断链情况，这样才能保证整个链条的稳定高效运作。因此，冷链管理必须从产品的生产、储存、运输、销售等诸多环节上进行控制，保证物流环节的协同。

3. 高成本性

为确保易腐生鲜产品在流通各环节中始终处于规定的低温条件下，必须使用冷藏车或低温仓库，因此需要投资冷库、冷藏车等基础设施、设备，成本是一般库房和干货车辆的 3～5 倍。同时，在电子商务物流配送过程中，为保证产品质量，需要配备恒温车或冷藏配送车等设备，这些都需要较高的资本投入。冷链物流作为物流业务中基础设施、技术含量都很高的高端物流，使得冷链物流的成本要比其他物流系统成本偏高。

4. 高技术性

冷链物流对技术要求高，其中冷链所包含的制冷技术、保温技术、产品质量变化机理和温度控制及监测等技术是支撑冷链的技术基础。同时，为提高物流运作效率，冷链物流还必须采用先进的管理信息系统，一方面保证冷链物流各环节之间的协同，另一方面要对食品类产品的产地进行严格管理、追踪，对于特定的商品还要追溯原产地。冷库对温度控制要求很严格，必须使用带有温度传感器的 RFID 进行全程温度控制，出入库作业要求高。

5. 作业要求高

冷藏物流产品的最终质量取决于其在冷藏链中贮藏和流通的时间、温度，以及产品耐藏性。由于冷藏产品在流通中会因时间、温度的变化而引起品质降低的累积和不可逆性，因此要对不同的产品品种和不同的品质要求有相应的产品温度控制和贮藏时间的技术经济指标，在进行出入库作业过程中也要遵循冷链产品的特点进行管理和控制。因此，冷链物流的作业难度大，作业的精准度要求高。

6. 政策法规要求高

冷链物流产品的质量安全直接关系到消费者的健康与安全，因此相关政策法规对冷链物品的要求更加严格。《中华人民共和国食品安全法》（2021 修正）就食品运输问题做了特别阐述，关注食品在整个供应流程中的安全监控，要求冷链不能断裂，在食物贮藏、配送过程中应始终处于受控的低温状态。安全性要求对物流商的资质、硬件、软件及 IT 信息技术提出了更高的要求。

9.1.3 电子商务冷链物流的分类

电子商务冷链物流可按冷链物流的环节和物品品类进行划分，如表 9-1 所示。

表 9-1 电子商务冷链物流分类

分类依据	类 型
按照冷链物流的环节划分	冷藏加工
	控温贮藏
	冷藏运输
	冷藏配送
按照物品品类划分	生鲜食品冷链物流
	冷冻食品冷链物流
	冷藏药品冷链物流

1. 按照冷链物流的环节划分

（1）冷藏加工。这是指在开始销售前进行冷藏物品的简单加工，包括肉类、鱼类的冷却与冻结，以及果蔬的预冷与各种速冻食品的加工等。

（2）控温贮藏。这是指在仓库中的储存环节，包括食品的冷藏和冻藏，也包括果蔬的气调贮藏。这个环节主要涉及各类冷藏库、冷藏柜、冻结柜及家用冰箱等冷链物流基础设施。

（3）冷藏运输。这包括冷藏食品的中、长途运输及区域配送等，主要涉及铁路冷藏车、冷藏汽车、冷藏船、冷藏集装箱等低温运输工具。在冷藏运输过程中，温度的波动是引起食品质量下降的主要原因之一，因此运输工具必须具有良好的性能，不但要保持规定的低温，更要防止大的温度波动，长距离运输尤其如此。

（4）冷藏配送。这是指由商家仓库配送到消费者手中的环节。由于需要冷藏或冷冻，在这个环节需要大量的低温或恒温配送车,或者通过冷藏包装进行配送,以保证冷链物品的质量。

2. 按照物品品类划分

(1)生鲜食品冷链物流。生鲜食品是电子商务平台销售的商品中非常重要的品类之一,也是各大电商平台大力发展的项目。生鲜食品主要包括:新鲜水果、蔬菜,海鲜水产,新鲜肉类,如草莓、水蜜桃、鱼类、猪肉、鸡翅等。这类物品的保质期较短,物流配送过程中易损耗,品质受物流影响非常大,因此对于冷链物流要求较高。生鲜食品一般适用于较短距离范围的冷链物流,主要使用低温、恒温的运输仓储设施设备。

(2)冷冻食品冷链物流。冷冻食品范围较广,需要在-18℃冷冻储存的食品,主要包括冷冻肉类、肉制品、冷冻面食、冰激凌等。这类物品对于冷冻条件要求较高,需要全程保证不融化,否则会影响产品质量,因此对于冷链物流的设施、设备要求较高,一般需要冷冻柜、冷藏车等。

(3)冷藏药品冷链物流。为保证质量,冷藏药品需要在一定的温度范围内储存和运输。随着电子商务品类的丰富,冷藏药品也成为电子商务平台重要的销售品类。商家一般需要具备冷藏的基本设施,如冰箱、冷藏柜等。同时,物流配送的各个环节也要保证在一定的范围之内,因此对电子商务冷链物流提出了更高的要求。

9.1.4 电子商务冷链物流的适用范围

电子商务冷链物流主要服务于电子商务企业的经营,其适用范围主要包括三类。

1. 初级农产品

初级农产品主要包括:蔬菜、水果,肉、禽、蛋,水产品,花卉产品。这类产品一般需要保持恒温或低温,对冷链物流要求不高。

2. 加工食品

加工食品主要包括:速冻食品,禽、肉、水产等包装熟食,冰激凌和奶制品,巧克力,快餐原料等。这类产品一般需要保持在较低温度下,需要配备专业的冷链设施设备,对冷链物流要求较高。

3. 特殊商品

特殊商品主要包括需要冷藏的药品等,一般需要保持低温的储存环境,对冷链物流各个环节的协同配合要求较高。

冷链物流比一般常温物流系统的要求更高、更复杂,建设投资也要大很多,是一个庞大的系统工程,因此对电子商务企业来说是一个重要的投资,一般只有大中型电子商务企业才有这个实力来开展冷链物流的活动。比如,京东生鲜板块根据商品的不同特点将生鲜商品划分为新鲜水果(如草莓、车厘子)、海鲜水产(如海鲜礼盒、鱼类、贝类)、精选肉类(如鸡翅、猪肋排、牛排)、冷饮冻食(如酸奶、冰激凌、牛奶)、蔬菜蛋品(如水培蔬菜、生菜)等几类,采用全程冷链物流配送,保证了商品质量安全。

如图9-1所示的京东生鲜板块中销售新鲜水果、海鲜水产、精选肉类、冷饮冻食及蔬菜蛋品,这些产品都需要冷链物流。

图 9-1 京东生鲜板块

9.2 电子商务冷链物流市场分析及运作模式

冷链物流产业链发展较为成熟，形成了较为完整的上、中、下游产业链条。电子商务冷链市场的迅速发展加大了对冷链物流市场的需求，促使电子商务冷链物流市场多样化发展，使众多物流企业加入冷链物流市场，丰富了电子商务冷链物流的运作模式。

9.2.1 电子商务冷链物流市场分析

1. 冷链物流市场发展

我国冷链物流已经形成了较为成熟的产业链，其中产业链上游为冷链物流的制造环节，包括冷冻装置的制造和冷冻技术支持等；中游为冷链物流的运输及仓储环节，主要包括运输环节、仓储环节和其他环节；下游为冷链物流的应用环节，主要包括农产品冷链物流、药品冷链物流及化工冷链物流等。冷链物流环节构成如图 9-2 所示。

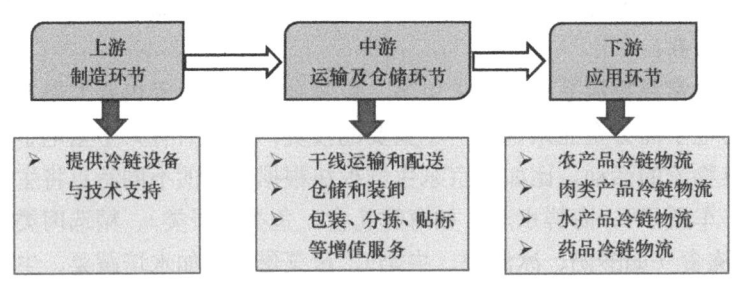

图 9-2 冷链物流环节构成

（1）冷链物流上游集中度高，较为成熟。我国冷链物流产业链上游行业为冷藏设备的制造及技术提供支持。由于冷藏设备属于特种装备制造，因此具有较强的技术壁垒，行业集中度较高，发展较为成熟。比如，大连冷冻机股份有限公司生产的冷冻冷藏设备广泛应用于便利店，与盒马鲜生、京东、金时便利、罗森便利等重点客户进行有效合作；青岛海容商用冷链股份有限公司主营冷藏商用展示柜，产品覆盖冷饮、速冻食品、啤酒、饮料、乳业、连锁超市等众多下游行业；冰轮环境技术有限公司主要从事低温冷冻设备制造及应用系统集成、工程成套服务，广泛服务于食品冷链、物流、医药等行业。

（2）中游冷链物流行业发展迅速。在我国冷链物流行业的价值链条中，中游行业由运输环节（包括干线运输和配送）、仓储环节（包括仓储和装卸）及其他环节（包装、分拣、贴标等增值服务）构成。其中，运输环节所产生的价值最高，约占整个产业价值的 40%；仓储环节和其他环节平分秋色，各占价值链条的 30%。近几年，生鲜电商需求的爆发式增长，进一步带动了冷链物流行业的快速发展。2019 年冷链物流行业的市场规模达到 3 391 亿元，同比增长 17.5%。中国物流与采购联合会冷链委发布了 2019 中国冷链物流百强企业名单，其中顺丰速运、京东物流和希杰荣庆位列前三，行业龙头企业相对稳定。

（3）下游冷链物流需求增长迅速。随着我国居民人均可支配收入的不断增长及食品安全意识的逐渐升级，人们的观念从以前的吃得饱逐渐转为吃得好、吃得卫生。这种观念上的转变对农产品、乳制品、肉类加工品等食物的安全问题提出了进一步要求，从而导致市场对冷链物流需求的迅速增长。同时，随着冷链运输配送药品的需求增加，药品冷链物流也快速增长。

2. 电子商务冷链物流市场发展

电子商务冷链物流主要应用于食品零售类及医药类产品行业，从产业链环节看主要集中于冷链物流中游和下游环节，主要涉及运输、仓储、配送等中间环节。

（1）生鲜冷链物流发展快速。随着生鲜电子商务的快速发展，电子商务冷链物流市场也迅速发展。据艾媒咨询数据显示，2019 年中国生鲜电商市场交易规模达到 1 620 亿元，2020 年生鲜电商市场规模超过 2 600 亿元，其中用户线上消费生鲜水果与食品饮料增速远高于其他品类，分别为 27.6%与 17.3%。在此背景下，生鲜电商平台规模拓展迅速。在冷链物流服务的行业中，食品占比高达 90%；食品细分品类中，生鲜水果与蔬菜肉类占到了较大的比例。2020 年以来，无接触式配送要求更是推动了线上经济的爆发，生鲜电商的发展为冷链物流市场的扩大提供了更大的助力。

（2）医药冷链物流增长迅速。2020 年，我国医药物流总额达 3.8 万亿元，冷链运输的药品市场规模达 1 200 亿元。在流通环节，药品的运输要求全程冷链，一旦运输途中出现温度异常就会产生不可逆的后果。顺丰、生生物流、京东、DHL 等企业都在不同程度上介入医药冷链物流，原有流通巨头国控、上药、华润、九州通等也纷纷加码物流配送中心的建设，部署冷链配送业务。越来越多的企业入驻医药冷链运输领域，带动了医药冷运的进一步发展。

（3）电子商务冷链物流企业多样化。随着电子商务的快速发展，不同行业的物流企业纷纷加入电子商务冷链物流市场。目前，电子商务冷链物流企业主要包括三类。第一类是实力雄厚的电商平台，如阿里巴巴、京东、苏宁易购等，它们依靠背后强大的订单量和数据支撑自建冷链物流，从而完成了冷链物流配送环节。这一类企业便于对冷链物流进行全方位的控制和管理，因此冷链物流成为电商平台发展的重要推动力。例如，京东冷链物流于 2019 年正式开通"武汉亚洲一号"生鲜仓库，推出冷链自提柜"鲸鲨"品牌，上线货柜产品，冷链仓库日均订单处理能力达百万件。

第二类是顺丰、中通、圆通等快递巨头，基于自身在物流运输网络方面的深厚底蕴进行冷链布局。这类企业借助自身完善的物流基础设施和网络，提供和完善冷链物流业务。例如，顺丰冷运在整合原有物流、电商、门店等资源的基础上，为生鲜食品行业客户提供冷运仓储、冷运干线、冷运宅配、生鲜食品销售、供应链金融等一站式解决方案。截至 2020 年年底，顺丰冷运开通运营 26 个食品仓，总面积 15 万 m^2；开通运营食品干线 143 条，覆盖 117 个城市；自有食品冷藏车 256 辆，1.4 万余辆外包储备冷藏车，皆配备完善的物流信息系统及自主研发的 TCEMS 全程可视化监控平台，贯通东北、华北、华东、华南、华中、华西等重点核心城市，提供专业、高效的运输服务。

第三类是第三方供应链服务平台，如鲜易供应链、九曳供应链等。其中，九曳供应链是国内领先的一站式智慧生鲜供应链服务平台，致力于成为生鲜供应链的合作伙伴和赋能者。基于国内唯一自主研发的全品类生鲜仓储管理系统和专业仓干配运营体系，通过建立"去中心化"的智慧冷链物流骨干网，九曳供应链服务于全球 1 500 余家生鲜电商、农牧渔食品企业，其中覆盖了中国 90%的冰激凌品牌。

9.2.2　电子商务冷链物流运作模式

1．仓储型模式

仓储型模式主要以从事低温仓储业务为主，为客户提供低温货物储存、保管、中转等仓储服务，主要的冷链基础设施是冷库。在仓储型模式中，代表性企业主要有太古冷链、普菲斯、上海郑明现代物流有限公司。

2．综合型模式

综合型模式以从事低温仓储、干线运输及城市配送等综合业务为主。和单一的冷链物流企业不同，其业务比较广泛，涉及仓储、运输和配送等各个方面。代表性企业有招商美冷、上海广德、北京中冷等。

3．城市配送型模式

城市配送型模式以城市低温仓储和配送一体化为主，冷链配送车在城市中运行。这种模式在冷链物流行业中最为常见，主要服务于超市供应商、超市配送中心、连锁餐饮配送中心、生鲜电商等四类客户。代表性企业有上海新天天、深圳南极冷链等。

4．运输型模式

运输型模式主要以从事货物低温运输业务为主，包括干线运输、区域配送及城市配送。目前中国冷链物流行业按此种模式运营的代表企业有双汇物流、荣庆物流、众荣冷链物流等。其中，除荣庆物流属于传统物流转型外，双汇物流和众荣冷链物流都是从企业物流逐步发展成物流企业的。双汇物流隶属于双汇集团，而众荣冷链物流脱胎于众品集团。双汇和众荣在其发展过程中，都离不开冷链物流的支撑，随着企业规模的不断扩大，之前的物流部门逐渐演变成了物流企业。

5．供应链型模式

供应链型模式是指围绕核心企业，通过对信息流、物流、资金流的控制，从采购到终端整个过程提供低温运输、加工、仓储、配送服务，然后由分销网络把产品送到消费者手中。总的来说，就是将供应商、制造商、物流商和分销商连成一个整体的功能网链结构。这种商业模式比较先进，是国内最近两年才兴起的。代表性企业有九曳供应链、鲜易供应链、武汉良中行等。

6．平台型模式

在冷链物流迅猛发展的今天，平台型模式依然存在着散乱的问题。面对资源信息的不对称，一些平台型冷链脱颖而出。该模式是指以大数据、物联网技术和 IT 技术为依托，融合物流金融、保险等增值服务，构建的"互联网+冷链物流"的冷链资源交易平台。代表性企业有链四方、找冷链、冷链马甲等。

7. 电商型模式

电商型模式主要指生鲜电商企业自主建设的冷链平台。除自用外，该模式还可以为电商平台上的客户提供冷链物流服务。代表性企业有顺丰冷运和京东冷链。其中，京东物流早在2014年开始打造冷链物流体系，2018年正式推出京东冷链。京东冷链专注于生鲜食品和医药物流，依托冷链仓储网、冷链运输网、冷链配送网三位一体的综合冷链服务能力，以产品为基础，以科技为核心，通过构建社会化冷链协同网络，打造全流程、全场景的F2B2C"一站式"冷链服务平台，实现对商家与消费终端的安心交付。

9.3 电子商务冷链物流行业标准及硬件设备

电子商务冷链物流行业的发展，一方面要遵守相应的国家标准和行业标准，另一方面还要积极探索和制定新的行业标准，以适应电子商务及冷链物流的技术更新与市场需求。同时，冷链物流的硬件设施是保证电子商务冷链物流科学、高效发展的重要基础设施，随着电子商务的发展及技术的进步，电子商务冷链物流行业的硬件设备也在不断创新发展。

9.3.1 电子商务冷链物流行业标准

1. 冷链物流主要国家标准

为保障冷链物流的行业规范性，我国设定了8项冷链物流的常用标准，分别从冷链分类、信息管理、追溯管理、冷藏/冷冻食品物流、易腐食品控温、保温车、冷藏车、冷库设计等方面做了相关规定，如图9-3所示。这些标准对冷链物流基础设施的设计、建设，以及冷链物流的运作、管理等进行了详细的规范，对促进电子商务冷链物流的科学、高效运行提供了重要保障。

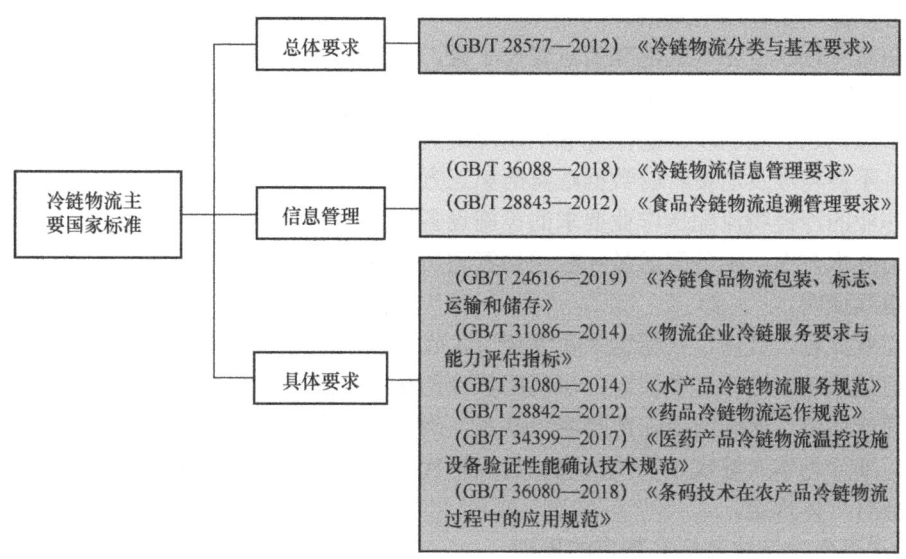

图9-3 我国冷链物流主要国家标准

> **知识拓展**
>
> **中华人民共和国国家标准**
>
> ➢ 中华人民共和国国家标准,简称国标,是包括汉语编码系统的国家标准码,由在国际标准化组织(ISO)和国际电工委员会(或称国际电工协会,IEC)代表中华人民共和国的会员机构——国家标准化管理委员会发布。1994 年及之前发布的标准,以 2 位数字代表年份。1995 年开始发布的标准,标准编号后的年份,以 4 个数字代表。
>
> ➢ 国家标准包括:强制性国家标准,代号为"GB";推荐性国家标准,代号为"GB/T"。除此之外,还有行业标准、地方标准、团体标准、企业标准等。
>
> ➢ 相关标准可以在全国标准信息服务平台(http://std.samr.gov.cn/)查询。

中国物流与采购联合会冷链物流专业委员每年都会整理发布《中国冷链物流标准目录手册》,对我国已经发布实施的冷链物流相关标准进行统计。目前冷链物流相关标准已达 200 多项,主要为基础标准、设施设备标准、技术作业与管理标准等 8 个大项,但均未涉及冷链末端配送标准,而随着冷链末端配送的日益迅猛发展,冷链末端配送作业规范制定变得尤为重要。

2. 电子商务冷链物流行业标准

为进一步规范电子商务冷链物流配送,2018 年在我国电子商务交易保障(客体)追溯信息共享工作部署与国家质量基础共性技术研究背景下,《电子商务冷链物流配送服务管理规范》标准起草组成立,开始了电子商务冷链物流配送标准的制定工作。2020 年国家市场监督管理总局和国家标准化管理委员会发布了《电子商务冷链物流配送服务管理规范》(GB/T 39664—2020)国家标准,于 2021 年 7 月 1 日开始实施。该标准规定了电子商务冷链物流配送的基本要求、管理要求、作业流程及要求、评审及改进等,适用于电子商务冷链物流配送服务提供方对配送作业服务的管理,不适用医药冷链物流配送。该标准明确了电子商务冷链配送是从配送站递送到消费者且全程处于配送商品所要求的温度下的物流活动,并且从管理要求、作业流程等方面提出了详细的规范。

(1)信息管理。首先,应建立信息管理平台,并且具备订单跟踪、温度监测、信息查询、客户反馈等功能,利用平台对单据、库存、运输、配送等进行全面管理。其次,应建立追溯管理制度和信息记录管理制度,确保能够识别冷链货物及交付记录的关系,对货物配送的全流程进行评估,不得将涉及消费者的数据泄露给第三方。再次,应具备满足收货、暂存、分发、配送及特殊作业的冷链物流配送作业要求的设施设备,包装及温控材料符合相关国家标准规定。最后,人员要求方面,配备配送员和配送站管理员,并应经过专业培训后上岗,而且相关人员应持有效健康证明。

(2)作业流程。首先,在配送站暂存环节,收货应使用数据采集器等相关设备进行扫描清点,并在信息系统中进行订单核对;垛码应按冷链货物种类码放整齐,确保货物质量。其次,在配送员递送环节,配送前要提前与客户联系,确认收货人、收货时间和收货地点;交付过程中,收货应细分为本人签收、委托代收、自提柜代存和驿站代存等。最后,对返件处理和商品撤回,也应有具体规定。

3. 电子商务冷链物流标准制定的原则

电子商务冷链物流标准制定需要遵循 6 个原则,如图 9-4 所示。

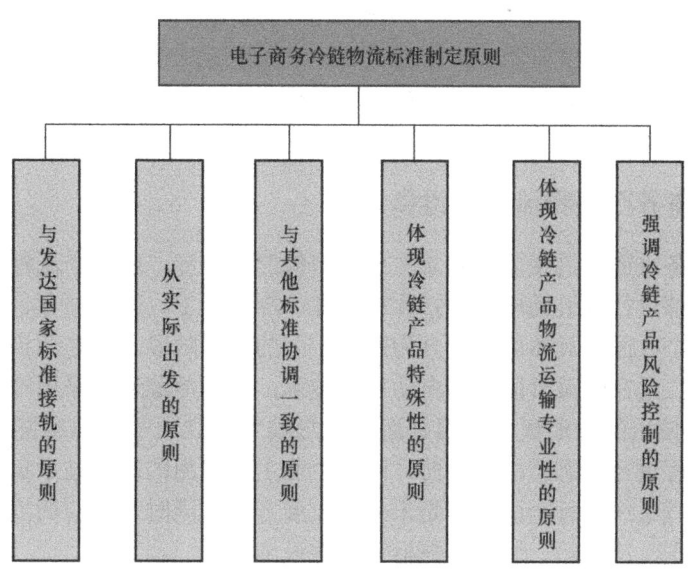

图 9-4　电子商务冷链物流标准制定原则

（1）与发达国家标准接轨的原则。美国、日本和欧盟等国家在冷链产品的温控、包装、储存、加工、运输、配送、售后等方面都有可以采纳的规定要求，许多要求表现在政府法令、地方规定或企业标准等方面。我国电子商务冷链标准也要考虑国内企业的可承受范围，在标准具体技术规定部分，以多年冷链物流配送作业经验为基础、以冷链产品具体操作模式与运作质量为核心、以作业标准流程为依托，保证运输产品的冷链度与安全度。

（2）从实际出发的原则。电子商务冷链物流标准制定过程中，要征求国内知名冷链电商、物流企业、包装企业的专业意见，充分考察国内同行企业的实际操作，充分反映企业现状实际，做到标准为企业服务、为推动冷链行业发展服务。

（3）与其他标准协调一致的原则。电子商务冷链物流标准制定过程中，要充分调研国内现有冷链产品的温控、运输、储存、流通加工、安全卫生、包装、配送服务等相关国家、行业及地方标准，在内容、术语、标准要求上尽量与其他标准保持协调一致，尤其要将优秀的行业标准、地方标准或企业标准要求采纳到新编制的标准中。

（4）体现冷链产品特殊性的原则。冷链产品是客户购买频率较高、与消费者日常生活关系密切的需求性产品。相较于其他一般的产品，冷链产品容易腐败变质，具有季节性、保鲜性、温控要求高等特点。为保证冷链产品质量安全，保证消费者能吃到安全放心的冷链产品，涉及冷链产品的储存、加工、运输和配送等各环节的所有行为都应严格遵守国家产品管理法律、法规的相关规定，同时遵守安全、环保、卫生等一般法律法规的规定。

（5）体现冷链产品物流运输专业性的原则。专业的冷链产品物流不仅应符合各类冷链产品储运温（湿）度环境要求的各项规定，具备运输、储存冷链产品相适应的设施设备和卫生条件，还应具备满足冷链物流配送作业要求相应的集发派单、暂存、配送及异常作业等配套基础设施条件，实现对冷链产品的全流程组织与管理，以人员、设施设备、信息系统、包装及卫生要求等方面为主要抓手，实现对冷链产品全程温控、配送服务等方面的全面提升，满足客户体验冷链服务的幸福感。

（6）强调冷链产品风险控制的原则。为保证冷链产品质量与安全，冷链产品的风险控制应贯穿于从生产地到消费者手中的全过程，实现风险的识别、控制和规避，在信息系统中设置"最后一公里"配送具备温度监测、异常提示、异常报警等功能。同时，冷链物流配送服务提供方还需具备异常作业高效处理、配送人员管理考核、安全卫生要求、温度检测等管控方案，提升服务品质，有效控制风险。

9.3.2 电子商务冷链物流硬件设备

成熟的电子商务冷链物流涵盖产品从生产到销售的全过程，而整个流程是对生产、加工、储存、销售等过程都进行冷链处理，包括预冷处理、冷链加工、冷链储存、冷链运输和配送，以及冷链销售等几个方面，具体可以划分为四个不同的技术阶段。一是源头采用真空预冷技术和冰温预冷技术；二是在贮藏阶段采用自动冷库技术；三是冷藏运输采用冷藏车、铁路冷藏车和冷藏集装箱配套使用的物流模式；四是运用信息技术建立电子虚拟冷链物流供应链管理系统，对产品链全过程进行动态监控。目前，国内企业主要采用的冷链技术集中在贮藏和冷藏阶段，实现供应链管理系统进行全面温控是未来的发展方向。同时，相应的冷链物流硬件设备主要涉及冷库、冷藏车、冷藏箱、制冷自提柜等硬件设施。

1. 冷库

冷库主要指用人工手段，创造与室外温度或湿度不同的环境，也指对食品、液体、化工、医药、疫苗、科学试验等物品的恒湿贮藏设备。冷库通常位于运输港口或原产地附近。冷库主要用作对食品、乳制品、肉类、水产、禽类、果蔬、饮料、花卉、绿植、茶叶、药品、化工原料、电子仪表仪器、烟草、酒精饮料等半成品及成品的恒温恒湿贮藏。冷库属于制冷设备的一种，其与冰箱相比较制冷面积要大很多，但它们有相通的制冷原理。

（1）冷库设备组成。冷库主要由制冷系统和库房组成。制冷系统是冷库的核心，保证冷库的冷源供应。库房的作用是保温隔热，最大限度地减少制冷机组制造的冷量向外泄露以维持低温环境。一般冷库多由制冷机制冷，利用汽化温度很低的液体（氨或氟利昂）作为冷却剂，使其在低压和机械控制的条件下蒸发，吸收贮藏库内的热量，从而达到冷却降温的目的。最常用的制冷设备是压缩式冷藏机，主要由压缩机、冷凝器、节流阀和蒸发管等组成。按照蒸发管装置的方式，冷却可分直接冷却和间接冷却两种。直接冷却是将蒸发管安装在冷藏库房内，液态冷却剂经过蒸发管时，直接吸收库房内的热量而降温。

（2）冷库储存的物品种类。从储存物品的种类看，电子商务冷链物流的冷库主要存储食品类和药品类物品。其中，食品冷库是用于食品冷冻和冷藏的建筑物，它通过人工制冷的方法，使库内保持一定的低温。为减少外界热量的传入，冷库的地坪、墙壁和屋顶都敷设一定厚度的防潮隔气层和隔热层。在食品冷库工程管理中，应根据食品冷库的特性，实行科学管理，以保证安全生产，达到延长使用寿命、降低生产成本、节约维修费用、提高企业经济效益的目的。

药品冷库的温度一般为 2℃~8℃，主要冷藏储存在常温条件下无法保质的各类医药产品。在低温冷藏条件下，冷藏能使药品不变质失效，延长药品的保质期，达到医药监督局的技术要求。药品冷库具有冷藏保鲜、制冷速度快、功能齐、省电节能等多项优点，并且采用最先进的低噪声进口谷轮制冷机组，提高了制冷效率，降低了冷库的能耗。药品冷库如图 9-5 所示。

（3）冷库的结构种类。冷库是一种低温冷冻设备，冷冻温度一般在-30℃——-10℃，存储冷冻物品的量比较大。从不同的角度划分，冷库可以分为不同的类型。按结构形式划分，主要冷库有土建冷库和装配式冷库。按使用性质划分，冷库主要有生产性冷库和分配性冷库。按规模大小划分，冷库主要有大型冷库、中型冷库和小型冷库。按冷库制冷设备选用物质划分，冷库主要有氨冷库和氟利昂冷库。按使用库温要求划分，冷库主要有高温冷库、低温冷库和冷藏冷库。

图9-5 药品冷库

知识拓展

冷库分类

➢ 按冷库规模划分：大型冷库，公称容积大于 20 000m³以上；中型冷库，公称容积在 5 000~20 000m³；小型冷库，公称容积小于 5 000m³。

➢ 按冷藏设计温度划分：高温冷库（恒温库），设计温度为 5℃~15℃；中温冷库，设计温度为-5℃~5℃；低温冷库（冷冻库），设计温度为-25℃~-18℃；超低温冷库（深冷库），设计温度为-60℃~-45℃；速冻库（急冻库），设计温度为-40℃~-35℃；保鲜库（气调库），设计温度为-2℃~5℃。

除此之外，冷库按照生产地和销售地来区分，可以把区域分拨型冷库、城市配送型冷库及市场型冷库归为销售地冷库，把产地型冷库和生产型冷库归为生产地冷库。其中区域分拨型冷库、城市配送型冷库、市场型冷库占比分别为 20%、27%和 13%，即销售地冷库合计占比为 60%，而生产地冷库合计占比仅为 24%。这说明当前冷链"产地一公里"水平比较薄弱，田间地头冷库、预冷间等有很大的发展空间。

在冷链物流的所有环节中，冷库是最核心的设施，其投资在冷链建设的占比中也是最高的。从冷库建设规模来看，自 2015 年国家层面提出实施城乡冷链物流基础设施补短板的要求后，我国冷链基础设施建设正在加快推进。

2．冷藏车

冷藏车是指用来维持冷冻或保鲜的货物温度的封闭式厢式运输车，是装有制冷机组的制冷装置和聚氨酯隔热厢的冷藏专用运输汽车，常用于运输冷冻食品（冷冻车）、奶制品（奶品运输车)、蔬菜水果(鲜货运输车)、疫苗药品(疫苗运输车)等。

(1)冷藏车的构造。冷藏车由专用汽车底盘的行走部分、隔热保温厢体(一般由聚氨酯材料、玻璃钢、彩钢板、不锈钢等组成)、制冷机组、车厢内温度记录仪等部件组成,对于特殊要求的车辆(如肉钩车),可加装肉钩、拦货槽、铝合金导轨、通风槽等选装件。

冷藏车制冷机组是为冷藏车货柜提供源源不断的"冷"的重要设备,一般都加装在货柜的前面顶部,有空调般的外形,但比同体积的空调具有更强的制冷能力。制冷机组分为非独立制冷机组和独立制冷机组,区别在于独立机组完全通过另外一个机组发电来维持工作,非独立机组完全通过整车的发动机工作取力来带动机组的制冷工作。一般车型都采用外置式冷机,少数微型冷藏车采用内置式冷机。对于温度要求较低的冷藏车,可采取厢体内置冷板。冷藏车的制冷机组用于温度的调控,而厢体的作用是用于温度的保持。如果说制冷机组是能量的提供者,那么厢体就是能量的储存者。在冷藏车的三大部件中,制冷机组和保温厢体是最重要的,去除底盘后可以作为小型的保温库或冷藏库。保温厢体的选择一般遵循几个原则:保温性能好,重量轻,不易损坏。

(2)冷藏车的分类。从不同角度,可以将冷藏车划分为不同类型。按底盘生产厂家分类,有东风冷藏车、长安之星冷藏车、庆铃冷藏车、江铃冷藏车、江淮冷藏车、北汽福田冷藏车。按底盘承载能力分类,有微型冷藏车、小型冷藏车、中型冷藏车、大型冷藏车。按车厢形式分类,有面包式冷藏车、厢式冷藏车、半挂冷藏车。电子商务冷链物流中多以厢式冷藏车为主。厢式冷藏车如图9-6所示。

图9-6 厢式冷藏车

(3)冷藏车的特点。第一,密封性。冷藏车的货柜需要严格密封来减少与外界的热量交换,以保证冷藏柜内保持较低温度。第二,制冷性。加装的制冷设备与货柜连通并不断制冷,保证货柜的温度在货物需要的范围内。第三,轻便性。一般用冷藏车运输的货物都是不能长时间保存的物品,虽然有制冷设备,仍需较快地送达目的地。第四,隔热性。冷藏车的货柜类似集装箱,但由隔热效果较好的材料制成,减少了热量交换。

冷库和冷藏车是冷链两种最基本的基础设施,冷库在发达地区的建设逐渐饱和,但是冷藏车整体体量依然较小。我国冷藏运输目前主要以公路为主导,2020 年公路冷藏车市场达到 41 亿元,未来五年的复合增长率为 5%左右。市场对于节能、轻便、小型的冷藏车需求显著,目前大中型城市基本都采取了限制货运车辆进城的交通管制措施,在限制通行区域不断扩大的情况下,大型城市物流配送车辆无法有效保障冷链配送运行。在消费者对品质要求上升的推动下,由分销网点向消费者配送的"最后一公里"蓝海市场亟待发掘,适应城市配送需求特点的节能、轻型、小型冷藏车,是解决配送限制、保证食品品质的理想选择。

3. 冷藏箱

冷藏箱具有表面光滑、容易清洗、保温效果好、不怕摔碰的优点,可以针对不同需求设计不同大小,配着可重复使用的科技冰袋使用,如图 9-7 所示。冷藏箱的主要材料为高密度牛津布,这是一种环保性面料,密度高、保冷性极强、轻便、质地不软不硬、无毒,被称为环境专用材料。冷藏箱可根据客户需求进行设计制作,闭合封面附加橡胶密拉链,以充分满足客户要求。

图 9-7 冷藏箱

根据不同需求,冷藏箱分为高温冷藏型、常温冷藏型及低温冷藏型的冷藏箱。例如,临床医学上部分药物需要长期保存在零下温度的环境内,使用不耗能的冷藏箱是不行的,必须使用具有温度控制能力的冷藏箱。这一类冷藏箱具备温度采集、加热、制冷等能力,以确保药品品质。

根据保存物品的不同,冷藏箱可以分为食品冷藏箱和药品冷藏箱。其中,药品冷藏箱根据不同药品的冷链要求,有严格的温度控制标准。而电子商务冷链物流中常用的是食品冷藏箱,因为要接触食用材料,箱体材料必须使用无毒无味的环保材质。食品冷藏对温度的管控要求没有严格的标准值限定,食品冷藏箱在设计的时候要考虑到尽量多的空间容量。食品冷藏箱的保温性能相对专用的医用冷藏箱的冷藏保温性能要低一些,冷藏保温时效也差很多,对温度的精准控制也差一些。

一般来说,冷链物流中的冷藏箱具有如下特点:

(1)耐热耐冷。冷藏箱对耐热性耐冷性的要求比较高,在高温的水中不会变形,甚至可以用沸水消毒。

（2）耐用。冷藏箱要具有优越的耐冲击性，重压或撞击时不易碎裂，不会留下刮痕，可终身使用。

（3）密封。这是选择冷藏箱首要考虑的一点。虽然不同品牌的产品密封方式不同，但卓越的密封性是内存食物持久保鲜的必要条件。

（4）保鲜。国际上的密封测定标准是以透湿度测试来评定的，优质的冷藏箱要比同类产品的透湿度低200倍，可以更长时间保持食物的新鲜。

（5）多功能性、多样性。冷藏箱可以针对生活需要设计不同大小、配着可重复使用的科技冰袋使用，冰袋可以保冷也可以保热（冰袋最低可以被冷冻到-190℃，最高可以被加热到200℃，可以任意切割尺寸）。

（6）环保。食品级的环保LLDPE材料，无毒无味，抗紫外线，不易变色。

电子商务冷链物流中的冷藏箱主要用于"最后一公里"的配送环节，但是由于冷藏箱的配备需要一定的资金投入，同时需要配送的冷藏物品的数量及时间并不确定，因此我国大多数电子商务物流配送企业都没有配置相应的冷藏箱。

4．制冷自提柜

制冷自提柜是一种集成制冷、物联网、智能识别、动态密码、无线通信等技术的新型冷链物品寄收存储服务设施。制冷自提柜应用的主要场景是冷链物流末端的配送环节，也是末端配送环节在承受业务量高速增长和人力不足双重压力下出现的解决方案之一。社区的智能冷藏自提柜如图9-8所示。使用制冷自提柜设备后，配送员在一个区域的投递模式由原先的多点分散投递变为一个区域的集中投递，并且实现了"放货即走"，避免了二次投递的成本。同时，使用制冷自提柜对于冷链物品的质量也有保障，可以提高电子商务企业的配送服务水平和效率。

图9-8　社区的智能冷藏自提柜

制冷自提柜是一种特殊的商用冷柜，是当前电子商务物流快速发展的产物，有很多与众不同的特性和要求，需要针对性地另行规定生产和应用标准。在《中华人民共和国国家标准：制冷陈列柜》（GB/T 21001/ISO 23953）和行业标准《商用冷柜》（SB/T 10794）的基础上，我国于2020年8月20日又实施了一项行业标准《制冷自提柜》（T/CAR 4—2020），主要规范了制冷自提柜的温度分类、户外环境相关要求和特有的试验方法。该标准对制冷自提柜的生产制造和应用进行了规范。

2019年京东冷链和沙县小吃共同推出了两款鲸鲨冷链提货柜产品,其中鲸鲨旗舰产品以全国服务区域为主,鲸鲨社区产品以区域服务区域为主,分别针对两类订单:第一类是品牌商电商旗舰店的全国订单,第二类是品牌商社区拼团的城市订单。鲸鲨冷链提货柜具备低温+冷冻多温区远程监控功能,商品到柜后,客户、货主、客服中心均可实时监控货物的温度。新零售的蓬勃发展激发了消费者对生鲜产品的需求,但冷链领域服务商依然稀缺,不少物流企业和电商正在积极布局冷链物流。京东和沙县联合推出的冷链物流柜,或许将为未来冷链末端提供新的解决方案。

课后自测习题

一、选择题

1. 电子商务冷链物流适用于(　　)行业。
   A. 生鲜食品　　B. 药品　　C. 冷冻食品　　D. 水产品
2. 电子商务冷链物流的特点主要有(　　)。
   A. 复杂性　　B. 高成本性　　C. 高效性　　D. 高技术性
3. 电子商务冷链物流更多地集中于(　　)环节。
   A. 运输　　B. 仓储　　C. 配送　　D. 加工
4. (　　)属于电子商务冷链物流的硬件设施。
   A. 冷库　　B. 冷藏车　　C. 冷藏箱　　D. 冷藏柜
5. 按车厢形式划分,电子商务冷藏车主要包括(　　)。
   A. 面包式冷藏车　　B. 厢式冷藏车
   C. 半挂冷藏车　　D. 大型卡车

二、简答题

1. 电子商务冷链物流表现出哪些特点?
2. 电子商务冷链物流的运作模式有哪些?
3. 电子商务冷链物流由哪些环节组成?

三、论述题

1. 简述当前我国电子商务冷链物流市场的发展现状。
2. 电子商务冷链物流的发展对未来物流行业发展有怎样的影响?

 案例分析

顺丰控股布局冷链物流市场

顺丰控股是我国首个初步建立全国性冷链网络的物流公司,网络覆盖具有绝对优势。顺丰冷运依托顺丰控股强大的运输网络、领先的仓储服务、智能的分仓解决方案、专业的温控技术和先进的系统管理,为客户提供专业、安全、定制、高效的全程可控冷链服务,业务已覆盖食品行业生产、电商、经销、零售等多个领域,主要客户有大希地、绿雪生物(卡士酸奶)、小南国、朴诚乳业等。

截至 2020 年，顺丰冷运拥有专业冷仓 15 万 m^2，开通运营 26 个食品仓，拥有先进的自动化制冷降温设备和进口计算机温度控制系统，是集多温区管理和配送一体的综合性高标准冷库；开通专业冷运干线 143 条，覆盖 117 个城市，727 个区县，共 2 583 条流向，贯通东北、华北、华东、华南、华中、华西等重点核心城市；拥有自有食品冷藏车 256 辆，1.4 万余辆外包储备冷藏车，皆配备完善的物流信息系统及自主研发的 TCEMS 全程可视化监控平台。同时，推动云仓平台与顺丰仓配体系深度融合，实现资源线上线下互补，为近千家客户提供专业、高效、高质量的仓储服务，覆盖全国的仓储网络，提供电商、食品冷运、医药冷运等多行业、全场景的仓配一体服务。

冷链物流是一个资金密集型的行业，顺丰冷运能够得到快速发展，不仅与其雄厚的经济实力和拥有思维物流资源紧密相关，而且与顺丰在建立冷运品牌时对物流产品进行思维及商业开发并迅速占领市场密不可分。顺丰速递立足于特定的冷链细分市场，并高度提炼这个体量足够大的市场的共性需求，定制开发高度标准化的产品和服务，这样的市场定位、市场策略及物流产品设计，便能更好地满足客户需求，提高物流效率，降低损耗。

结合上述资料分析：

（1）顺丰冷链物流为什么会迅速发展？

（2）相较于其他电子商务冷链物流运作，顺丰冷链物流有哪些优势？

（3）未来的电子商务冷链物流发展趋势如何？

第 10 章 电子商务供应链管理

 **本章要点**

1. 了解电子商务在供应链管理中的应用
2. 熟悉供应链的特征与类型
3. 理解物流管理与供应链管理的关系
4. 掌握电子商务供应链管理模式及特点

 **案例引入**

京东揭秘电商供应链:电商竞争实质是供应链竞争

1. 电商供应链之"形""神""道"

供应链有传统的"链"和"网"之形。因此,京东正在探索将创意、设计、研发、制造、定价、营销、交易、仓储、配送、售后等十个环节环环相扣,描绘出整个网络结构,补全市场软肋,充分发挥营销、交易、仓储、配送、售后作用,打造电商供应链中独特的"形"。电商供应链的核心是预测、采购、库存、物流和系统,这是供应链的精髓所在,也是供应链的"神"。京东物流之快,源于京东背后强大的供应链。京东供应链采销一体、仓配一体,这是电商特有的组织安排,是京东保持高速增长与高品质服务的关键。

供应链既要前瞻性规划,又要精细化运营,还要实现"正和性",这是供应链的"道"。精细化运营,即在 B2C 的服务中,聚焦客户,持续改善,简化管理。早在三年前,京东就启动了全国的物流改善项目。京东物流之所以能够高效和低成本,正是因为一线源源不断的物流改善。

库存是企业经营和供应链的核心。通过企业与供应商间建立起的库存共享等管理策略,让电子商务海量的商品更贴近用户。在仓储生产环节,京东实行 JIT 生产模式,即所有用户的订单在合适的时间才被释放,并被包装、分拣、配送,按照承诺给客户的时间发货。京东的研发队伍超过 4 000 人,遍布世界各地,充分体现了系统在京东供应链中的重要性。

2. 京东物流,让交付更便捷

当前,京东的基础设施已经遍布 40 多个城市。在满足销量高速发展的前提下,京东实现了业界耳熟能详的关于"京东速度"的承诺,其关键在于库存的部署。目前,京东仓库正在架构分区域配送中心和前置仓,并逐步向三四线城市下沉,即将畅销品类下沉到前置仓,既可避免巨大的库存压力,又能确保当地订单的高满足率,提升当地服务时效,实现全流程可控。

未来,京东物流将服务于传统制造与传统零售往线上转型的公司,利用京东庞大的基础设施和全面的服务仓储、运输、配送、大件物流、增值服务,给企业发展带来实实在在的帮助。京东物流正在走向开放,致力于成为互联网时代专业的供应链解决方案专家。

思考:电子商务供应链管理有哪些特点?

资料来源:搜狐网

10.1 供应链管理认知

在当今经济全球一体化的市场竞争环境中,任何有实力的企业都不可能单独出色地完成企业的所有业务,企业的整个业务流程是由多个企业共同参与完成的,企业间有这样一种相互依存的关系:生产企业要依赖于供应商提供原材料、毛坯料,因为如果这些都要企业自己去制造加工,那样生产周期就会太长;同样,生产出来的产品也要通过流通领域的销售商供应给用户,如果整个流通渠道不畅通,营销网络不顺畅,产品就很难进入市场,也就很难实现产品的价值。这样,就由原材料供应商、制造商、销售商、客户及物流服务提供商等参与者形成了一个环环相扣的链条。在一个典型的供应链里,企业首先需要购买原材料,在一个或多个工厂生产出产品,然后运到仓库临时储存,最后再运给零售商或客户。

10.1.1 供应链的概念与结构

1. 供应链的概念

供应链的概念,最早源于哈佛大学商学院教授迈克尔·波特在20世纪80年代初期发表的《竞争优势》一书第二章中关于"价值链"的概念。早期观点认为,供应链是制造企业的一个内部过程,是指把从企业外部采购的原材料和零部件,通过生产转换和销售等活动,再传递给零售商和用户的一个过程。这种观点局限于企业内部操作层次,注重企业自身资源的利用,并没有关注与之相关的企业。后来供应链的概念关注了与其他企业的联系,关注了供应链的外部环境,认为它是一个"通过链中不同企业的制造、组装、分销、零售等过程将原材料转化为产品,再到最终用户的转换过程"。这是更大范围、更为系统的概念。近年来,供应链的概念更加注重围绕核心企业的网链关系,如核心企业与供应商、供应商的供应商乃至与一切前向的关系,以及与用户、用户的用户及一切后向的关系。《物流术语》对供应链的定义是:"生产及流通过程中,围绕核心企业的核心产品或服务,由所涉及的原材料供应商、制造商、分销商、零售商直到最终用户等形成的网链结构。"

2. 供应链的基本结构

根据供应链的实际运行情况可知,供应链由所有加盟的节点企业组成。在一个供应链系统中,一般有一个企业(可以是产品制造企业,也可以是大型零售企业)处于核心地位,节点企业在需求信息的驱动下,通过供应链的职能分工与合作(生产、分销、零售等),以商流、资金流、物流为媒介,实现整个供应链的不断增值。供应链的基本结构如图10-1所示。

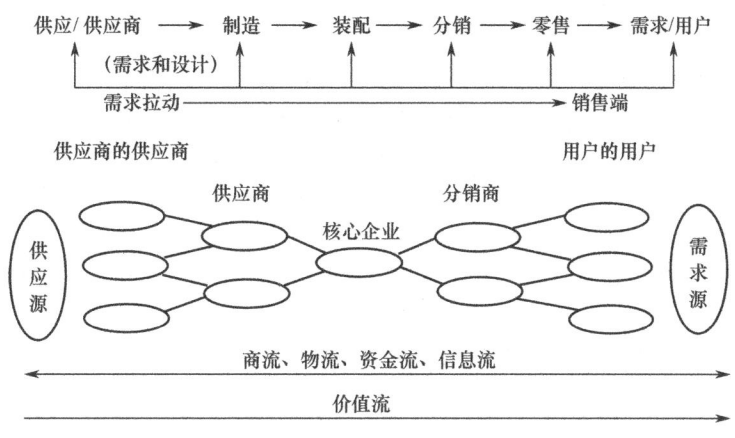

图 10-1　供应链的基本结构

从图 10-1 中可以看出，供应商、制造商、分销商、零售商和客户等构成了网链的不同层级。因产业的不同，以及企业经营模式和经营范围的差异，供应链网链的层级有所不同。例如，层级精简的供应链可以省略销售环节，由制造商通过直销的形式直接连接客户，如定制化战略下的戴尔、直销模式运行的雅芳等。层次复杂的供应链可以拥有多个层级的供应商和分销商。一块面包最终在客户购买之前经过了多个层级的物料传递，其中包括种子公司提供小麦种子、农户种植并收获小麦、面粉厂加工面粉、面包厂制造面包、区域分销商批发销售整箱的面包、零售商销售单个包装的面包等多个过程。对比一下汽车或者手机供应链的层级情况，我们会发现它们远比面包供应链的层级多得多。作为供应链的每一个层级，也可能同时拥有多个成员企业，如面包供应链上与小麦种植企业处于同一层级的还有许多生产食品添加剂的企业，同时包括生产面包包装袋的企业；同样，分布于不同区域的多家面包分销商同处于面包供应链上的同一个层级。

10.1.2　供应链的特征与类型

1. 供应链的特征

（1）复杂性。供应链是一种复杂的、非线性的虚拟价值链网络，是由多种类型、多个层次和具有不同冲突目标的节点企业所组成的网链。供应链上的节点企业有供应、制造、运输、储存、流通加工、批发、配送、零售等类型，有上游、下游、核心层等层次。供应链上的各节点企业又是具有独立经济利益的不同实体，具有不同的、相互冲突的经营目标。同时，供应链上的各企业有着各自不同的管理模式、偏好、价值观、文化观，以及作为行为人的个人情感、意志等，这些都可能增加供应链协同管理的复杂性。供应链网链这种结构模式比一般单个企业结构模式要复杂得多，其管理更是充满复杂性。

（2）动态性。供应链系统是一个开放的动态系统，它与外部环境有着密切的联系。外部环境的任何一种变化（如宏观政策的变化、经济发展的速度和质量、新技术发展和应用所引起的商业模式的改变等），都会影响系统整体功能的实现。当外部环境发生变化时，系统的管理模式也将随之发生变化，因此，从发展的角度看，供应链系统及其管理是动态的。这就要求供应链系统具有自适应性，具有与环境相互作用的自我调整性，适时根据市场条件、竞争环境的变化调整系统和变换战略，并且在调整和变化中发挥系统各要素间的相互作用，实现供应链系统整体价值的最大化。

（3）多层次性。供应链上涉及的各节点企业往往分布在不同行业、不同区域或不同阶段，且各节点企业又自成体系地承担着在供应链上的不同工序，同时该节点企业为完成该工序又可能构筑一条相应的分支供应链，从而形成了多层次、多维度、多功能、多目标的立体网链。供应链上的每一层次均是下游相邻工序层次的基础，供应链管理则要延伸至每一个节点层次，并采取相应的松散或紧密的管理方法，以确保供应链整体功能得以实现。供应链这种多层次结构，可能由于信息的不对称，使供应链管理中的决策和控制呈非线性和不确定性的特征。这就要求供应链系统上的虚拟组织成为一个"学习型组织"，并及时地对其层次结构和功能结构进行重组和完善。

（4）竞合性。供应链是由多个企业组成的虚拟组织，这些具有独立经济利益的单个企业是供应链运作的主体。由于独立经济利益的驱动，虚拟组织中的各企业间充满着竞争性，然而这种竞争又体现为矛盾和统一的两个方面。一方面，供应链上的各企业单纯追求自身利益最大化，使得个体目标与供应链整体目标发生冲突，从而发生单个企业的行为与整体目标的不协调，其结果势必造成供应链整体效益下降。另一方面，在由各企业组成的供应链条上，任何企业要想实现利润最大化，都必须以整条供应链的价值增值为基础。换句话说，单个企业的盈利，是以各合作伙伴共赢为基础的，因此企业间的竞争将向着有利于实现供应链整体目标的方向发展，竞争的内容也将由个体利润最大化转向整体利润最大化所涉及的各个方面，如尽快达成与供应链整体目标相一致的共同价值主张、实现个体行为与整体运作的同步性等方面的竞争。供应链上各企业这种相互作用和相互依赖的关系，使得供应链运作充满了竞争与合作。竞合性是现代供应链的新特点，它使供应链合作伙伴间的关系变得更为密切和复杂。同时，竞合能够促使供应链上各节点实现无缝对接，从而实现供应链管理的多赢战略。

（5）面向客户需求。供应链的形成、存在与重构，都是基于最终客户需求而发生的，并且在供应链的运作过程中，客户的需求拉动是供应链中的信息流、产品或服务流、资金流运作的驱动源。

（6）交叉性。供应链上各节点企业既可以是这个供应链的成员，又可以是另一个供应链的成员。众多的供应链形成交叉结构，增加了协调管理的难度。

2．供应链的类型

供应链是一个复杂的系统，可以根据不同的标准划分为不同的类型。

（1）按供应链的网状结构划分。按供应链的网状结构可以将供应链划分为发散型（V型）、会聚型（A型）及介于这两种模式之间的T型供应链。

① 发散型（V型）供应链。V型供应链是最基础的供应链结构。在这种供应链结构中，物料是以大批量的方式存在的，经过企业加工转换为中间产品，提供给其他企业作为原材料。而生产中间产品的企业往往客户比供应商多，故而呈发散状。相关的行业主要有石油、化工、造纸及纺织企业。这种类型的供应链在产品生产过程中的每个阶段都有控制问题。位于这些发散网络上的企业，因为生产多品种产品，因而其业务非常复杂。为了保证客户需求，需要库存作为缓冲来满足不确定需求和确保企业有能力生产，但这样做会占用大量的资金和资源。

V型供应链的成功计划和调度主要依赖于对关键性的内部能力瓶颈的合理突破，它需要供应链上的所有成员制订统一、详细的高层计划。

② 会聚型（A型）供应链。当核心企业为供应链网络上的最终用户服务时，为了满足相对较少的客户需求和客户订单，需要从大量的供应商手中采购大量的物料，这是一种典型的A型供应链，也叫会聚型供应链。相关的行业主要有航空工业、汽车工业和重工业等。这些

企业受服务驱动，精力集中放在重要装配点的物流同步上，企业资源计划成为这些企业进一步发展的阶梯。

这种结构的供应链在接受订单时考虑供应链提前期，并且能保证按期完成的能力，其关键之处在于精确地计划和分配满足该订单生产所需物料的能力，考虑工厂真实可用的能力、所有未分配的零件和半成品、原材料和库中短缺的关键性物料及供应时间，还要辨别关键性的路径。所有供应链节点都必须在供应链系统中有同样详细的考虑，这就需要关键路径的供应链成员紧密地联系和合作。

③ T 型供应链。T 型供应链是介于上述两种结构之间的供应链，相关行业主要有医药保健品、汽车配件、电子产品、食品及饮料等。

T 型企业的供应链根据现存的订单确定通用件，并通过对通用件的制造标准化来减少复杂程度。由于 T 型供应链是最复杂的结构，企业往往需要投入大量的资金用于供应的解决方案，尽可能地限制提前期来稳定生产而无须持有大量库存。预测和需求管理是 T 型供应链成员重点要考虑的问题。处理这种结构的最好办法是减少产品品种和运用先进方法或计划工具，维护和加强供应链的控制水平。

（2）按供应链的驱动模式划分。客户需求的满足可能是主动的，也可能是被动的。对供应链而言，对市场上客户需求的把握方式可能存在不同，据此可以将供应链分为生产推动型供应链和需求拉动型供应链。前者主要根据长期预测或销售订单进行生产决策，其主要形式是面向产品库存生产。一般地，制造商利用从零售商处接收的订单来进行需求预测。后者中的生产则根据实际消费者的需求来开展计划和组织协调生产，其主要形式为面向订单生产。在这种生产方式中，供应链通过使用快速的信息流机制将客户需求信息向上传播。两种类型供应链的优缺点比较如表 10-1 所示。

表 10-1 生产推动型供应链与需求拉动型供应链优缺点比较

优缺点	生产推动型供应链	需求拉动型供应链
优点	能够稳定供应链的生产负荷，提高机器设备利用率，缩短交货周期，增加交货可靠性	可以大大降低各类库存和流动资金的占用率，减少库存变质和失效的风险
缺点	需要备有较多的原材料、在制品和制成品库存，库存占用的流动资金较大。当市场需求发生变化时，企业应变能力较弱	面临能否及时获取资源和及时交货以满足市场需求的风险

（3）按供应链的主要功能划分。根据供应链的功能模式，即物理功能和市场中介功能，可以将供应链划分为有效型供应链和反应型供应链。两种类型的供应链比较如表 10-2 所示。

表 10-2 有效型供应链和反应型供应链的比较

比较内容	有效型供应链	反应型供应链
产品特征	功能型产品 产品技术和市场需求相对平稳	创新型产品 产品技术和市场需求变化很大
基本目标	以最低的成本供应可预测的需求、提高服务水平、减少缺货等	尽可能对不可预测的需求做出快速反应，使缺货、降价、废弃库存达到最小

续表

比较内容	有效型供应链	反应型供应链
产品设计战略	标准化设计，以获取规模经济和效益最大化	模块化设计，尽可能扩大产品差异
提前期	在不增加成本的前提下缩短提前期	大量投资以缩短提前期
制造策略	保持较高的设备利用率	配置缓冲库存，柔性制造
库存策略	保持最佳经济库存	部署好原材料、中间件和成品的缓冲库存
供应商选择	以成本、效率和质量为核心	以速度、质量和柔性为核心

有效型供应链以实现供应链的物理性能，为客户提供功能型商品为主要目标，即以最低的成本将原材料转化为零部件、在制品和成品，并最终运送至消费者手中。有效型供应链面对市场的需求，其所提供的产品和技术具有相对稳定性，因此供应链上的各类企业较为关注与获取规模经济效益，以提高设备的利用率，从而有效降低产品的成本。

反应型供应链以实现供应链的市场中介功能为主要目标，即对市场需求变化做出快速反应。这类供应链所提供产品的主要特性是创新性，其市场需求有很大的不确定性，或产品本身技术发展很快，产品生命周期较短，或产品价格随着季节的不同而有很大变化。这类供应链需要保持较高的市场应变能力，实现柔性生产，从而降低产品过时和失效的风险。

10.1.3 供应链管理的概念与内容

1. 供应链管理的概念

目前，国际上对供应链管理的定义还没有统一的认识。美国供应链协会认为，供应链管理是对供应链中的信息流、物流和资金流进行设计、规划和控制，从而保证在正确的时间把正确的产品和服务送到正确的地方。

也有学者认为供应链管理是一种基础的管理思想和方法，执行供应链中从供应商到最终用户的物流计划和控制等职能。例如，伊文斯认为，供应链管理是通过前馈的信息流和反馈的物料流及信息流，将供应商、制造商、分销商、零售商直到最终用户连成一个整体的管理模式。菲利浦则认为供应链管理不是供应商管理的别称，而是一种新的管理策略，它把不同企业集成起来以提高整个供应链的效益，注重企业之间的合作。

《物流术语》对供应链管理的定义是："从供应链整体目标出发，对供应链中采购、生产、销售各环节的商流、物流、信息流及资金流进行统一计划、组织、协调、控制的活动和过程。"

2. 供应链管理的内容

供应链管理的内容非常广泛，包含从战略层到战术层再到作业层的多个层面，关于物流、信息流、资金流和服务流等不同流程的规划、设计、计划、控制、组织和协调等，以及诸多供应链相关问题的决策和实施。具体来讲，供应链管理包括以下主要内容。

（1）供应链战略管理。供应链管理更多的是强调前瞻性。根据面向未来的计划期长短及涉及面的宽窄，供应链管理分为战略层、战术层和作业层三个层次。其中，供应链战略管理属于战略层的管理，是面向长远的全局性安排，用来决定未来数年内供应链的结构、资源配置原则、渠道和流程的结构特点等重要战略因素，包括但不仅限于以下内容：供应链的结构，如工厂、仓库、配送中心、呼叫中心等设施选址、布局，产能配置等；供应链运作主体目标和原则；生产、物流、信息、资金流等职能战略。

（2）供应链需求预测。一切供应链规划和计划的出发点都是供应链预测。当年长虹集团正是出于对彩色显像管电视机的需求做出过高的错误预测，并做出从供应商处大量采购彩色电视机显像管的采购决策，最终造成大量显像管库存积压，给供应链利润带来不利影响。优衣库敢于在专卖店摆放少批量多品种的货物，实行精细化品目管理的供应链运作模式，原因就在于它可以针对不同品目的服装做出精准的需求预测，这得益于其多年积累的精准预测能力。对需求做出预测需要掌握足够的预测方法，同时拥有对目标市场和客户群体的持续关注及足够的数据积累。如今大数据时代的到来也为供应链需求预测提供了充分的信息保障。

（3）供应链合作伙伴评价与选择。供应链节点企业间属于联盟关系，既需要根据实际情况不时地做出动态调整，也需要具有一定的合作稳定性。因为信息不对称和目标冲突等原因，供应链成员企业间的合作存在着逆向选择和败德行为等合作风险，因此需要建立一套完善的供应链成员遴选和退出机制，用合理的方法选择恰当的合作伙伴，成为供应链集成的关键内容。

（4）供应链采购与供应设计。采购与供应是供应链结构中重要的运作环节，通过采购与供应可以使供应链节点企业相互间产生联系，同时采购也涉及质量和定价等重要问题。在传统采购活动的基础上，供应链节点企业内部采购应该设计出更为稳定长久的实施策略，如招标采购、合同采购、集中采购、全球采购或战略采购。供应链采购还应该在简单物品交易的基础上，扩大双边的合作范围，如供应商参与设计和相互投资等。在物流方面，采购双方的合作较多体现在采购物品供应方式和手段上。事实证明，供应商管理库存和供应商直送生产工位等及时供货方式是非常有效的供应手段。

（5）供应链库存决策。供应链管理的一个重要内容就是库存决策。人们认识到库存使供应链的系统松弛，库存的存在意味着计划的不周，并占有资金，产生大量库存持有费用。因此，以精益思想为代表的管理学理论对压缩库存的呼声越来越高，把库存视为"魔鬼"。管理者也认识到库存是一把双刃剑，有时候库存是无奈的选择，但库存具有一定的自身价值。一定量的库存和潜在的产能组成了供应链的主要供给能力，用以满足动态的市场需求。在市场需求不确定的情况下，在保证不断货的前提下，实现绝对零库存可能永远只是一个理想状态。

从战略的角度来控制库存，一般包含如下几个方面的内容：库存总量目标的确定、库存结构的安排、集中或分散的库存控制策略和供应链多级库存的集成优化控制策略等。库存周转率、平均库存量和库存总量等指标成为供应链绩效评价的重要指标。

（6）供应链运输与配送规划。通用公司通过增设城市配送中心来实现配送的及时化，减少购车者的等待时间，最终预计会增加 10%的销售额；京东商城通过"亚洲一号"项目的实施，将 6 小时限时达业务在全国甚至更为广泛的领域推广，进而实现配送服务的差异化战略，获得竞争优势；沃尔玛公司通过遍布全球的采购中心和配送中心将供应链物流联通起来，目的是实现低成本、高可得性的战略目标；联邦快递公司在美国西南区域经过多年的配送路径优化，最终实现了节约成本 40%以上的目标。

供应链的运输与配送职能帮助供应链建立了实际的物质联系，是供应链的成本中心（物流是成本中心，而运输和配送占据物流成本的很大比例）。一方面，物流的系统性很强，运输和配送规划直接决定了库存的结构，极大地影响了物流系统的绩效；另一方面，供应链前端的运输和配送影响了供应的确定性，供应链末端的运输和配送决定了客户服务质量和整体响应性。

因此，运输和配送规划应该被重视起来。运输和配送规划的内容主要包括运输集中化策略、运输方式选择、配送选址和配送路径规划等。

（7）供应链网络设计。供应链网络的分析与设计是供应链规划的主要内容，用以规划设计生产厂、仓库、配送中心和服务中心等设施的空间位置、相互关系和各自功用等问题。供应链网络决定了一定时期内供应链在物理和地理上的结构框架，也影响了供应链的库存分布、产能分配、服务流程和运输路线等重大问题。当市场模式发生调整，需要进入或退出市场，增减或更替供应商、生产线，或是仓库租用时间到期时，有必要对原有供应链系统进行分析，并提出调整的供应链网络设计方案。供应链网络设计的内容包括但不限于设施的选址规划、设施的规模、设施功能确定、设施的互通关系和设施服务范围等。

（8）供应链关系管理。供应链上下游企业间的合作关系亲疏有别，这直接决定了供应链集成的效果。可以说供应链关系管理是供应链运行管理的一项最重要、最富有挑战性的管理工作。不同于以鉴别和遴选为主的供应链合作伙伴的选择工作，供应链合作关系管理主要通过利益激励、相互投资和签订契约等措施来实现供应链节点企业间合作关系的维系、增进、改善和升华发展。沃尔玛公司与宝洁公司合作的经典案例也使两家公司的合作成为供应链合作关系的典范。

（9）供应链收益管理。供应链收益管理的核心理念是通过价格杠杆来增加供应链整体收益或者改变供应链成员企业间的收益分配比例，其核心手段便是供应链定价。供应链面临动态的、可细分的市场环境，总是面对更为多样的最终客户群体，如果采取一个针对细分市场和不同客户群体的灵活定价策略，就可以因为获取范围经济或者边际利润而得到比传统固定定价更多的供应链整体收益。例如，京东商场的图书销售就采取了类似的定价策略，它将一些库存量非常有限且其他销售渠道也存量不足的书籍定为高价，想通过卖给急需该种图书的消费者，赚取溢价利润。鉴于此，供应链定价策略成为十分重要的收益管理手段，可以改善供应链绩效。

（10）供应链协调。供应链协调就是使众多的供应链节点企业能够有一个一致的目标——供应链整体利益最大化，并进行协同运作，是使供应链由离散状态转化为集成状态的有效途径。一汽集团要求零部件供应商在整车组装厂附近建厂或租用仓库设置库存，以方便零部件及时可靠地供应给整车组装厂。农产品加工企业要求上游农户种植指定的种子，采用规范的田间操作技术，并提供技术扶持，这也属于供应链协调。供应链协调的最大障碍来自组织目标冲突、败德行为和信息不对称等方面，因此在供应链协调的过程中要注意制定有效的激励机制和奖惩机制，实施有效的内部定价策略，加强信息的透明度，缔结并执行合理的供应契约等。

（11）供应链绩效管理。供应链绩效管理是围绕供应链整体目标而实施的管理活动，是通过分析判断供应链整体和节点企业对供应链目标实现所做贡献及工作效果，进而以提高整体绩效为目的，提出针对性改进措施，并加以实施的系列活动。供应链绩效管理的关键在于绩效评估，供应链的整体性和关系复杂性给绩效评估带来困难。要想取得合理的绩效评估结果，需要至少注重两个方面：一是根据供应链自身特点和环境特点合理设置评价指标体系；二是采取合理的评价方法。

（12）供应链信息管理与信息技术。作为供应链的"三流"（物流、资金流和信息流）之一，供应链信息管理和信息技术的应用是非常重要的。沃尔玛公司为了加强供应链物流管理使用了独有的人造通信卫星，并在积极谋划应用射频识别技术全面代替传统的条码扫描技术以提高作业效率，利用自身庞大的数据分析系统为上游企业提供商业数据统计和分析服务。大数据、云计算和物联网等信息技术在不久的将来必将对供应链管理产生深远的影响，大大提高供应链管理的效率和质量。

10.1.4 供应链管理的目标与原则

1. 供应链管理的目标

供应链管理的根本目标在于增加最终的客户价值，压缩整体的供应链成本，进而实现最大的供应链剩余（供应链利润）。供应链管理的目标主要不在于对其成员企业自身的管理优化，而是对供应链整体的优化，强调的是对成员企业关系治理、资源整合等方面的统一管理。相对于企业管理的一般目标而言，供应链管理的目标更强调整体性，主要包括以下几个方面。

（1）协同、整合与集成。供应链管理的首要任务就是将分散的各个节点企业进行统一管理，使之成为一个战略性的企业联盟，通过协同运作、资源整合和系统集成实现整体输出"1+1＞2"的联盟合作效果。具体而言，作为供应链系统的要素，各个节点企业间要建立紧密联系，物流、资金流、信息流和服务流能够融合、通顺，交易平台、标准化平台、知识平台、产能平台和组织平台能真正发挥整体支撑作用，这样就能基本实现供应链的一体化运作。

（2）精益与敏捷。精益供应链根源于日本丰田生产方式，后来美国学者将其总结为精益生产和精益思想。精益供应链管理同样要求控制供应链系统松弛，避免浪费，同时强调末端拉动和产能平衡，甚至也强调看似与精益相互矛盾的柔性能力。

敏捷供应链理论来源于敏捷制造理论，是敏捷制造的战略思想在供应链领域的延伸。敏捷制造思想与精益生产思想有一定的相似性，只不过前者更强调对市场环境变化的最快速反应，后者则更强调运作过程的恰到好处及成本节约。敏捷思想的实现需要以下条件：组织结构的高度动态灵活，制造技术的高度信息化、自动化，以及人的高度技能。

（3）有效匹配供需。供应链管理需要有效匹配供给和需求，其主要难点在于管理者必须面对供应链的供给和需求不确定问题。如今的市场始终处于不断变化的状态，其变化的幅度和频率均超过以往。因此，供需不确定问题普遍存在于供应链之中：消费行为的改变、需求数量范围的增加、提前期的缩短、产品新引入市场、产品种类的增加、营销或物流渠道的增多、创新速度的增快和需求服务水平的提高等都可以增加需求的隐性不确定性，也就是增加真正需求波动的可能；同样，生产工艺的调整、生产线故障、生产节拍的不稳定、生产和供应物品质量问题、引进新的物料与新的供应商合作、物料供应的保障能力不足等都可能带来供应不确定问题。

匹配供需就是要把这两个方面进行匹配。一般做法包括：第一，加强对供需变动预测的准确性；第二，加强供应链系统的响应能力；第三，主动影响供需并平复不确定性波动。例如，丰田公司通过供应链激励机制鼓励供应商提高零部件质量合格率和配送及时性，以减少供应不确定性，进而实现恰当的供需匹配。

（4）兼顾效率和响应。供应链的响应能力可以理解为当需求发生变化的时候，供应链系统相应做出结构、产能、流程、资源等组合的安排或者库存数量等方面的调整以适应该需求变动的能力，具体包括对大幅变动的需求响应的能力、快速交货的能力、产品线快速调整的能力和及时处理系统变异的能力等。例如，戴尔电脑供应链为了向最终客户提供定制化产品，增加了供应链需求隐含的不确定性，而为了应对这种隐性不确定性，它又吸纳了可以提供快捷配送服务的物流公司作为供应链节点企业，并在生产和采购环节做出调整，增强了生产调整的柔性，加强了与供应商的联系，进而整体提升了供应链的响应能力。因此，任何供应链管理都需要将效率目标和响应目标进行均衡，并根据不同的供应链产品特征和市场环境特征来匹配不同的效率/响应能力。

（5）绿色目标。供应链管理还应该体现绿色目标，主要是为了通过整个供应链的协同努力来实现节能、环保、低碳和质量安全等绿色目标，以实现供应链运作的正外部性。一方面，供应链的绿色革命是供应链战略内容；另一方面，实现供应链的绿色运营同样需要在管理运作层面做出努力。

2. 供应链管理的原则

（1）过程一体化原则。过程一体化的驱动力是供应链成员对优化供应链效率的共同期望。而供应链效率的优化必须建立在成员之间合作的基础上，所有供应链成员应当按照合作要求及共同的战略目标调整原有的工作职能，而不仅是按照传统意义上形成的职能单独工作。为了实现这一目标，许多企业正在努力明确备货周期、库存水平及其他一些影响增值过程的关键活动。大众汽车公司在某地的整车装配线上有90%的工作人员来自零配件供应商，他们能够更好地完成装配过程中的主要作业。汽车通过检测后，大众汽车公司向供应商支付零部件货款及劳务报酬。

（2）信息共享原则。充分的信息共享将地域分散的供应链成员连成一体。信息共享包括两项决定性因素：一是共同的战略目标。这也是企业间建立相互信任关系的基础。二是信息系统的连接。这是供应链成员的信息系统能否通过适当的信息平台实现相关数据及时、准确交换的关键。当信息可以实现充分共享时，它就可以用来降低整个供应链中的库存。此外，信息共享还是运用延迟技术、连续补货及其他基于时间的竞争策略来压缩总订货周期的关键性问题。

（3）以客户为中心原则。在供应链管理中，一切围绕"以客户为中心"的理念运作。现在消费者大多要求提供产品和服务的前置时间越短越好，为此供应链管理通过生产企业内部、外部及流通企业的整体协作，大大缩短了产品的流通周期，加快了物流配送的速度，从而使客户个性化的需求在最短的时间内得到满足。

（4）合作伙伴关系原则。合作伙伴关系是实现供应链一体化的另一项重要机制。合作伙伴关系是两个或两个以上的企业之间为了获得共同利益进行密切协作的正式合作关系。在供应链管理中，传统的"一对一"的采购方/供应商联盟必须能够扩展到整个供应链中，并形成更广泛的合作伙伴关系。因为合作伙伴关系对实现供应链一体化和供应链管理战略是非常关键的影响因素。

10.1.5 物流管理与供应链管理的关系

1. 物流管理与供应链管理的联系

供应链管理与物流管理有着十分密切的联系。供应链管理是物流管理的扩展，是物流一体化的延伸，具体表现在以下几个方面：

（1）供应链管理是物流管理的延伸和发展。供应链管理源于物流管理，是物流管理的延伸和发展。但供应链管理又超越了物流管理，是拓展的、一体化的物流管理。供应链管理的研究最早就是从物流管理开始的，它从物流全过程的角度考虑物流管理各环节是否连贯、协调、统一，将彼此割裂的物流活动集中起来加以统一协调和管理。也就是将供应链上的各个企业作为一个不可分割的整体，协调发挥供应链上各个环节的职能，并使之成为一个统一的有机体。

（2）物流管理在供应链管理中占有重要地位。物流管理有狭义和广义之分。狭义的物流管理是指物料的采购、运输、仓储、配送等活动，是企业之间的一种物料流通活动；广义的物流管理包括生产过程中的物料转化过程。由此可以看出，供应链管理源于物流管理，物流管理是供应链管理的重要内容，供应链管理是否有效在很大程度上取决于采购、运输、仓储、配送等物流作业环节的管理和运作状况是否良好。因此，物流管理是供应链管理发挥整体效益的前提和基础。

（3）供应链管理的实施必然以物流管理为基础。从供应链的实践来看，能够真正认识并率先提出供应链管理概念的也是一些具有先进物流管理经验的世界顶尖企业。事实上，任何企业都不可能在控制所有生产要素的同时达到最大的效率。在日益激烈的市场竞争下，企业必须与它的原材料供应商、产品分销商、第三方物流服务者等结成持久、紧密的联盟，共同建设高效率、低成本的供应链，才能从容应对市场竞争，并取得最终的胜利。

2. 供应链管理与物流管理的区别

（1）管理对象上的区别。物流管理的对象是物流活动及与物流活动直接相关的其他活动。供应链管理是通过前馈的信息流和反馈的物料流及信息流，将供应商、制造商、分销商、零售商，直到最终用户连成一个整体的管理模式。所以，供应链管理既包括商流、信息流、资金流、增值流管理，也包括物流管理。

（2）管理内容上的区别。物流的恰当实施总是以点到点为目的的。而供应链管理则将物流以外的许多功能通过穿越企业间的界限整合起来，它的功能超越了企业物流的范围。供应链涉及的范围包括从新产品的研发、工程设计、原料采购、生产制造、储存管理、配送运输及订单履行到客户服务及市场需求预测的全过程。供应链可以指所有组成部分均在同一地区的独立企业，也可以指由分散在不同地区的许多企业组成的大型公司。

（3）管理层次上的区别。供应链管理是围绕把供应商、制造商、仓库和商店有效地结合成一体这一问题来展开的，因此它包括公司许多层次上的活动，即从战略层次到战术层次，再到作业层次。战略层次的活动是指对公司有着长远影响的决策，包括关于仓库和制造工厂的数量、布局和能力，以及材料在物流网络中流动等方面的决策。战术层次的活动是指每季度或每年都要进行更新的决策，包括采购决策、生产决策、库存策略和运输策略。作业层次的活动是指日常决策，如计划、估计提前期、安排运输路线、装车等。物流管理在层次上没有供应链管理这么多和深，在范围上是局部的。

（4）管理手段上的区别。供应链管理是基于 Internet/Intranet 的供应链交互的信息管理，这是以电子商务为基础的运作方式。信息流、商流、资金流在电子工具和网络通信技术的支持下，可通过轻轻点击鼠标瞬间完成。而物流，即物质资料的空间转移，包括具体的运输、储存、装卸、配送等各种活动是不可能直接通过网络传输的方式来完成的。虽然现代物流离不开物流信息管理，也要使用 Internet/Intranet 技术，但是 Internet/Intranet 显然不能构成物流管理的必要手段，也就是说，物流在非 Internet/Intranet 技术条件下也可以运行。

（5）管理目标上的区别。供应链管理的目标是通过管理库存和合作关系，实现对客户的快速反应和整个供应链上的交易成本最低。物流管理是通过各种协调手段，寻求把产品迅速、可靠地送到用户手中所需要的费用与生产、库存管理费用之间的平衡点，从而确定最优的库存投资额，其主要任务仍然是管理库存和运输。

（6）管理重心上的区别。供应链管理强调的是把主要工作放在企业的关键业务（核心竞争能力）上，而现代物流管理强调的是从原材料的调配、成品的销售到包装物等废弃物品的回收及退货所产生的物流活动的有效性。

（7）管理风险上的区别。在供应链管理中，风险都是通过供应链成员共同分担、共同沟通来实现的，而传统的物流管理仅仅停留在公司内部。在组织关系方面，供应链管理中各成员是基于对最终成本的控制而达成合作的，而传统的物流管理是基于公司内降低成本的。

10.2 电子商务供应链管理模式

通过供应链的发展历史我们可以看到，电子商务供应链管理模式常被划分为推动式和拉动式两种。推动式供应链管理以生产企业为中心，即产品的供需是由生产企业的生产能力决定的，这样的供应链在发展初期适应了以制造业为主的市场经济的发展。随着市场需求多样化的到来，推动式的供应链不再适应市场经济的发展，随之产生了拉动式的供应链。拉动式供应链管理以市场需求为动力，是适应客户需求个性化发展而产生的。

10.2.1 推动型供应链管理

推动型供应链的运作是以产品为中心，以生产制造商为驱动原点，力图提高生产率，降低单件产品成本来获得利润。通常，生产企业根据自己的制造资源计划/企业资源计划来安排从供应商处购买原材料，生产出产品，并将产品经过各种渠道，如分销商、批发商、零售商一直推至客户端。在这种供应链上，生产商对整个供应链起主导作用，是供应链上的核心或关键成员，而其他节点（如流通领域）的企业则处于被动地位。这种供应链方式的运作和实施相对较为容易。然而，由于生产商在供应链上远离客户，对客户的需求远不如流通领域的零售商和分销商了解得清楚，因此这种供应链上企业之间的集成度较低，反应速度较慢，在缺乏对客户需求了解的情况下生产出的产品和驱动供应链运作的方向往往是无法匹配和满足客户需求的。

同时，由于无法掌握供应链下游特别是最终端的客户需求，一旦下游有微小的需求变化，反映到上游时这种变化将被逐级放大，这种效应被称为"牛鞭效应"。为了对付"牛鞭效应"，即下游特别是最终端客户的变化，企业在供应链的每个节点上都必须采取提高安全库存量的办法，需要储备较多的库存来应付需求变动，因此整个供应链上的库存较高，响应客户需求变化较慢。

> **知识拓展**
>
> **牛鞭效应**
>
> 牛鞭效应是关于在一条供应链中，消费市场需求的微小变化如何被一级级放大到制造商、一级供应商、次级供应商的现象。例如，计算机市场需求预测轻微增长 2%，转化到戴尔（制造商）时可能成了 5%，传递到英特尔（一级供应商）时则可能是 10%，而到了为英特尔生产制造设备的设备商（次级供应商）时可能变为 20%。简言之，越是处于供应链的后端，需求变化幅度越大。牛鞭效应如图 10-2 所示。
>
>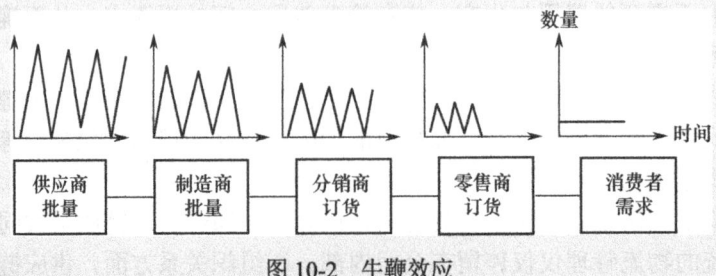
>
> 图 10-2 牛鞭效应

在推动式供应链下，制造商不清楚应当如何确定生产能力：如果根据最大需求确定，就意味着大多数时间里制造商必须承担高昂的资源闲置成本；如果根据平均需求确定生产能力，就需要在需求高峰时期寻找昂贵的补充资源。同样，对运输能力的确定也面临着这样的问题：以最高需求还是平均需求为准。这样，在一个推动式供应链中，常常会出现由于紧急的生产转换引起的运输成本增加、库存水平变高和生产成本升高等情况。传统的供应链管理几乎都属于推动式供应链管理。推动式供应链的结构原理如图10-3所示。

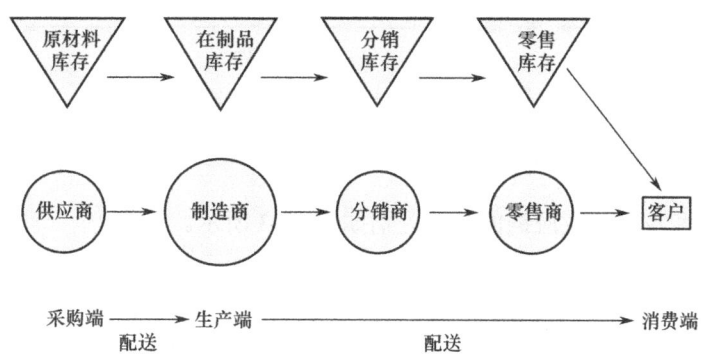

图 10-3 推动式供应链的结构原理

10.2.2 拉动型供应链管理

20世纪90年代初，工业化的发展使生产率和产品质量不再成为生产企业的绝对竞争优势，为了更好地取得竞争优势，企业开始把满足客户的需求作为经营的核心。因此，供应链的运营规则也从推式运作转变为以客户需求为原动力的拉式运作。

拉动式供应链管理的理念是以客户为中心，通过对市场和客户的实际需求及对需求的预测来拉动产品的生产和服务。因此，这种供应链的运作方式和管理被称为拉动式供应链管理。这种运作和管理需要整个供应链能够更快地跟踪甚至超前于客户和市场的需求，以此提高整个供应链上的产品和资金的流通效率，减少流通过程中不必要的浪费，降低成本，提高市场适应力。特别是下游的流通和零售行业，更是要求供应链上的成员间有更强的信息共享、协同、响应和适应能力。

拉动式供应链虽然整体绩效表现出色，但对供应链上企业的管理和信息化程度要求较高，对整个供应链的集成、协同运作的技术和基础设施要求也较高。以计算机公司为例，对计算机市场的预测和计算机的订单是企业一切业务活动的拉动点，生产装配、采购计划安排和运作都是以它们为依据和基础进行的，这种典型的面向订单的生产运作可以明显地减少库存积压、个性化及特殊配置需求，并加快资金周转。然而，这种供应链的运作和实施相对较难，其结构原理如图10-4所示。

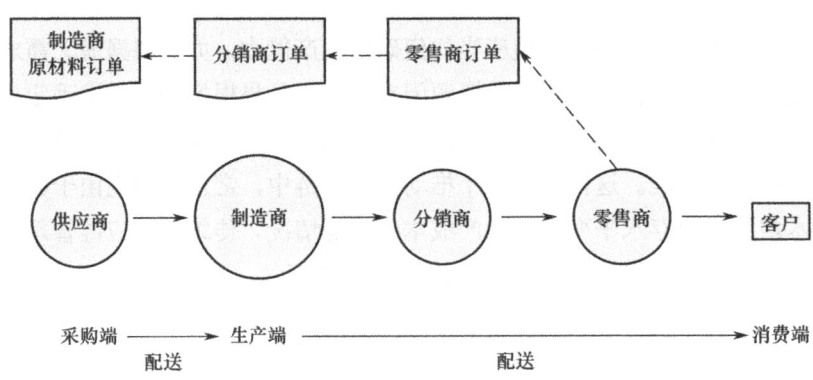

图 10-4 拉动式供应链的结构原理

10.2.3 两种模式的比较分析

推动式供应链和拉动式供应链的主要区别如表 10-3 所示。

表 10-3 推动式供应链与拉动式供应链比较

比较内容	推动式供应链	拉动式供应链
驱动力量	制造商	客户需求
需求变化	稳定且不会有剧烈波动	大且几乎难以预测
提前预测期	长（以年、季度为单位）	短（以月、周为单位）
集成度	高（生产计划刚性）	较低（生产计划柔性）
缓冲库存	大（牛鞭效应明显）	小（按订单生产和交付）
响应速度	慢（很难根据需求进行调整）	快（可以根据需求进行调整）
关注对象	资源配置（规模效应明显）	快速响应（规模效应低）
数据共享	差	好且快速
服务水平	不高（不允许个性化需求）	高（允许个性化定制）
供应链风险	较低	较高（容易发生供应链断裂）

一个特定的产品，应当采用什么样的供应链战略？企业应该采用推动式还是拉动式，前面主要从市场需求变化的角度出发，分析了供应链如何处理需求不确定的运作问题。而在实际的供应链管理过程中，企业不仅要考虑来自需求端的不确定性问题，还要考虑来自企业自身生产和分销规模经济的重要性。在其他条件相同的情况下，需求不确定性越高，就越应当采用根据实际需求管理供应链的模式——拉动式战略。相反，需求不确定性越低，就越应该采用根据长期预测管理供应链的模式——推动式战略。同样，在其他条件相同的情况下，规模效益对降低成本起着重要的作用，如果组合需求的价值越高，就越应当采用推动式战略，根据长期需求预测管理供应链；如果规模经济不那么重要，组合需求也不能降低成本，就应当采用拉动式战略。

推—拉组合战略中，供应链的某些层次（如最初的几层）以推动的形式经营，其余的层次采用拉动式战略。推动式与拉动式的接口处被称为推—拉边界。虽然一个产品需求具有较高的不确定性，规模效益也不十分突出，理论上应当采取拉动战略，但实际上计算机厂商并不完全采取拉动战略。以戴尔为例，戴尔计算机的组装，完全是根据最终客户订单进行的，此时它执行的是典型的拉动战略。但戴尔计算机的零部件是按预测进行生产和分销决策的,此时它执行的却是推动战略。也就是说,供应链的推动部分是在装配之前,而供应链的拉动部分则从装配之后开始,并按实际的客户需求进行,是一种前推后拉的组合供应链战略,如图 10-5 所示。推—拉边界就是装配的起始点,也称推拉结合点(CODP)。推—拉组合战略的另一种形式是前拉后推的供应链组合战略,适用于那些需求不确定性高,但生产和运输过程中规模效益十分明显的产品和行业。家具行业是这种情况最典型的例子。事实上,一般家具生产商提供的产品在材料上差不多,但在家具外形、颜色、构造等方面的差异却很大,因此它的需求不确定性相当高。同时,由于家具产品的体积大,所以运输成本也非常高,此时就有必要对生产、分销策略进行区分。从生产角度看,由于需求不确定性高,企业不可能根据长期的需求预测进行生产计划,所以生产要采用拉动式战略。另外,这类产品体积大,运输成本高,所以分销策略又必须充分考虑规模经济的特性,通过大规模运输来降低运输成本。许多家具厂商正是采取这种战略,就是说家具制造商是在接到客户订单后才开始生产的,当产品生产完成后,再与其他所有需要运输到本地区的产品一起送到零售商的商店里,进而送到客户手中。因此,家具厂商的供应链战略是这样的:采用拉动式战略按照实际需求进行生产,采用推动式战略根据固定的时间表进行运输,是一种前拉后推的组合供应链战略。

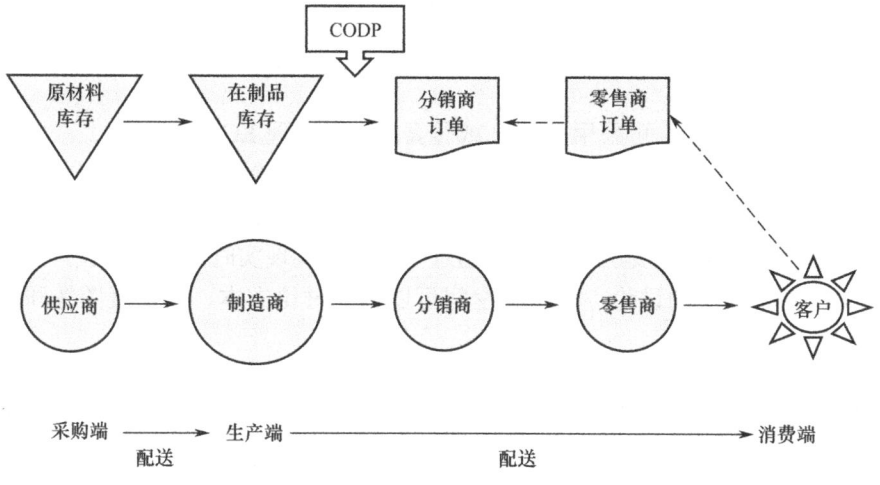

图 10-5　前推后拉的组合供应链

10.3　电子商务供应链管理

电子商务的快速发展,使企业具备了实施网络化、集成化的供应链管理系统,能够达到供需平衡,降低库存数量,加快物流速度,缩短产品达到客户端的时间,使资源利用更有效率。在电子商务环境下,供应链实现了一体化,供应链上的各企业及终端消费者通过网络连在了一起,可以通过各种系统供应商清晰地掌握产品销售信息和客户反馈信息。供应链管理与电子商务相结合,形成了目前企业争相学习的管理方法——电子商务供应链管理。其本质就是利用电子商务网络技术,以供应链中的核心企业为中心,将各个相关企业结合为一个整体,降低企业运作成本,提高运作效率,增强客户满意度,以达到使企业可持续发展的目的。

10.3.1 电子商务在供应链管理中的应用

1. EDI 销售点和预测

EDI 是在合作伙伴企业之间交互信息的一种有效技术手段。它是在供应链中连接节点企业的商业应用系统的媒介。供应链环境中不确定的是最终消费者的需求,所以必须对最终消费者的需求做出较为准确的预测。虽然预测的方法有上百种,但通过 EDI 预测,可以最有效地减少供应链系统的冗余性,而这种冗余可能导致时间的浪费和成本的增加。通过利用预测信息,用户和供应商可以一起努力缩短订单周期(循环时间)。EDI 技术的应用使供应链变得更加集成化,变得更加畅通、及时。

2. 财务技术手段

财务电子商务广泛应用于业务管理和财务管理。用户可以通过汇款通知系统结账,而不是通过支票。汇款通知数据包括银行账号、发票号、价格折扣和付款额,用户的财务机构将用电子支付系统将汇款通知信息传递给供应商的财务机构,供应商的财务机构将付款确认信息传送给供应商并收款结账,供应商则根据付款信息更改应收账款等数据。另一种广泛应用的财务电子商务是箱收款系统,即用户将支票或电子付款单传送到供应商的箱收款系统,供应商的财务机构会将付款存入供应商的账号,同时从用户的财务机构扣除此款,财务机构会通过箱收款系统将付款单信息传送给用户和供应商。

3. 非技术型企业的 EC

没有 EC 系统的小企业,可采用 E-mail 或传真的服务实现 EC 功能。

(1) E-mail。企业内部的 E-mail 系统通过 Internet 与其他企业的 E-mail 系统连接在一起,Internet E-mail 可以发送文本、图像,如 CAD 和 Word 处理的文件。

(2) 电子会议。世界不同地点的人可以通过 Internet 实现实时的电子会议,可以通过互联网聊天系统实现基于文本的讨论,多用户空间可以用于讨论文本、高精度图像和声音(通过 WWW 客户服务器系统)。

(3) 电子市场营销(电子广告)。企业可以通过 Internet 在网络上发布产品和服务的促销广告,包括高精度图像、文本、声音的超文本文件等都可以建立在 WWW 服务器上并连接到 Internet 上。这种广告可以被世界各地的网络客户浏览(通过客户端浏览程序软件等)。计算机软件生产商还可以把产品演示版软件挂在网络上让用户下载试用。

(4) 电子用户支持系统。许多企业都把最常见问题的解答挂在网络上,而当用户需要得到更多的信息时,可以把问题或需求通过 E-mail 发给企业的用户支持领域。

(5) 用户网上采购。在浏览企业的广告之后,用户可以通过网络进行订购。在 WWW 服务上,用户只要输入信用卡账号、名字、地址和电话号码等信息就可以直接实现网上购物,而订购信息会通过网络传递到供应商服务器上,确认信息将通过 E-mail 返回给用户,同时货运通知或服务信息也将随后通过网络传递给用户。

4. 共享数据库技术

战略合作伙伴如果需要知道相互之间的某些快速更新的数据,他们将共享部分数据库。合作伙伴可以通过一定的技术手段在一定的约束条件下相互共享特定的数据库,如有邮购业务的企业将与其供应商共享运输计划数据库,JIT 装配制造商将与其主要供应商共享生产作业计划和库存数据。

10.3.2 电子商务对供应链管理的影响

电子商务的运用促进了供应链管理的发展，加深了供应商之间的联系，提高了企业采购、生产及销售等环节的效率，减少了库存成本，增加了收益。

（1）电子商务能够帮助企业拓展市场，拉近企业与客户之间的距离。通过电子化的联络方式，企业可以与客户保持快速、便捷、精准的联系，大大提高客户的满意度。

（2）电子商务能够节约交易成本。电子商务为供应链管理开辟了一个崭新的世界，它全面采用电脑和网络支持企业及其客户之间的交易活动，通过互联网整合供应链将大大降低供应链内各环节的交易成本，缩短交易时间。

（3）电子商务能够促进企业合作，建立企业与客户之间业务流程的无缝集成，最终达到生产、采购、库存、销售、财务和人力资源管理的全面集成，使物流、信息流和资金流发挥最大效能，把理想的供应链运作变为现实。

（4）电子商务能够为客户提供个性化的服务。在电子商务模式下，企业突破了时空的界限，生产过程和消费过程达到了和谐的统一，使企业的供应链更加简洁、高效、开放和灵活，为个性化服务创造了良好的条件。

（5）电子商务能够实现信息共享和信息集成。电子商务使整个交易过程实现了电子化、数字化及网络化。供应链管理的运作在很大程度上依赖于供应链上的信息交换，电子商务的运用为实施供应链管理提供了信息处理的有效手段，极大地提高了信息传递的效率和准确性。

（6）电子商务能够改进营销渠道的效率。企业利用电子商务与它的经销商协作，建立零售商的订单管理系统和库存管理系统，通过信息系统获知有关零售商商品销售的信息，在这些信息的基础上进行连续库存补充和销售指导，从而与零售商一起改进营销渠道的效率，提高客户满意度。

10.3.3 电子商务供应链管理的特点

电子商务时代的供应链是一个基于电子商务的集成供应链，是一个新型的联盟或合作性的供应链体系。基于电子商务的供应链是所有合作者都实现了电子化运作，利用互联网进行商品交易、信息变换、企业协作等活动的供应链模式。其主要特点可以概括为以下几个。

1. 供应链的电子化、网络化

供应链各个组织之间建立网络化的联系，已经成为现代供应链发展的趋势，电子商务为这种网络化的实现提供了强有力的支持。电子化、网络化的供应链可使所有的合作者通过互联网协同处理供应链各流程及流程间的诸多事务，能够为供应链成员快速、及时地提供信息，满足市场对企业快速反应的需求，从整体上提高供应链运作的效率和效能，不仅能使供应链成员之间在网上从事的电子活动保持一致性和系统性，还能促使因特网之外的非电子活动尤其是供应链各个节点之间的物流活动保持一致性和系统性，为整个供应链组织保持最优库存水平和及时配送提供了保证。

2. 供应链管理机构虚拟化

供应链的电子化、网络化使供应链管理中的各种决策活动可以通过网络来实现，从而使供应链的管理机构虚拟化。数字信息流和计算机网络改变了企业与企业及企业内部（机构）的运作模式，不仅跨越和打破了企业内部各机构的传统分工和界限，也使电子网络化供应链所处的环境素质要求更高、知识含量更大。这就需要有一个与电子网络化供应链管理要求相适应的虚拟管理机构，依托数字信息处理系统，高效地处理企业内部及整个供应链的业务流程与交叉业务的信息流事件。

3. 强大的信息共享系统

电子商务环境使企业产品交易过程变得更加便捷和快速。金融网、信息网与运输网是构成电子商务大系统的重要因素，而实施供应链管理的关键要素是质量和效率，信息流、物流与资金流三者相辅相成，为企业供应链的集成管理提供了支撑。供应链管理上的信息系统是高度供销和集成的，这是供应链发展的基础和保障。电子商务技术发展以后，信息的传递、处理和效率大大增强，不再仅仅依赖于电话、传真、纸张等传统方式，而是广泛运用条码、数据库技术、电子订货系统、电子数据交换、企业资源计划等电子商务技术。电子商务技术的优点是使供应链上各企业之间的信息可以同步传递，使每个企业的供应链管理得更好，同时可以及时获取供应链上最终消费者的需求来研发新产品，及时采购原材料，合理安排库存。

4. 优化精练的协同化管理

基于数据信息型的集中一贯管理模式的供应链系统运作，一方面要求各合作企业具有生产、加工和利用信息的硬、软技术能力；另一方面，由于很多的流程业务通过互联网在很短的时间内即可完成，从而使互联网之外的其他业务流程显得更加紧迫，这在客观上要求参与供应链的各合作企业能够快速响应供应链需求，以快速响应市场。由此，各合作企业必须立足于整个供应链管理的高度及企业信息数据的运作逻辑层面，重新审视企业内部各种业务覆盖范围及其交叉重叠的程度，进行内部各业务的重新划分与组合，彻底消除企业内部的重复运作。然后，通过重新审视与企业外部组织的业务分工来决定本企业的业务覆盖范围，以及与外部组织的业务接口、功能划分、信息数据的共享等。

10.3.4 电子商务供应链管理方法

目前最常用的电子商务供应链管理方法主要有三种：快速反应；有效客户反应；协同规划、预测和连续补货。

1. 快速反应

快速反应这个概念最早是在美国的服装行业孕育而生的。沃尔玛是推行快速反应的先驱，它在纤维纺织品领域与休闲服生产商塞米诺尔及面料生产商米尼肯公司结成了供应链管理体系。该快速反应体系的形成大大提高了参与各方的经营绩效，有力地提升了相关产品的竞争力，起到了良好的带动和示范作用。

1）快速反应的定义

快速反应是指在供应链中，为了实现共同的目标，零售商和制造商建立战略伙伴关系，利用 EDI 等信息技术，进行销售时点信息交换及订货补充等其他经营信息的交换，用高频率、小批量配送方式连续补充商品，以实现缩短交货周期、减少库存、提高客户服务水平和企业竞争力的供应链管理方法。

2）快速反应的实施步骤

实施快速反应战略需要 5 个步骤，每个步骤都需要以前一个步骤为基础。

（1）运用电子数据交换和条形码。为了获取更为准确的销售数据，并使信息沟通更加畅通，零售商首先必须安装通用产品代码、销售时点信息扫描和电子数据交换等技术设备。POS 扫描用于数据输入和数据采集，即在收款检查时用光学方式阅读条形码，然后将条形码换成相应的商品代码。扫描条形码可以快速准确地检查价格并记录交易。

(2）建立固定周期的自动补货系统。为满足销售商的多次、重复订货的要求，能够更快、更频繁地运输订购的商品，以保证店铺不会缺货，供应商可以根据目前的情况建立固定周期的补货系统。自动补货就是由零售商、批发商使用基于过去和目前销售数据及其可能变化的软件进行定期预测，同时考虑当前的存货状况和其他一些因素，确定订货数量，在仓库或店内自行补货，以保证销售的连续性。通过对商品实施快速反应，合作伙伴企业之间可以保证所需商品及时供应，从而使消费者可以选择更多品种，并及时购买到所需的商品。

(3）建立先进的预测和补货联盟。为了保证补货业务的流畅，零售商和制造商需要联合起来检查销售数据，做出关于未来需求的计划和预测，在保证有货和减少缺货的情况下降低库存水平，还可以进一步由制造商管理零售商的存货和补货，以加快库存周转速度，提高投资毛利率。

(4）联合开发商品。制造商和零售商可以联合开发像服装等生命周期短的商品，缩短从新产品概念到新产品上市的时间，通过店内的新产品试销，准确把握消费动态，根据消费者的需要及时调整设计和生产。联合开发新产品，使制造商和零售商的关系更加紧密，因而提高了双方合作的效率。

(5）快速反应的集成。这是指以消费者为中心，通过重新设计业务流程、组织绩效评估系统和信息系统，将快速反应的前期步骤和公司的整体业务结合起来，支持供应链的整体战略。通过集成的信息技术，可使零售商和消费品制造商密切合作，加快完成产品从设计、生产、补货、采购到销售的整个业务流程。

2．有效客户反应

1）有效客户反应概述

有效客户反应最早是从美国食品业发展起来的一种供应链管理策略。有效客户反应是以满足客户要求和最大限度降低物流过程费用为目标，通过生产商、批发商和零售商之间的相互合作与协调，对市场需求及时做出准确反应，为消费者更好、更快并以更低的成本提供满意商品，从而达到商品供应和服务流程最佳化。

有效客户反应以信任和合作为基础，以创造消费者价值为理念，将零售业的精细化管理和供应链整体协调性管理结合起来，力求达到满足消费者需求和优化供应链的双重效果。这个过程分为四个贯穿整个供应链的核心过程，它们分别是有效新产品投入、有效商店管理、有效促销和有效商品补充，也被称为有效客户反应的四大要素。

2）有效客户反应系统构建

作为一个供应链的管理系统，构建有效客户反应需要将营销技术、物流技术、信息技术和组织革新技术有机地结合起来，才能实现有效客户反应目标，真正做到合作各方消除隔阂、协调合作，共同为消费者提供低成本、高品质商品。

(1）营销技术。在有效客户反应系统中，进行市场营销主要体现在商品类别管理和商店布局管理上。商品类别管理是以商品类别为管理单位，寻求整个商品类别整体收益最大化。商店布局管理是对商店的空间安排、各类商品的展示比例和商品在货架上的布置等进行最优化管理。

(2）物流技术。有效客户反应系统要求准时制配送和通过型配送。物流管理是实现这一目标的基本保证，它涉及连续补充计划、自动订货、预先发货通知、供应商管理库存、直接转运和商店直送等。

(3）信息技术。有效客户反应系统应用的主要信息技术有电子数据交换和销售时点信息系统。电子数据交换技术最大的作用之一就是在供应链企业之间传递交换订货清单、价格变化信息和付款通知等单据信息,实现电子化作业。此外,利用 EDI 在供应链企业之间传递销售时点数据、库存信息、新产品开发信息和市场预测信息等直接与经营有关的信息,可以提高整个供应链的效率。销售时点信息对于零售商掌握消费者购买动向,找出畅销与滞销商品,做好商品类别管理、库存管理和订货管理,以及对制造商准确地把握消费者需求、制订生产计划、开发产品等,都起到了重要的作用。

(4) 组织革新技术。应用有效客户反应系统不仅需要组成供应链的每个成员紧密协作,还需要每个企业内部各部门间紧密协调合作,因此成功地应用有效客户反应还需要对企业的组织体系进行革新。供应链上的每个合作伙伴都需要在各自企业内部建立以商品类别为管理单位的组织,这样成员企业中的商品类别管理团队就可以相互衔接,共同讨论从材料采购、生产计划到销售状况、消费者动向等有关商品类别的全盘管理问题。

3. 协同规划、预测及连续补货

近几年来,随着经济环境的变迁和信息技术的进一步发展,以及供应链管理逐渐为全球所认同和推广,供应链管理开始进一步向无缝连接转化,促使供应链的整合程度进一步提高。这种高度整合的项目就是沃尔玛所推动的联合预测补货系统和协同规划、预测与补货系统。这种新型的系统不仅对企业本身或合作企业的经营管理情况给予指导,更通过信息共享实现企业联动。

联合预测补货是利用 Internet,通过零售企业与生产企业的合作,共同进行商品需求预测,并在此基础上实行连续补货的系统。在原来的信息共享机制下,沃尔玛通过与其他企业共享 POS 数据以实现滞销商品的削减及迅速进行补货等功能,合作企业也能有效地控制本企业产品的销售。但是,在销售预测方面,供应链各企业是独自进行的,这样企业间的销售预测就会出现不一致的情况。也就是说,尽管供应链各环节的企业都能通过 POS 数据的共享进行合理市场预测和经营管理计划的制订,但是由于各经济主体利益和地位的不一致,加上经验积累不同(如生产商更了解商品的技术特点、性能,物流企业更了解商品运输、库存管理的特性,零售商更了解市场发展的动向和销售技巧),各企业的预测往往会有一些差异,而这种差异可能导致某些企业的经营损失和无效管理。反之,如果供应链各企业在能力集成的基础上共同做出预测,则可以大大降低预测的偏差和由此产生的风险。

在沃尔玛的不断推动下,基于信息共享的联合预测补货系统正在向协同规划、预测与补货系统发展。协同规划、预测与补货在联合预测补货的基础上,进一步推动共同计划的制订,即不仅合作企业实行共同预测和补货,同时原来属于各企业内部的计划工作(如生产技术、库存计划、配送计划、销售规划等)也将由供应链各企业共同参与。

10.3.5 电子商务供应链管理整合

1. 纵向一体化向横向一体化转变

20 世纪之前,出于管理和控制上的目的,大部分企业对其需要的原材料、半成品或零部件的供应商企业一直都采取投资自建、对其投资控股或者实施兼并的纵向一体化管理模式,即供应链上的某核心企业与其他供应链节点企业是一种所有权关系,或者对供应链节点企业有着相对的控制权。例如,著名的美国福特汽车公司曾经拥有一个牧羊场,其出产的羊毛都用于生产制造本公司的汽车坐垫。还有,美国某报业大王曾拥有一片森林,也是专为生产新闻用纸提供所需木材。这不仅消耗了大量的企业资源,而且使得企业无法在提升核心竞争力上取得突破。"好钢用在刀刃上",一个企业需要将有限的资源用于核心竞争力的开发和生产效率的提升上,并有着敏锐的市场洞察力,才能在竞争激烈的市场上长久立足。这就为企业向横向一体化转变提供了充足的动力。横向一体化模式是指围绕一个供应链上的核心企业,形成上游供应商与下游企业的战略联盟。这些节点企业之间的信息流、物流、资金流将要形成一体化运作的模式。横向一体化供应链管理中,核心企业可在全球范围内与产品供应商及物流仓储服务商建立合作伙伴关系,与其形成一种长期的战略联盟关系,结成利益共同体。例如,美国福特汽车公司曾在推出新车 Festiva 时,在供应链管理战略上采取的就是典型的横向一体化战略,即核心部分的产品设计都在美国本土设计,发动机在日本的马自达生产,而其他非核心零件生产及装配在韩国完成,最后再发往美国及世界市场上销售,如图 10-6 所示。福特采取这种运作模式的目的是追求低成本、高质量,而最终目的是提高自己的竞争能力。

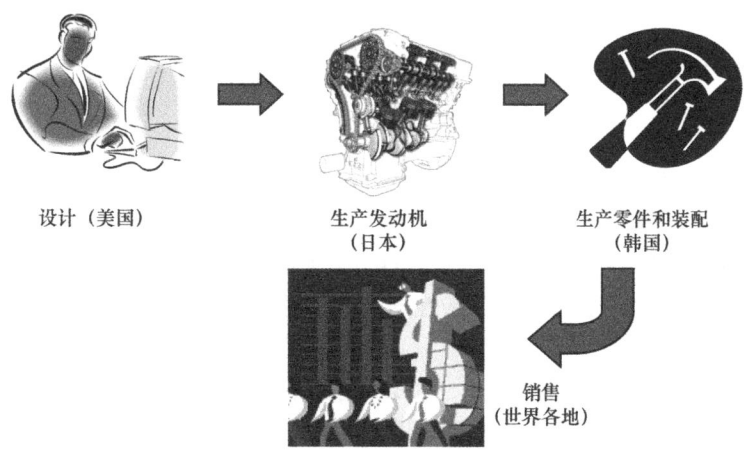

图 10-6 美国福特汽车的横向一体化模式

2. 供应链的信息流整合

供应链管理的重点在于协调,协调的基础在于信息共享,包括企业内部的信息共享和供应链中企业间的信息共享,从而实现供应链的整合。企业可通过各个方面的信息整合,实现信息的高效传递,优化供应链的节点,进一步实现对供应商的整合。如何从自身企业的信息中筛选出信息进行分享,成为供应链节点企业信息共享关注的焦点,也是共享的难点。目前,供应链节点企业间信息共享方面的研究主要关注信息共享影响要素、信息共享模式、实现信息共享的激励机制等问题。

3. 供应链的物流整合

供应链管理涉及由客户、供应商、制造商和分销商组成的网络中的物流、信息流和资金流。物流包括两个方面:一是贯穿整个供应链中从供应商到客户的有形产品流;二是经由产品退货、维修、回收和处理而形成的逆向物流。供应链的物流在一个公司内或在多个公司的交叉之间(有时是跨行业的)超越了多重功能和范围。这些公司内部及跨越公司之间的物流整合与协调是使供应链管理有效的关键。

4. 供应链的资金流优化

供应链管理包括对物流、信息流和资金流的计划、控制和管理,实际的业务操作流程中包含了这三种流的双向流动。其中,资金流包括信用、支付、托收/托付和发票等。企业可以通过开展供应链金融业务来降低资金链的风险,提高资金的流动速度。供应链金融业务不仅让大企业的信用条款延伸到它们的供应商,并且能够利用应收账款的信用质量,使它们的合作银行以优惠利率为其供应商的未偿付票据提供融资。供应链融资可以显著优化供应链资金流。从整体上看,供应链融资减少了整个供应链的成本,而不是将成本从一个供应链成员转移给另一个成员。对买方而言,通过增加应付账款天数和降低库存减少了运营资本投入,减少了整体借贷水平和成本,增加了现金流。对供应商而言,供应链融资能够降低供应商资金成本率,并尽早取得货款。

 课后自测习题

一、选择题

1. 下列选项中,不属于供应链特征的是(   )。
   A. 复杂性   B. 交叉性
   C. 动态性   D. 同步性
2. 当供应链的成员采用其直接的下游订货数据作为市场需求信号时,会产生(   )。
   A. 产品积压现象   B. 缺货现象
   C. 供应不足现象   D. 需求放大现象
3. 与功能性产品相比,下列关于创新性产品的说法不正确的是(   )。
   A. 需求不可预测   B. 产品生命周期较长
   C. 边际贡献率较高   D. 季末降价幅度大
4. 下列选项中,不属于电子商务供应链管理特点的是(   )。
   A. 供应链的电子化、网络化   B. 供应链管理机构虚拟化
   C. 优化精练的协同化管理   D. 数据信息型的分散管理
5. 按供应链的驱动模式划分,供应链可以分为(   )。
   A. 生产推动型供应链和需求拉动型供应链
   B. V型供应链、A型供应链和T型供应链
   C. 有效型供应链和反应型供应链
   D. 简单供应链和复杂供应链

二、名词解释

1. 供应链   2. 供应链管理   3. 快速反应   4. 有效客户反应

三、论述题

1. 什么是供应链?供应链有哪些特征?
2. 什么是供应链管理?供应链管理包括哪些内容?
3. 试分析物流管理与供应链管理的关系。
4. 试比较推动型供应链管理和拉动型供应链管理。
5. 电子商务对供应链管理产生了哪些影响?
6. 电子商务供应链管理的特点有哪些?

案例分析

浅析互联网+环境下服装企业的供应链管理

近年来,全球经济增长放缓,国际订单数量下降;国内劳动力成本及原材料成本不断上涨,一些服装企业将生产基地和订单转到东南亚等国家;国内市场消费变革加剧。在互联网+环境下,新技术、新业态、新模式不断涌现,互联网浪潮影响人民生活的方方面面,它不仅改变了人们的消费习惯,网络销售、新零售、直播带货等互联网新事物还冲击着服装等传统行业,服装工业正经历着一场深刻的转型升级变革。

1. 互联网+环境下服装企业供应链管理的内容

供应链是以客户需求为导向,以提高质量和效率为目标,以整合资源为手段,实现产品设计、采购、生产、销售、服务等全过程高效协同的组织形态。传统的服装企业管理模式是通过预测需求,大批量生产,努力地把产品推向消费者,这并不能满足消费者的需求。在互联网+环境下,服装企业在需求管理、供应管理、生产管理、物流管理四个方面进行重构,通过供应链管理新模式满足消费者的需求。

1)供应链模式下的需求管理

消费者对服装产品的需求日趋多元化、个性化,使得准确预测服装市场的需求日益困难,很多服装企业应用快速反应来应对。但在执行的过程中,服装企业经常抱怨面料供应商不能及时供应消费者需要的花色和功能的面料;抱怨销售商要货太急,交期太近,质量要求太高。这其实是服装企业还没有脱离原来的传统企业管理运作模式、上下游企业缺乏信息沟通导致的。因此服装企业需要主动建立与供应链的上游企业(供应商)和下游企业(销售商)的沟通机制,推进信息共享。

2)供应链模式下的供应管理

传统服装企业的采购人员每天都围绕着订单和采购的价格运转,工作很忙,但依然难以实现采购成本越来越低、产品质量越来越好的目标。重构后的供应管理,重点关注供应商关系管理而不再是订单与价格,建立一整套评价供应商能力、挖掘供应商潜力、优化供应商绩效、调动供应商参与的命运共同体体系,采购人员以服务和赋能的态度展开工作而不是靠监督和博弈。

3)供应链模式下的生产管理

传统的服装企业都是规模化生产,从企划、设计到采购、生产,最终到门店销售,需要6~9个月,有些品类因为进口材料甚至需要14个月,没有办法满足当下消费者快速变化的时尚需求,所以供应链模式下的生产管理——柔性化制造应运而生。

服装行业的柔性化制造有以下三种典型模式:第一种是给中小品牌商、网红店铺提供生产对接的第三方柔性供应链平台"辛巴达"。通过互联网平台,将10万个小作坊和小工厂连接起来,以最小订单量100件起、平均生产时间7.4天的效率,为诸多品牌商提供最后生产的服务。第二种是向ZARA学习,由品牌企业主导,通过一整套IT系统,将设计信息、生产信息、物流信息、销售信息等汇总且模块化、标准化,最终实现整个流程的高效运转。第三种是服装制造业的新型定制模式——C2M个性化定制。由用户需求驱动生产制造,通过电子商务平台订购,用户订多少,工厂就生产多少。

4)供应链模式下的物流管理

物流把供应链上的所有企业都有效连接起来,是服装供应链管理的重要部分。长期以来,服装企业重生产、轻物流,很多物流设施,如仓库在选址和建设上随意性很强,缺乏长远规

划。在物流管理方面，大多数服装企业都采用外包物流的形式。但服装行业的物流信息化水平还不够高，不能保证企业库存的科学合理调配。

在互联网+背景下，服装供应链上的核心企业将通过信息共享和资源整合，将现代信息技术、互联网技术和现代企业管理有机结合，采用智能物流模式，实现订单处理、运输、装卸搬运、包装、配送等物流流程的智能化，提高企业效益。

2. 互联网+环境下服装企业供应链管理的关键要点

1）构建合作共赢的关系

服装供应链包含纺织面料供应商、服装制造商和下游众多的服装销售商。从服装制造企业角度来看，这个供应链中存在两对合作关系，即与上游供应商的关系和与下游销售商的关系。销售商要想对消费者做出快速响应，则要求制造商能够以最短的时间组织生产和供应。同时，这也必须得到上游面料供应商的快速响应。原来执行的简单的订单关系不能够真正建立供应链条上的多方合作关系。要想实现供应链上下游资源的整合和多方合作关系的真正构建，首先要达成双赢甚至多赢的目标，不是制造商利润最大化，而是供应链各方利益最大化。其次是构建长久的利益关系，供应链上的企业要达成深度沟通，如制造商要参与供应商生产过程中有关质量控制的方面，供应商与销售商主动参与企划、产品开发、市场需求的预测。

2）建设集成化的信息化管理系统

供应链中有一个著名的"牛鞭效应"，指的是信息不能共享导致需求信息在供应链的各层级中沿着上游的方向被逐级放大。信息不能共享的原因有两个：一是供应链上各企业没有建立合作共赢关系，为了追求个体企业利益最大化而有意识地隐瞒信息；二是信息技术手段落后，导致无法实现信息共享。在第一个原因得到解决后，服装企业就需要重视对信息化技术的资金投入。信息化技术已广泛应用于服装企业的各个方面，如自动化生产线、自动化仓储管理、自助终端服务设施等。对于中小服装企业而言，可以先实现采购、库存、销售的信息化管理，同时将业务和财务实现紧密集成，在此基础上再分阶段、分步骤地在整个企业全面实施 ERP 系统，达到集成、统一的企业信息化管理。

3）充分利用各种资源

除用好线下门店与传统的电商平台渠道资源外，还要通过新兴社交媒体平台，如微博、小红书、抖音及各类直播渠道，构建以消费者为中心的全渠道的营销矩阵。

资料来源：韩亚东. 浅析互联网+环境下服装企业的供应链管理，西部皮革，2022（1）：43-44

结合上述资料分析：

（1）互联网+环境下服装企业供应链管理的主要内容包括哪些?

（2）互联网+环境下服装企业供应链管理的关键要点有哪些?

第 11 章 电子商务物流新模式

本章要点

1. 理解绿色物流的内涵及管理
2. 熟悉智慧物流的技术框架及具体技术
3. 掌握跨境物流的类型及其与内贸电商物流的区别
4. 掌握 B2C 进出口跨境物流的主要模式

苏宁着力打造绿色物流"全链路"

习近平总书记在全面推动长江经济带发展座谈会上强调,要在严格保护生态环境的前提下,全面提高资源利用效率,加快推动绿色低碳发展,努力建设人与自然和谐共生的绿色发展示范带。"作为长江经济带企业,我们要发挥好带头作用,打造绿色物流全链路,助力绿色发展示范带建设。"苏宁控股集团董事长张近东说。

"双十一"结束后,物流达到峰值。据国家邮政局监测数据显示,仅 2020 年"双十一"期间,全国快递企业处理邮寄业务量高达 39.65 亿件。目前我国 80%的纸质快递包装材料能够被回收利用,而塑料类快递包装因回收价值较低,几乎 99%都得不到有效利用和回收。据估算,我国快递业每年消耗的纸类废弃物超过 900 万吨、塑料废弃物约 180 万吨,并呈快速增长趋势,对环境造成的影响不容忽视。

随着电商业的快速发展,快递包装、配送在一定程度上已经给社会环境保护带来了巨大挑战。近年来,苏宁正着力打造绿色物流"全链路"建设,助力"蓝天、碧水、净土保卫战"。2017 年,苏宁推出"共享快递盒计划",以可循环回收的纸盒代替常用的纸箱;2018 年,苏宁物流推出"青城计划",苏宁绿色物流共享行动从单个城市试点向绿色城市群推进,打造了一条仓储、分拨、运输、配送全链路的绿色物流;2019 年,苏宁大力推行循环包装、可降解材料在物流链中落地;2020 年,苏宁又围绕"新基建"积极推动 5G 物流仓等项目建设落地,持续通过新技术应用推动绿色物流建设。

在绿色包装方面,苏宁也在不断升级。首先是对包装进行减量,全面推广使用 42mm 超级瘦身胶带和一联电子面单,全年可节约 600 万 m^2 纸张。其次是对包装循环使用,从 2017 年 4 月起陆续投放近 50 万只共享快递盒,累计循环超 1.5 亿次;此外还持续加快循环中转袋的投入和使用率，目前覆盖率超过 90%。

2020 年"双十一"期间，苏宁物流上线了临调场景下运输网络优化系统，根据货量的变化实时调整运输网络，提升了运输时效，减少了碳排放；严格控制二次包装比例，全环节规范作业，避免过度包装；针对大促期间快递包装的大量产生，强化对末端全场景纸箱回收的培训，从而保障并提升了大促期间的纸箱及循环包装的回收率。此外，在"双十一"前夕，苏宁物流全国首个新升级"绿色快递站"还在北京亮相，未来将向全国推广。

思考：苏宁着力打造绿色物流"全链路"采取了哪些措施？有何意义？

资料来源：陈燕飞、杨欣，苏宁着力打造绿色物流"全链路"，南京日报

11.1 绿色物流

伴随国民经济和电子商务的迅速发展，物流需求激增，物流业务规模逐渐庞大，资源浪费、环境污染等因物流带来的系列问题也日益凸显并被广泛关注。构建绿色物流、促进绿色消费的呼声越来越强烈，物流行业低耗高效、节能环保的行业绿色发展势在必行。

11.1.1 绿色物流认知

1. 绿色物流的概念

为贯彻国家可持续发展战略，在实现经济效益的同时，兼顾环境、社会和谐，绿色物流的概念应运而生。绿色物流是以经济学的一般原理为基础，建立在可持续发展理论、生态经济学理论、生态伦理学理论、外部成本内部化理论、物流绩效评估等理论基础之上的物流科学发展观。

绿色物流是 20 世纪 90 年代中期才被提出的一个新概念，目前还没有统一的定义。国外学者 Haw-JanWu 和 Steven C. Dunn 认为绿色物流就是对环境负责的物流系统，既包括从原材料的获取、产品生产、包装、运输、仓储直至送达最终用户手中的正向物流过程的绿色化，还包括废弃物回收与处置的逆向物流。

《物流术语》对绿色物流的定义是："通过充分利用物流资源、采用先进的物流技术，合理规划和实施运输、储存、装卸、搬运、包装、流通加工、配送、信息处理等物流活动，降低物流活动对环境影响的过程。"

从管理学的角度讲，绿色物流是指为实现客户满意，连接绿色需求主体和绿色供给主体，克服空间和时间限制的有效、快速的绿色商品和服务的绿色经济管理活动过程。绿色物流里的"绿色"，是一个特定的形象用语，它泛指保护地球生态环境的活动、行为、计划、思想和观念在物流及其管理活动中的体现。同时，绿色物流也是以降低对环境的污染、减少资源消耗为目标，利用先进物流技术规划和实施运输、储存、包装、装卸、流通加工的物流活动。

2. 绿色物流的内容

绿色物流的内容主要包括以下四个方面：

（1）绿色物流的目标。绿色物流的最终目标是可持续性发展，实现该目标的准则是经济利益、社会利益和环境利益的统一。一般的物流活动主要是为了实现企业的盈利，满足客户需求，扩大市场占有率等，这些目标最终均是为了实现某一主体的经济利益。而绿色物流在追求上述经济利益的目标之外，还追求节约资源、保护环境这一既具经济属性、又具社会属

性的目标。

（2）绿色物流的行为主体。绿色物流的行为主体不仅包括专业的物流企业，还包括产品供应链上的制造企业和分销企业，同时包括不同级别的政府和物流行政主管部门，以及社会公众。在产品生命周期的每一阶段，都不同程度地存在着环境问题。专业物流企业对运输、包装、仓储等物流作业的绿色化负有责任和义务。作为供应链上的制造企业，既要设计绿色产品，还应该与供应链上其他企业协同起来，从节约资源、保护环境的目标出发，改变传统的物流体制，制定绿色物流战略和策略，因为绿色物流战略是连接绿色制造和绿色消费的纽带，也是使企业获得持续的竞争优势的战略武器。另外，各级政府和物流行政主管部门在推广和实施绿色物流战略中具有不可替代的作用。由于物流的跨地区和跨行业特性，绿色物流的实施不是仅靠某个企业或在某个地区就能完成的，它需要政府的法规约束和政策支持。同时，清洁的环境给公众带来的是新鲜的空气、洁净的水质、畅通的交通、舒适的工作和生活环境，各种环境污染的直接受害者是公众，公众的环境意识及相应行为对环境保护计划的全面展开具有特别重要的意义，对绿色物流战略的实施同样具有不可替代的推动作用。

（3）绿色物流的活动范围。从活动范围看，绿色物流包括物流作业环节和物流管理全过程的绿色化。从物流作业环节来看，绿色物流包括绿色运输、绿色包装、绿色流通加工等。从物流管理过程来看，绿色物流主要从环境保护和节约资源的目标出发，改进物流体系，既要考虑正向物流环节的绿色化，又要考虑供应链上的逆向物流体系。

（4）绿色物流的理论基础。从理论基础看，绿色物流包括可持续发展理论、生态经济学理论和生态伦理学理论。首先，物流过程不可避免地要消耗资源和能源、污染环境，要实现持续性发展，就必须采取各种措施，打造物流环境之间共生发展的模式。其次，物流系统既是经济系统的一个子系统，又通过物料流动、能量流动建立起了与生态系统之间的联系和相互作用，绿色物流正是通过经济目标和环境目标之间的平衡，实现生态与经济的协调发展的。最后，生态伦理学告诉我们，不能一味地追求眼前的经济利益而过度消耗地球资源，破坏子孙后代的生存环境，绿色物流及其管理战略将迫使人们对物流中的环境问题进行反思和控制。

11.1.2 绿色物流的特点

绿色物流除具有一般物流所具有的特征外，还具有学科交叉性、多目标性、多层次性、时域性和地域性等特点。

1. 学科交叉性

绿色物流是物流管理与环境科学、生态经济学的交叉。由于物流与环境之间的密切关系，在研究社会物流与企业物流时必须考虑环境问题和资源问题；又由于生态系统与经济系统之间的相互作用和相互影响，生态系统也必然会对经济系统的子系统——物流系统产生作用和影响。因此，必须结合环境科学和生态经济学的理论、方法进行物流系统的管理、控制和决策，这也正是绿色物流的研究方法。学科的交叉性，使得绿色物流的研究方法复杂，研究内容广泛。

2. 多目标性

绿色物流的多目标性体现在企业的物流活动要顺应可持续发展的战略目标要求，注重对生态环境的保护和对资源的节约，注重经济与生态的协调发展，追求企业经济效益、消费者效益、社会效益与生态环境效益四个目标的统一。系统论观念告诉我们，绿色物流的多目标之间通常是相互矛盾、相互制约的，一个目标的增长将以另一个或几个目标的下降为代价。如何取得多目标之间的平衡,正是绿色物流要解决的问题。从可持续发展理论的观念看,生态环境效益的保证将是企业经济效益、消费者效益和社会效益得以持久保证的关键所在。

3．多层次性

绿色物流的多层次性体现在三个方面。首先,从对绿色物流的管理和控制主体看,绿色物流活动有社会决策层、企业管理层和作业管理层三个层次,或者说是宏观层、中观层和微观层三个层次。其中,社会决策层的主要职能是通过政策、法规的手段传播绿色理念;企业管理层的任务是从战略高度与供应链上的其他企业协同,共同规划和控制企业的绿色物流系统,建立有利于资源再利用的循环物流系统;作业管理层的主要任务是将物流作业环节绿色化,如运输绿色化、包装绿色化、流通加工绿色化等。其次,从系统的观点看,绿色物流系统是由多个单元(或子系统)构成的,如绿色运输子系统、绿色仓储子系统、绿色包装子系统等。这些子系统又可按空间或时间特性划分成更低层次的子系统,每个子系统都具有层次结构,不同层次的物流子系统又通过相互作用,构成一个有机整体,实现绿色物流系统的整体目标。最后,绿色物流系统还是另一个更大系统的子系统,这就是绿色物流系统赖以生存发展的外部环境,包括法律法规、政治环境、文化环境、资源条件、环境资源政策等,它们对绿色物流的实施起约束作用或推动作用。

4．时域性和地域性

绿色物流的时域性是指绿色物流管理活动贯穿于产品的生命周期全过程,包括从原材料供应,生产内部物流,产成品的分销、包装、运输,直至报废、回收的整个过程。

绿色物流的地域性体现在两个方面。一是由于经济的全球化和信息化,物流活动早已突破地域限制,呈现出跨地区、跨国界的发展趋势。相应地,对物流活动绿色化的管理也具有跨地区、跨国界的特性。二是绿色物流管理策略的实施需要供应链上所有企业的参与和响应。例如,为了更好地实施绿色物流战略,欧洲一些国家对托盘的标准、汽车尾气排放标准、汽车燃料类型等都进行了规定,其他国家不符合标准要求的货运车辆将不允许进入本国。跨地域、跨时域的特性也说明了绿色物流系统是一个动态的系统。

11.1.3 绿色物流管理

绿色物流管理作为当今经济可持续发展的重要组成部分,对社会和经济发展及人民生活质量的改善具有重要的意义,无论是政府有关部门还是企业界,都应积极出台和采取相应措施加强绿色物流管理,促进绿色物流全面发展。

1．政府的绿色物流管理措施

绿色物流的实施不仅是企业的事情,而且必须从政府规制的角度对现有的物流体制进行强化管理,并构筑绿色物流建立与发展的框架,具体措施如图11-1所示。政府应完善绿色物流的管理,制定相关法规和标准,通过政策激励促进绿色物流发展,积极传播绿色理念,对企业和公众进行绿色价值观和绿色消费等宣传教育。

(1)政府规制。绿色物流发展的政府规制的目的在于政府对物流企业或制造企业的物流行为予以限制或禁止,这是对企业物流活动外部不经济性的约束与干预。政府规制具有目标明确性、执行强制性及效果直接性的优点,它可以弥补激励机制约束力不足的缺陷。绿色物流发展的政府规制主要包括环境立法、排污收费制度、许可证制度和绿色物流标准等。

(2)政策激励。政府规制虽然具有严肃性、可操作性的优点,但缺乏刺激企业自觉控制污染、实行绿色化经营的动力,对已达到环保标准的企业作用减弱甚至失去作用。因此,为了促

图 11-1 政府的绿色物流管理措施

进绿色物流的发展，政府还必须建立有效的绿色激励政策，通过经济杠杆来激励和引导物流主体的行为，使其在经营活动中向绿色化方向发展。政府部门除制定相关指导政策外，还应从财政补贴、税收优惠、政府采购、产业引导等层面制定更为有效的激励政策。

（3）宣传教育。保护环境是一项关系到公众切身利益和子孙后代长远利益的事业。推进绿色物流发展除需要加强政府政策法规的约束和激励外，还需要企业和广大公众的积极参与，因此必须重视对绿色理念的宣传，重视对消费者和企业的绿色物流教育。发展应该是可持续的，可持续发展是最根本的伦理，这一信念就是强调现在活着的人必须对未来的子孙后代负有道德义务。这就是可持续发展的伦理观。为实现经济的可持续发展，促进绿色物流的发展，以可持续发展的伦理观为基础进行绿色教育是非常必要的。

2．企业的绿色物流管理措施

绿色物流实际上涉及供应链上的制造企业、物流企业、销售企业和消费者。企业在环境保护方面的作用是最重要的，除受到政府规制、政策和宣传教育影响外，企业的环境自律管理对绿色物流的推进也至关重要。企业的绿色物流管理的主要措施如图 11-2 所示。

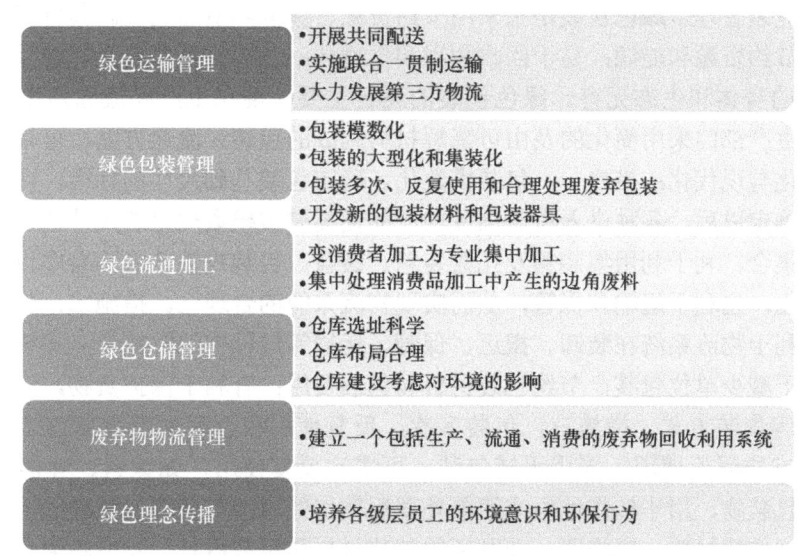

图 11-2 企业的绿色物流管理的主要措施

（1）绿色运输管理。交通运输工具的大量能源消耗，运输过程中排放的大量有害气体、产生的噪声污染，运输易燃、易爆、化学品等危险原材料或产品可能引起的爆炸、泄漏等事故，都会对环境造成很大的影响，因此构建企业绿色物流体系显得至关重要。

首先，开展共同配送（Joint Distribution），减少污染。共同配送是以城市一定区域内的配送需求为对象，人为地进行有目的、集约化的配送。它是由同一行业或同一区域的中小企业协同进行配送的。共同配送统一集货、统一送货，可以明显地减少货流，有效地消除交错运输，缓解交通拥挤状况，提高市内货物运输效率，减少空载率；有利于提高配送服务水平，使企业库存水平大大降低，甚至实现零库存，降低物流成本。

其次，实施联合一贯制运输。联合一贯制运输（Combined Transportation）是指以件杂货为对象，以单元装载系统为媒介，有效地巧妙组合各种运输工具，从发货方到收货方始终保持单元货物状态而进行的系统化运输方式。这种运输方式要求装载工具及包装尺寸都做到标准化。由于全程采用集装箱等包装形式，这种运输方式可以减少包装支出，降低运输过程中的货损、货差。联合一贯制运输方式的优势还表现在，一方面它克服了单个运输方式固有的缺陷，在整体上保证了运输过程的最优化和效率化；另一方面，从物流渠道看，它有效地解决了由于地理、气候、基础设施建设等各种市场环境差异造成的商品在产销空间、时间上的分离，促进了产销紧密结合及企业生产经营的有效运转。通过运输方式的转换，可削减总行车量，包括转向铁路、海上和航空运输。联合一贯制运输是物流现代化的支柱之一。

最后，大力发展第三方物流。发展第三方物流，由专门从事物流业务的企业为供方或需方提供物流服务，可以从更高的角度、更广泛地考虑物流合理化问题，简化配送环节，进行合理运输，有利于在更广泛的范围内对物流资源进行合理利用和配置，可以避免自有物流带来的资金占用、运输效率低、配送环节烦琐、企业负担加重、城市污染加剧等问题。当一些大城市的车辆配送大为饱和时，专业物流企业的出现使得大城市的运输车量减少，从而缓解了物流对城市环境污染的压力。除此之外，企业对各种运输工具还应采用节约资源、减少污染的原料作动力，如使用液化气、太阳能作为城市运输工具的动力；或响应政府的号召，加快运输工具的更新换代。

（2）绿色包装管理。绿色包装是指采用节约资源、保护环境的包装。其特点是材料最省，废弃最少，且节约资源和能源；易于回收利用和再循环；包装材料可自然降解且降解周期短；包装材料对人的身体和生态无害。绿色包装的途径主要体现在生产和流通两个方面。生产方面，尽量促进生产部门采用简化的及由可降解材料制成的包装。流通方面，可采取如下措施实现包装的合理化与现代化：措施一，包装模数化。确定包装基础尺寸的标准，即包装模数化。包装模数标准确定以后，各种进入流通领域的产品便需要按模数规定的尺寸包装。模数化包装利于小包装的集合，利于利用集装箱及托盘装箱、装盘。包装模数若能和仓库设施、运输设施尺寸模数统一化，也利于运输和保管，从而实现物流系统的合理化。措施二，包装的大型化和集装化。这有利于物流系统在装卸、搬运、保管、运输等过程中的机械化，加快这些环节的作业速度；有利于减少单位包装，节约包装材料和包装费用；有利于保护货物，如采用集装箱、集装袋、托盘等集装方式。措施三，包装多次、反复使用和合理处理废弃包装。采用通用包装，不用专门安排回返使用；采用周转包装，可多次反复使用，如饮料、啤酒瓶等；梯级利用，一次性的包装物，用毕转作他用或简单处理后转作他用；对废弃包装物经再生处理，转化为其他用途或制作新材料。措施四，开发新的包装材料和包装器具。发展趋势是，包装物高功能化，用较少的材料实现多种包装功能。

（3）绿色流通加工。流通加工是指在流通过程中继续对流通中商品进行生产性加工，使其成为更加适合消费者需求的最终产品。流通加工具有较强的生产性，也是流通部门对环境保护大有作为的领域。绿色流通加工的途径主要分两个方面：一是变消费者加工为专业集中加工，以规模作业方式提高资源利用效率，减少环境污染，如饮食服务业对食品进行集中加工，以减少家庭分散烹调所带来的能源和空气污染；二是集中处理消费品加工中产生的边角废料，以减少消费者分散加工所造成的废弃物污染，如流通部门对蔬菜集中加工，可减少居民分散加工垃圾丢放及相应的环境治理问题。

（4）绿色仓储管理。储存在物流系统中起着缓冲、调节和平衡的作用，是物流的一个中心环节。储存的主要设施是仓库。现代化的仓库是促进绿色物流运转的物资集散中心。绿色仓储是以环境污染小、货物损失少、运输成本低等为特征的仓储。首先，仓库选址科学，节约运输成本。如果仓库过于松散，则会降低运输效率，增加空载率；如果过于密集，又会增加能源消耗，增加污染物排放。仓库布局要总体规划，依据企业可持续性发展战略要求，做到仓储绿色化。其次，仓库布局合理，使仓库在一定程度上得到最为充分的利用，从而实现仓储面积利用的最大化，减少仓储成本。最后，充分考虑仓库建设和运营对所在地环境产生的影响，尽可能采用节能环保技术及设备。目前，绿色仓储的相关技术主要涉及节电、节水、采暖等，如采用节能反光屋顶、太阳能屋顶、高效节能的照明系统、先进的低能耗制热和制冷系统，以及利用循环雨水进行绿化灌溉等。其中，分布式光伏发电技术的引入尤为引人注意。

（5）废弃物物流管理。废弃物物流是将经济活动中失去原有使用价值的物品，根据实际需要进行收集、分类、加工、包装、搬运、储存，并分送到专门处理场所时形成的物品实体流动。减少废弃物物流，需要实现资源的再使用（回收处理后再使用）、再利用（处理后转化为新的原材料使用），为此应建立一个包括生产、流通、消费的废弃物回收利用系统。要达到上述目标，企业就不能只考虑自身的物流效益化，而是需要从整个产供销供应链的视野上来组织物流，而且随着这种供应链管理的进一步发展还必须考虑废弃物的循环物流。即管理型物流追求与交易对手共同实现效益化，供应链型物流追求从生产到消费流通全体的效益化，而循环型物流应追求从生产到废弃物全过程的效益化，这是21世纪绿色物流管理亟待解决的重大课题。

（6）绿色理念传播。企业从领导层到员工层都具有强烈的环境意识和绿色理念是非常重要的。仅有领导层的认识而没有一线员工的积极参与和配合，即使制定了最佳的绿色物流战略，也很难得到很好的执行，使战略的作用降低。因此，有必要从上至下进行绿色理念的传播，培养各级层员工的环境意识和环保行为。

11.1.4 绿色物流在电子商务中的应用

国家在政策上大力倡导绿色物流的同时，电商物流领域的企业社会责任感日益增强，它们正在不断积极探索绿色发展模式，提高企业绿色发展能力，以京东、阿里巴巴、苏宁为代表的龙头电商和物流企业开展了形式多样的绿色物流应用行动，为行业树立了榜样。

1. 京东"青流计划"

2017年6月5日，京东物流联合九大品牌商共同发起绿色供应链联合行动——青流计划，希望从减量包装、绿色物流技术创新和应用、节能减排等多个方面推动物流行业绿色化发展。2018年"618"之前，"青流计划"再度升级，上升为京东集团层面的战略计划，从关注生态环境扩展到与人类可持续发展相关的环境、人文、社会和经济的全方位内容。截至2020年9月，经过三年多的时间，京东物流已累计应用青流箱和循环生鲜保温箱等循环包装1.6亿次，减少一次性快递垃圾6.7万吨；通过联动品牌商直发包装及纸箱循环利用，节省了约20亿个快递纸箱，超过20万商家、亿万消费者参与其中。

2. 苏宁"青城计划"

"青城计划"是苏宁物流在城市维度的全新探索和行动升级，致力于打造全球领先的全链路绿色物流解决方案，结合地方特色，创新驱动、源头治理、社会协同，推进绿色产品的全场景应用，打造新型绿色物流快递城市。2018 年 11 月 1 日，苏宁物流发布绿色物流共享行动——青城计划，"椰城"海口成为第一站。苏宁物流携手海口市政府、小米集团、灰度环保，齐力协同，致力于将海口打造成为全球领先的全链路绿色物流快递城市。2020 年 4 月 22 日，"青城计划"落地无锡。同年"双十一"前夕，"青城计划"在北京全面推进。目前，苏宁物流宣布升级"青城计划 2.0"战略，以技术创新与效率提升驱动全国物流基础设施绿色化升级，打造绿色"新基建"，降低物流运营成本，助力全国绿色物流快递城市常态化、普及化，创造绿色新未来。

3. 菜鸟"绿色物流 2020 计划"

2018 年 5 月 23 日，由菜鸟牵头，天猫、淘宝、闲鱼、零售通、盒马、饿了么等阿里巴巴各核心板块聚首北京，共同启动"绿色物流 2020 计划"，并向全社会发出倡议：绿色物流事关每个人，希望全社会一起努力，推进绿色包装，绿色才是未来竞争力。同一天，菜鸟宣布升级品牌 Logo，将绿色循环标志引入其中，呼吁社会共同关注绿色发展。"绿色物流 2020 计划"的升级图景为，到 2020 年，天猫直送全部把快递袋升级为环保袋；淘宝和闲鱼的上门取件服务，环保快递袋覆盖全国 200 个城市；零售通要实现百万小店纸箱零新增；城市配送新能源车 100 城开跑；盒马要达到物流全程"零"耗材；饿了么要推广绿色环保外卖联盟。

4. 灰度环保"青藤联盟"

2018 年 4 月 25 日，灰度环保联手苏宁物流、京东物流、中邮速递易等业内标杆企业，共同发起"青藤联盟"，针对快递垃圾污染，发起颠覆包装传统、推行绿色物流的行动计划。"青藤联盟"是以联合行业力量共同促进绿色包装产业升级为宗旨，以技术创新和体系创新为动力，面向全社会打造绿色循环物流体系的企业联盟。高效、低耗、智能、绿色是"青藤联盟"的目标，联盟未来将围绕仓、配、运、送四大环节进行科技创新，建立绿色物流包装、新能源设施、可循环技术和绿色公益项目体系，助力相关产业转型升级，培育循环经济新增长点，为社会发展注入绿色动力。"青藤联盟"既做源头激励——为消费者提供购物券、信用分等，引导大家主动上交用过的环保包装箱；也从渠道建设上发力——灰度环保正在牵头打造"逆向物流"体系，也就是发动千千万万的快递员、收废品人员，并在街头布设"自助回收机"，从而打通循环快递箱从消费者回流到商户的"最后一公里"。目前在北京、上海、杭州、广州、厦门等城市，灰度环保都已布局区域性逆向物流中心。

11.2 智慧物流

当前，我国物流产业增速正在趋缓，传统的产业发展方式难以满足消费型需求快速增长的要求，现有的资源条件也不足以支撑产业规模的持续快速增长。全球新一轮科技革命的到来，为产业转型升级创造了重大机遇，智慧物流正在成为物流业转型升级的重要源泉。

11.2.1 智慧物流认知

1. 智慧物流的概念

智慧物流简称 ILS，由 IBM 首次提出，2009 年 12 月中国物流技术协会信息中心、华夏物联网、《物流技术与应用》编辑部联合提出概念。

智慧物流是指通过智能硬件、物联网、大数据等智慧化技术与手段，提高物流系统分析决策和智能执行的能力，提升整个物流系统的智能化、自动化水平。智慧物流是在传统物流的基础上，结合运用人工智能技术，降低物流成本、提高物流运作效率的新型物流模式。它为传统物流的转型发展开辟了新路径。与传统物流模式相比，智慧物流以互联网为依托，广泛应用大数据、人工智能等信息技术与设备来提高物流系统思维、感知、学习、分析决策和智能执行的能力，通过精细、动态、科学的管理来提升整个物流系统和过程控制的智能化、自动化水平，是部分或全部代替人力和人工决策的新兴业态。

2．智慧物流的特点

智慧物流主要呈现以下特点：一是自动感知。智慧物流利用物联网技术实现所有物流要素的数字化和业务的数据化，并实现各类数据信息的自动感知、传输和存储，实现智慧物流网与实体网的实时互联互通。二是自我判断。智慧物流实时监测物流活动，并根据预设的逻辑和规则及时分析数据，发现物流过程中的薄弱环节或漏洞，预测问题的潜在影响。三是智慧决策。在信息分析和判断的基础上，智慧物流根据约束条件提出应对方法、措施和方案，实现物流系统程控化与自动化发展。四是自动执行。自动执行是指在人的授权范围内，由数据驱动决策实施与执行，将风险降到最低，减少人工干预。五是深度协同。智慧物流跨企业、跨流程深度协同，基于物流系统全局优化智能算法实现整体最优，调度整个物流系统各参与方高效分工协作。六是智慧学习。智慧物流促进人们在执行中学习，在学习中优化，通过主动学习新的知识，创造适应环境的语言和思维能力，并在物流实际运作中不断升级。

11.2.2 智慧物流的作用

1．智慧物流能够降低物流成本，提高企业利润

智慧物流能大大降低制造业、物流业等各行业的成本，提高企业的利润。生产商、批发商、零售商三方通过智慧物流相互协作、信息共享，物流企业便能更加节省成本。其关键技术（如物体标识及标识追踪、无线定位等新型信息技术）的应用，能够有效实现物流的智能调度管理，整合物流核心业务流程，加强物流管理的合理化，降低物流消耗，从而降低物流成本、减少流通费用、增加利润。

2．智慧物流能够加速物流产业的发展，使其成为物流业的信息技术支撑

智慧物流的建设，将加速当地物流产业的发展，使企业集仓储、运输、配送、信息服务等多功能于一体，打破行业限制，协调部门利益，实现集约化高效经营，优化社会物流资源配置。同时，将物流企业整合在一起，将过去分散多处的物流资源进行集中处理，发挥整体优势和规模优势，可以实现传统物流企业的现代化、专业化和互补性。此外，这些企业还可以共享基础设施、配套服务和信息，降低运营成本和费用支出，获得规模效益。

3．智慧物流能够为企业生产、采购和销售系统的智能融合打下基础

随着 RFID 技术与传感器网络的普及，物与物的互联互通将给企业的物流系统、生产系统、采购系统与销售系统的智能融合打下基础。而网络的融合必将产生智慧生产与智慧供应链的融合，企业物流也将完全智慧地融入企业经营之中，打破工序、流程界限，有利于打造智慧企业。

4．智慧物流能够使消费者节约成本，轻松、放心购物

智慧物流通过提供货物源头自助查询和跟踪等多种服务，尤其是对食品类货物的源头查询，能够让消费者买得放心、吃得放心，在增加消费者购买信心的同时促进消费，最终对整体市场产生良性影响。

5. 智慧物流有利于提高政府部门的工作效率，有利于推动政治体制改革

智慧物流可全方位、全程监管食品的生产、运输、销售，大大减轻了相关政府部门的工作压力，同时使监管更彻底、更透明。通过计算机和网络的应用，政府部门的工作效率将大大提高，有助于我国政治体制的改革，有助于精简政府机构、裁汰冗员，从而削减政府开支。

6. 智慧物流有利于促进当地经济进一步发展，提升综合竞争力

智慧物流集多种服务功能于一体，体现了现代经济运作特点的需求，即强调信息流与物质流快速、高效、通畅地运转，从而降低社会成本，提高生产效率，整合社会资源，提升综合竞争力。

11.2.3 智慧物流技术

1. 智慧物流技术架构

智慧物流系统的技术架构包含四层，如图 11-3 所示。最下层是数据感知层，向上依次为网络传输层、数据存储层和应用服务层。

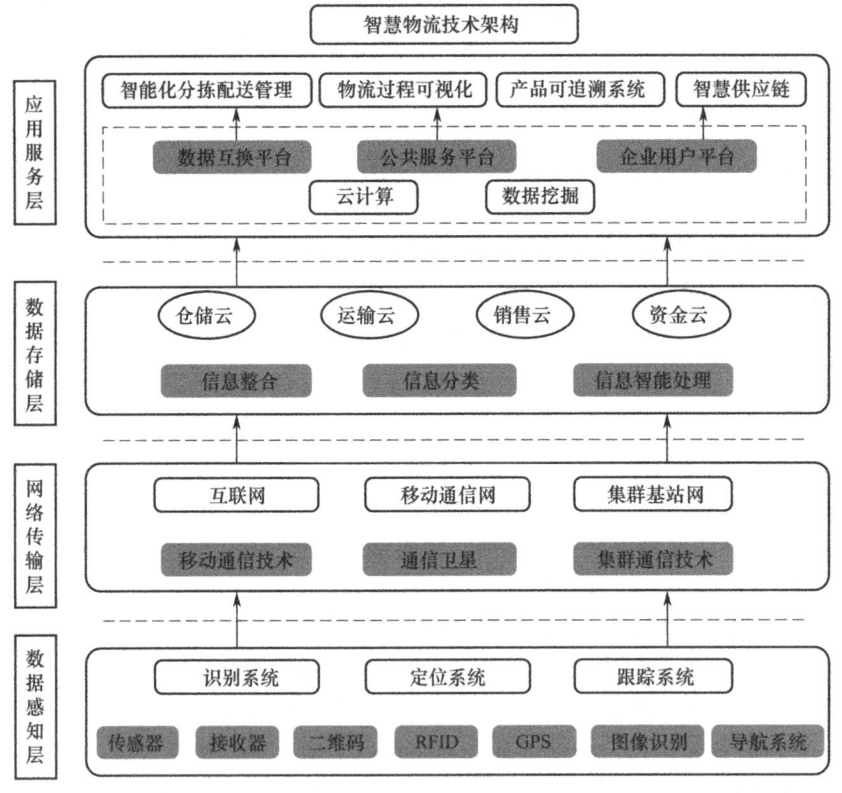

图 11-3 智慧物流系统的技术架构

数据感知层包括识别系统、定位系统和跟踪系统。感知技术设备（RFID、条码枪、传感器等）结合 GPS、定位跟踪，实时、自动采集物流系统单元的信息，信息再按系统结构和运营逻辑进行处理，可实现对物和其他对象的实时、流程的信息掌握。

网络传输层利用各种传输网络和通信技术，及时、安全地传输感知设备所收集的信息。传输介质包括互联网、移动通信网、集群基站网等。

数据存储层在应用服务层和网络传输层之间，主要功能是对感知层获取的信息进行处理和管理。这一层通过对信息的智能处理，可为各类对象（客户、管理人员、司机等）提供信息服务，常称仓储云、运输云、销售云、资金云等。

应用服务层包括数据交换平台、公共服务平台和企业用户平台，它直接为用户提供所需信息，为其决策提供数据支撑。为使用者提供定制化服务，不仅可以降低应用成本，还能提高处理效率，实现商品溯源、运单跟踪、智能化分拣配送、预测与预警等功能。智能决策系统能够制定科学决策，为配送路线提出优化建议，为企业、运输部门和政府部门等提供决策参考。

2. 智慧物流技术的细分领域

作为智慧物流发展的根基，大数据、物联网、云计算、智能机器人等新技术及装备越来越广泛地被应用于物流行业，在整个智慧物流体系框架中起到关键的支撑作用。无人机、机器人等技术在近几年来发展迅速，未来将会进一步与物流行业结合，广泛应用在仓储、运输、配送等各个物流环节。智慧物流技术可细分为智慧作业技术和智慧数据底盘技术两大领域，如图 11-4 所示。

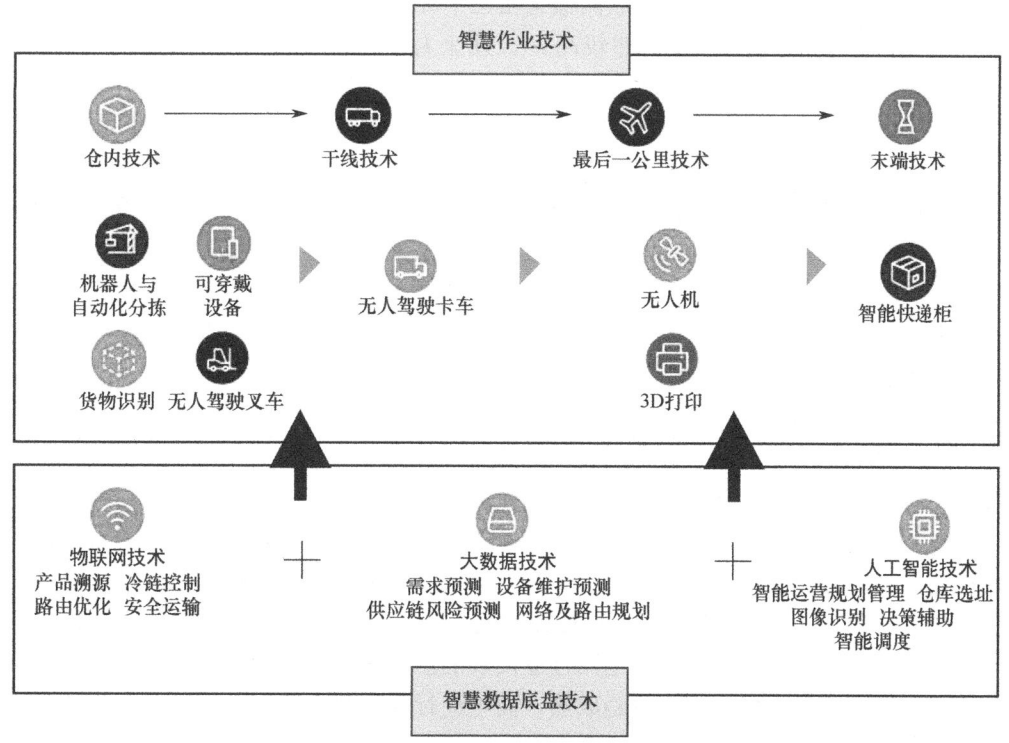

图 11-4 智慧物流技术的细分领域

1) 智慧作业技术

智慧作业技术可细分为仓内技术、干线技术、"最后一公里"技术和末端技术四个领域。

第一领域，仓内技术领域。该领域主要有机器人与自动化分拣、可穿戴设备、无人驾驶叉车、货物识别四类技术。当前机器人与自动化分拣技术已广泛应用，可穿戴设备中智能眼镜技术进展较快，其余大部分仍处于研究阶段。京东及亚马逊等国内外电商企业已开始研发相关智能设备。

第二领域，干线技术领域。干线运输主要是无人驾驶卡车技术。无人驾驶卡车将改变干线物流现有格局，目前多家企业已开始了对无人驾驶卡车的探索。该技术主要由整车厂商主导，如戴姆勒等；但也有部分电商、物流企业正尝试布局，如亚马逊已申请无人卡车相关专利提前布局，而国内企业京东也正在尝试研发无人卡车。

第三领域，"最后一公里"技术领域。该领域主要包括无人机技术与 3D 打印技术两大类。无人机技术相对成熟，目前包括京东、顺丰、DHL 等国内外多家物流企业已开始进行商业测试。无人机凭借其灵活等特性，预计将成为特定区域未来末端配送的重要方式。3D 技术尚处于研发阶段，目前仅有亚马逊、UPS 等针对其进行技术储备。

第四领域，末端技术领域。末端新技术主要是智能快递柜，目前已实现商用（主要覆盖一二线城市），是各方布局的重点，但受限于成本与消费者使用习惯等问题，未来发展存在不确定性。菜鸟、顺丰等较早切入智能末端市场，已经完成数据覆盖。

2）智慧数据底盘技术

智慧数据底盘技术包括物联网、大数据及人工智能三大领域，是未来智慧物流发展的重要方向，也是智慧物流能否进一步迭代升级的关键。

第一领域，物联网技术领域。物联网概念虽已十分普及，但受终端传感器高成本的影响，目前在物流领域大规模应用难度仍然较高。长期来看，低成本的传感器技术将实现突破，RFID 和其他低成本无线通信技术将是未来的方向。物联网在物流领域的应用场景主要有产品溯源、冷链控制、安全运输和路由优化四种。第二领域，大数据技术领域。大数据技术已成为众多企业重点发展的新兴技术，多家企业已成立相应的大数据分析部门，进行大数据的收集、研究、分析和应用布局。大数据技术在物流领域的应用场景主要有需求预测、设备维护预测、供应链风险预测和网络及路由规划四种。第三领域，人工智能技术领域。人工智能技术主要由电商平台推动，尚处于研发阶段，除图像识别外，其他人工智能技术距离大规模应用仍有较大差距。人工智能在物流领域的应用场景主要有智能运营规划管理、仓库选址、决策辅助、图像识别和智能调度五种。

11.2.4 智慧物流在电子商务中的应用

智慧物流让丰富的物流资源要素更合理地完成融合与配置，能够给电商客户提供良好的服务体验与产品价值。电商行业因智慧物流而有了较大发展，物流技术所展现出的自动化、信息化和数控化趋势，让电商所需要的互联网+高效运输、互联网+便捷配送等新兴产业模式的优化成为可能。除此之外，智慧仓储、无人机、无人仓、分拣 AGV、冷链技术、刷脸智能柜等，无一不展现出智慧物流对于支持电商行业发展的巨大潜能。因此我们可以认为，每一次物流行业的革新都标志着智慧物流的日趋成熟，而电商行业也势必会因此受到进一步的激励，增大自身发展空间。

据中国物流和采购联合会的统计资料显示，2019 年，智慧物流的软件和硬件需求有超过 2 800 亿元人民币的市场规模，2020 年以来的新冠肺炎疫情在给电商经济带来一定冲击的同时，也充分说明了智慧物流的存在与发展对于电商行业复苏及重新崛起的重要意义。通过智能仓库、超级机器人仓、智能分拨节点等智慧物流设施建设，以及电子面单、智能分单等大数据产品的使用，电商行业的巨头们正在全球搭建起一张高效物流网络，加快布局智慧物流。

电商物流巨头菜鸟通过大数据驱动的智能供应链协同平台构建智慧物流产业，增加了劳动的价值性，将人工从艰辛的劳作中解脱，逐渐向数字化、智能化升级进阶，使中国物流行业呈现出勃勃生机的态势。菜鸟在智慧物流上的目标可以总结为两点：时效更快、成本更低。时效方面，菜鸟的目标是实现中国 24 小时、全球 72 小时必达；与此同时，菜鸟还要降低物流行业的损耗成本，目标是将当前物流行业占 GDP 的 15%降到 5%。菜鸟依托自身商流、合作伙伴数据流优势，专注对物流预测，促进物流整体效率提升。从语音助手到扫脸开柜，从电子面单到智能分单，从秒级通关到机器人仓，从物流天眼到无人驾驶，菜鸟的物流骨干网技术升级让快递业在大量快件下也能平稳进行，使物流的各个环节不断突破创新，通过智慧技术推动现代物流业高速发展。

电商物流先锋——京东物流于 2016 年 5 月开始布局智慧物流体系，计划用大数据、云技术、无人车、无人仓和无人机，构筑"天地一体"的智慧物流网络。其智慧物流系统主要由配送系统、仓库管理系统、运输管理系统和物流调度系统组成。京东物流在物流自动化领域的研发和应用一直走在行业的前列，自主开发了一系列高规格、复杂的智能物流项目，如京东全自动物流中心、京东无人机、京东仓储机器人、京东自动车辆配送等。在 2018 年的"双十一"活动期间，京东通过组合不同的黑科技，如无人仓库、无人驾驶车辆、无人机、机器人、智能封隔器、智慧物流系统等，实现了"超高效物流自由"。供应链升级智能物流将引领智能供应链的转型，凭借贴近用户的优势，智能物流将推动用户深入产业链上下游，迫使产业链各环节与用户需求加强联动和深化融合，加速协同共享生态系统的形成和使用。

11.3 跨境电子商务物流模式

跨境电子商务面向全球市场，交易双方涉及很多国家和地区，各国的物流水平参差不齐，加上交易商品种类众多，所以对物流的要求差异较大。跨境物流包括国内物流、国际物流与目的国物流，涉及出境海关、入境海关与商检，其物流链条更长、物流时间更久、物流距离更远、物流方式更复杂。

11.3.1 跨境电子商务物流认知

1. 跨境电子商务物流的定义

跨境电子商务物流（简称跨境物流）是指在跨境电子商务背景下，因为交易主体分属不同的国家或地区，商品从卖方流向买方时需要跨越不同的国家，有时还需要跨越多个国家，同时会涉及多个国家的通关与商检，从而实现商品从卖方向买方的空间位移，并在买方所在国家实现最后的物流与配送活动，以及与之相关的一系列活动。根据商品的空间位移轨迹，跨境物流分为国内物流、国际物流、目的国物流与配送三部分。与国内物流相比，跨境物流涉及输出国海关和输入国海关，需要进行清关与商检，工作内容较为复杂，存在不同国家标准与要求不一致问题，海关与商检执行人员水平与要求也存在差异，因而跨境物流更为复杂、风险更高。

跨境电子商务和跨境物流相互作用，相互影响。伴随着跨境电子商务的发展与成熟，人们对跨境物流的要求也越来越高，即从基本的商品空间位移功能的实现，提高到时间更短、成本更低、服务更好、各种增值服务更多等。跨境物流反向推动与制约着跨境电子商务的发展。跨境物流满意度的提升会提高跨境电子商务的满意度，跨境物流水平越高，越会推动跨境电子商务进一步发展；反之，较长的时间、较高的成本、较低的服务水平与物流增值服务的缺乏等，会阻碍跨境电子商务的发展，甚至严重制约跨境电子商务成长。

2. 跨境电子商务物流与传统电子商务物流的异同

跨境物流与传统电子商务物流都具有小批量、高频次、单批品类多、地域分散及对时效性要求高的特点，但二者也存在着显著的差异。

（1）物流服务环节不同。在物流服务环节方面，跨境物流增加了语言和报关服务环节。由于跨境电子商务的交易主体分属两个不同国家或地区，语言往往不通，并且所交易的商品类型属于对外贸易范畴，因此需要在物流服务时增加语言和报关服务。

（2）物流系统构建不同。在物流系统构建方面，跨境物流要同时建设内外两套系统。由于跨境电子商务同时包括一国商品的出口贸易和海外商品的进口贸易两个方面，因此必须针对进口和出口建设国内、国外两套物流系统。

（3）物流基础设施不同。在基础设施方面，跨境物流增加了保税仓、海外仓等设施。无论是进口还是出口跨境电子商务，若要达到对订单的快速响应，在买家所在国家或地区实现商品仓储是不二选择，这就需要在相应国家建设自贸区、保税区、保税仓、海外仓等设施。

（4）物流企业不同。在物流企业方面，跨境物流增加了代理类物流企业。由于跨境电子商务的商品交付过程中涉及进出境，因此增加报关清关代理类物流企业必不可少。同时，由于跨境电子商务的物流服务一般需要经由另一国家的物流企业和基础设施来完成，因此增加海外代理类物流企业同样必不可少。

11.3.2　跨境电子商务物流的特点

1. 物流环境复杂

跨境物流服务于跨境电商这一国际贸易的新兴业态，受到贸易国相关方政治、经济、法律、文化等诸多因素的影响，物流的柔性较差。语言、文化的差异等会给沟通带来很大的不便，各种技术发展水平参差不齐会带来物流衔接与配合上的问题，各地政策、跨国贸易规则的不同会导致跨境物流网络的协同性较差。例如，国际间各国不允许进口的货物类型都有明确的法律法规，目的国禁止进口的产品不能发货。诸如带电带磁、液体、保健品、食物、固体、护肤品等特殊产品，需要有目的国的国家认证，因此企业必须了解目的国所要求提供的认证文件，且不得虚报或隐瞒，否则一经发现，会被海关扣关，甚至罚没。

2. 物流时效不稳定

与国内的物流相比，跨境物流的程序更为复杂。跨境物流涵盖了从国内生产厂商到配送仓库的干线或快运物流，中转仓或保税仓到机场站点或港口堆场的短驳物流，空运或海运的跨境物流，以及国外海关站点到海外仓的短驳物流、海外落地配物流。可以说，跨境电商在线上的购物享受和国内电商没有太大的差异，但是在线下的物流操作却要困难得多。同时，跨境物流是最长链条的多式联运。由于物流链路长且流程更多，同时还要涉及通关、运输时间、运输方式、清关等一系列的问题，受所要运输的货物、所选择的跨境物流服务商的服务能力、清关和税务业务能力等因素影响很大，因而跨境物流时效不够稳定。

3. 需求层次多样

通常情况下，跨境电商主要经营中低价消费品、高价值奢侈品、标准化必需品、专项产品四大类商品，分别对应 B2C、C2C、B2B 及全供应链运营者。但是商品类别之间存在的巨大差异，使得其对物流服务的要求也迥然不同。例如，中低价消费品通常要求运费低廉，而对于高端奢侈品而言，客户则更注重物流的速度及优质的服务。又如，跨境物流行业环节多，而且每个环节又有多种选择（干线运输可以选择海运、空运甚至铁路运输），同时客户运输的商品不同（带电产品、化妆品、抛货等）、运输目的国不同，对于时效、价格的要求也不同。由此可见，跨境物流的需求层次也是多样的。

4. 物流可控性较弱

在跨境物流全链条所涉及的众多环节中，存在诸多不可控因素。出口国海关的查验、商品检疫局的检验、国际航班的不准时、目的国海关进口的报关等，这些都是物流服务商无法控制的，中间有任何一个环节出了问题，就会带来长时间的、不确定的延误。而且，物流信息的透明性也弱于国内物流。目前，国内电商物流信息可以实时查询，物流信息的交流效率高。然而，跨境物流中由于商品在不同国家或地区间流转，英语或小语种被普遍使用，加之存在时差问题，被跟踪的物流信息有时只知道是否到达目的地国和预期交货时间，很多情况下货物的具体运输细节不是很清楚，不仅运输时间长，还容易丢包。

5. 涉及关务和税收问题

跨境物流涉及清关、关税和增值税等关务和税收问题。由于每个国家的海关和政策不同，对每个国家的出口需要遵循目的地国的政策，而清关又必须由收件人清关，如果当地海关不予货物通过，一旦产生关税，则需要收件人去缴纳税金清关，如果金额较大，收货人可能不去清关，选择拒收货物。这样，滞留在海关的货物就要由发货人来处理。如果退货，将导致高退货率，而且可能产生高额退货运费；如果不退货，只能选择销毁货物，不仅带来货物损失，有时还需支付销毁费用。

知识拓展

报关与清关

- **报关**：又称申报，是指进出口货物装船出运前，向海关申报的手续。按照我国海关法的规定，凡是进出国境的货物，必须经由设有海关的港口、车站、国际航空站，并由货物所有人向海关申报，经过海关放行后，货物才可提取或者装船出口。
- **清关**：又称结关，习惯上又称通关，是指进出口或者转运货物出入一国的关境时，按照各项法律法规与规定应当履行的手续。清关只有在履行各项义务，办理海关申报、查验、征税、放行等手续后，货物才能放行，货主或申报人才能提货。同样，载运进出口货物的各种运输工具进出境或转运，也均需向海关申报，办理海关手续，得到海关的许可。货物在清关期间，不论是进口、出口或转运，都是处在海关监管之下的，不准自由流通。

11.3.3 跨境电子商务物流的分类

根据参与主体不同，跨境物流主要包括 B2B 跨境物流和 B2C 跨境物流两种类型。

1. B2B 跨境物流

B2B 跨境物流具有单票价值高、批量大、供需相对集中的特点，因而与传统国际贸易物流相似。目前，传统国际贸易物流运作较成熟，物流操作流程相对简单，成本也较低。虽然 B2B 跨境物流的采购频次较传统国际贸易有所增加，同时单次采购额有所减少，而且物流链条覆盖范围有所延长，但总体而言，B2B 跨境物流模式与传统国际贸易大同小异，大都采取传统的海运模式。

2. B2C 跨境物流

B2C 跨境物流具有订单碎片化、高频次、单批品类多的特点，对物流服务商提出更高要求,物流成本也较高。与传统国际贸易物流及 B2B 跨境物流不同,B2C 跨境物流的物流过程覆盖国内——揽收、跨国端——干线、进出口——关务、海外段——海外仓配等环节,流程环节更多。物流配送需求直链 C 端消费者,因此相比传统国际贸易及 B2B 跨境物流,B2C 跨境物流碎片化、小批量、高频次,物流服务难度大大提升。由于跨境电商卖家数量众多且分布各地,这对物流企业的销售网络团队及前端揽货响应能力都提出了较高要求。因而,传统国际贸易物流的操作模式已经无法适应订单碎片化、服务链条长、时效要求提升、服务定制化、抛货为主的 B2C 跨境物流。

由于 B2B 跨境物流与传统国际贸易物流运作流程相近,运作模式也较为成熟,可采用航空、公路、铁路、水路和保税仓等模式,其中水路模式使用最为广泛。而 B2C 跨境物流因其订单碎片化、批量小、单批品类多,运作复杂,成本高,需新的跨境物流模式与之配套。因而,下文将对 B2C 跨境物流模式进行重点论述。

11.3.4 跨境电子商务物流的模式

在跨境电子商务市场中,商品突破了国家界限,通过跨境物流实现商品在不同国境间的流通。伴随着跨境电子商务模式的日益规范和成熟,跨境物流模式也日渐趋于正规化、合法化和多样化。与传统国贸易物流区别较大的 B2C 跨境物流,根据进出口方向可进一步细分为 B2C 进口跨境物流和 B2C 出口跨境物流两大类。

1. B2C 进口跨境物流模式

我国 B2C 进口跨境物流有直邮进口、保税进口和转运三种模式。

1)直邮进口模式

直邮进口模式是指跨境电商企业将商品存放在海外仓库,待消费者下单后,通过国际物流公司配送,经我国海关清关后,配送至消费者。该模式的特点为满足纯正海淘客户群的需求,原汁原味;货量小但货品价值高;到货周期较长;串货矛盾小。婴儿食品、护肤品、保健品、奢侈品,是直邮的主要商品。

直邮进口模式的优势为操作简单,且货品丢失、破损甚至被偷换的风险相对较低,货物从消费者下单且支付完成后才会从发出国发出,有完整的国外及国内的物流轨迹。劣势在于目前直邮大多由国际快递公司承运,需要海关和商检,且运费很高;支持跨境直邮服务的境外购物网站相对较少。

实践中,直邮进口模式有商业快递直邮和两国合作直邮两种形式。商业快递直邮是由 FedEx、UPS、DHL 和 TNT 四大商业快递公司承运,其运输流程如图 11-5 所示。两国合作直邮模式则根据承运人性质的不同,又细分为通过万国邮联渠道和两国快递公司合作运输渠道。通过万国邮联渠道(UPU 框架),国内外的承运人都必须是万国邮联的成员,国外承运人包括美国邮政、英国皇家邮政等,国内承运人为 EMS。两国合作直邮流程如图 11-6 所示。

商业快递直邮和两国合作直邮两种直邮的优劣势比较分析如表 11-1 所示。

2)保税进口模式

保税进口模式是跨境电商企业将尚未销售的货物整批发至国内保税物流中心,再进行网上的零售,消费者在电商平台上下单付款后,电商平台向海关系统进行申报,海关放行后保税仓根据订单将商品打包并由国内快递送达消费者。其流程如图 11-7 所示。以保税进口进行海淘,货物从国内出发,与国内电商快递时效相近,基本 3 天内就能到达。在税收方面,保税模式收取行邮税,而非进口税+增值税,且 50 元以下税额免税。2013 年起,跨境电商试点在上海、杭州、宁波等各大城市迅速展开，其中保税进口被认为是未来海淘最具潜力的商业模式。保税进口是大宗货品进口跨境电商的主要渠道，也是跨境电商进口量最大的渠道，周期短，响应速度快，若与自贸区政策结合，成长空间巨大。

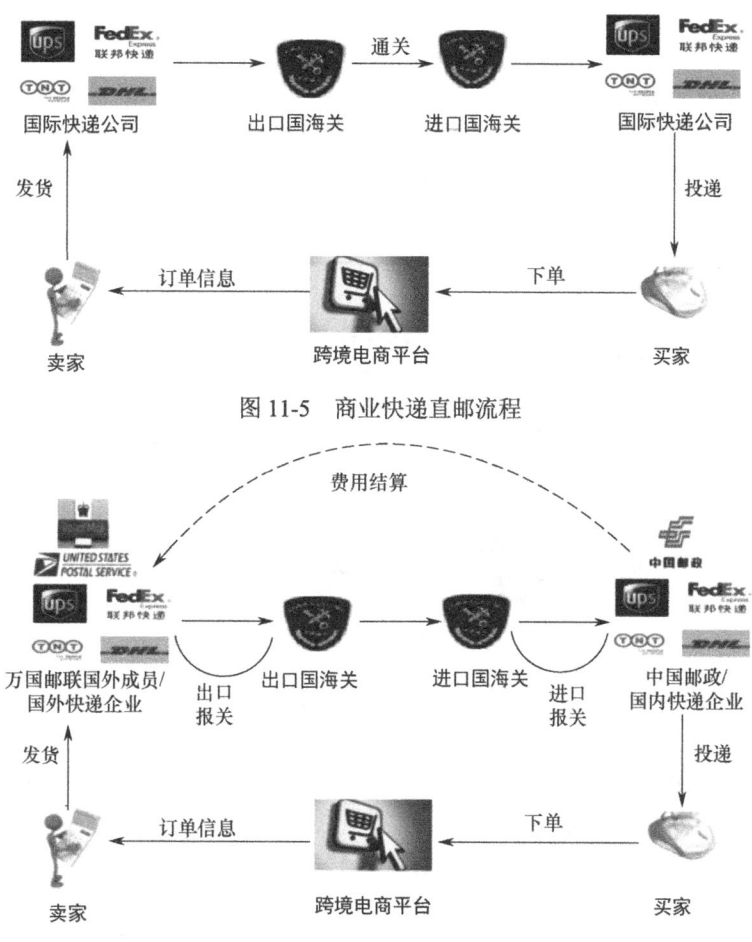

图 11-5　商业快递直邮流程

图 11-6　两国合作直邮流程

表 11-1　商业快递直邮和两国合作直邮的优劣势比较分析

直邮形式	承运人	优势	劣势
商业快递直邮	FedEx、UPS、DHL 和 TNT 等商业快递公司	• 安全性较高。全球网络下的时效性和配送环节的安全性是四大快递公司的核心竞争力。从国外到国内全程由四大商业快递公司自行配送，能够保证服务质量 • 清关速度快。报关时，四大快递公司往往自行报关，并与海关实现数据对接。在海关的三个报关系统中，四大快递公司属于清关速度最快的快件系统	主营业务是商业快递，在包裹的跨境运输上没有明显的价格优势

续表

直邮形式	承运人	优势	劣势
两国合作直邮	万国邮联渠道成员或国外快递企业与国内快递企业	• 万国邮联走邮政清关途径，批量报关，缩短了清关时间；包裹的抽检率也要低于其他方式 • 两国快递公司合作类似于 UPU 框架，但区别在于两国的快递企业不受万国邮联公约的约束，重视价格和时效性，往往是邮政或信誉良好的快递企业	物流时效性不高

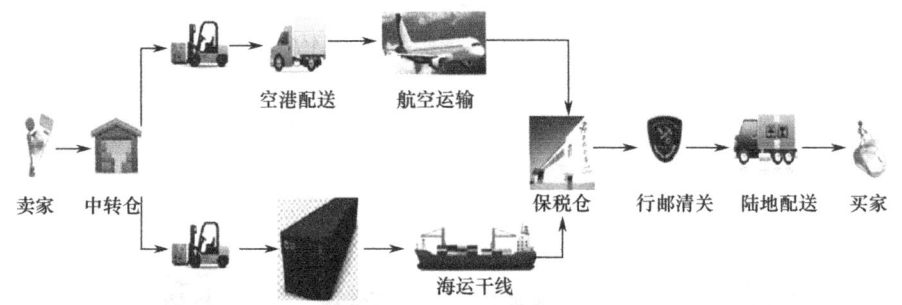

图 11-7 保税进口模式流程

保税进口模式与传统物流全程串联的形式不同，其优势在于实现了跨境运输补货与国内货物发送的并联进行，大大降低了客户的等待时间；受到海关的严格监管，各流程信息公开透明，能够更好地保证跨境商品的质量及消费者的利益；明确了电商企业"清单核放、汇总申报"的报关模式。电商企业先按照清单通关，海关通关系统会定期汇总清单并形成报关单进行申报，避免了传统通关中每批货物通关都要走一遍完整流程的窘境。保税进口模式的缺点在于适用的品类有限，库存风险高，因需提前大批量备货，一旦发生预测的偏差则很可能直接导致库存减值。

3）转运模式

转运模式是指跨境电商企业先把货物集中到转运公司的海外仓，转运公司负责运输到目的国港口及清关的物流模式。货物清关后先存在国内仓库中，消费者在网站购买后再发货。转运是目前主流的海淘物流方式，但由于消费者需在网上搜索转运公司，且转运公司灰色通关会导致消费者的税负不确定，对希望便捷且合法的主流消费者而言，转运模式过于复杂且存在法律风险。转运主要分为转运公司参与寄递、报关企业参与寄递、灰色转运三种形式。

（1）转运公司参与寄递。转运公司参与寄递主要有两大原因：境外不提供直邮服务和直邮费用过高。转运公司作为中介，为消费者在境外签收货物，再将货物发回国内。转运公司参与寄递的流程如图 11-8 所示。转运公司参与寄递，首先需选取合适的地点租用房屋做仓库；然后建立网站，搭建 IT 系统，为每个注册用户分配一个唯一的名字，用来收取和管理货物；最后还需签约合适的中转货运公司发货回国。转运公司的收益主要来源于通过揽收再寄递货物赚取中间差价和提供货物的增值管理。转运公司一般按照重量收费，从海外有若干线路回国，如天津口岸、重庆口岸、上海口岸、广州口岸，还有港澳线。

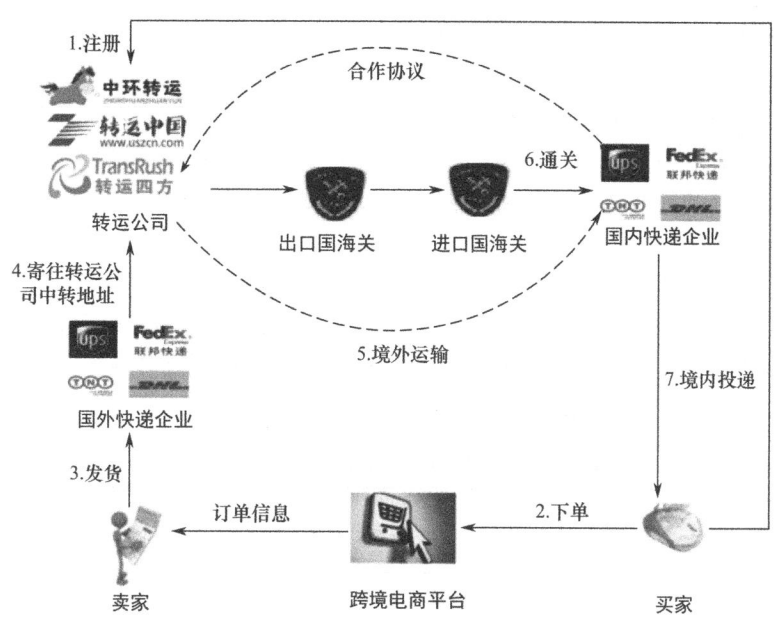

图 11-8 转运公司参与寄递的流程

（2）报关企业参与寄递。报关并不是寄递企业的核心业务，但却是跨境电商寄递服务中最复杂的环节之一。报关环节对整个寄递服务的时效性、可达性和费用等都有影响。报关企业参与寄递本质上是两国快递合作寄递和转运公司参与寄递的延伸，这两种模式下的报关环节一般为专业报关企业承担。报关企业参与寄递，在寄递服务方面并没有独特之处。报关企业参与寄递的流程如图 11-9 所示。

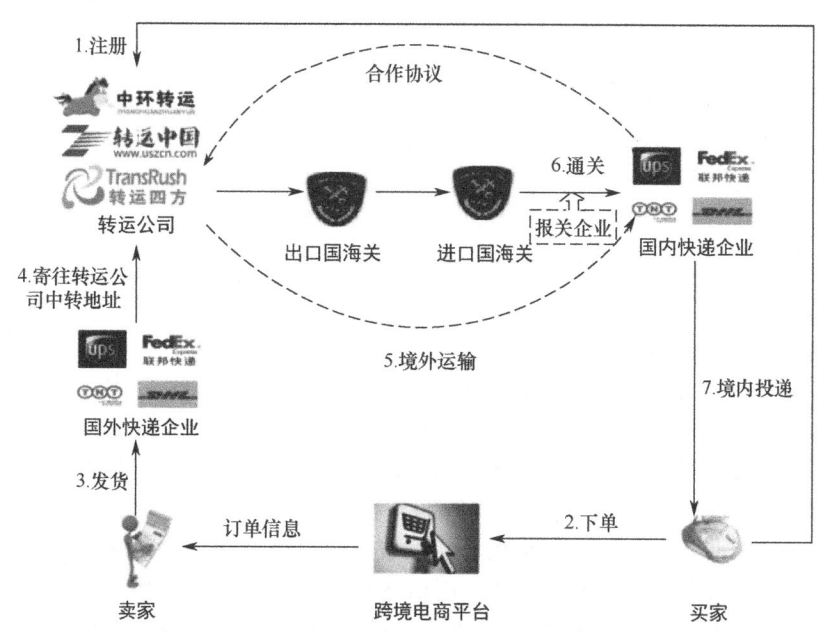

图 11-9 报关企业参与寄递的流程

（3）灰色转运。在进口跨境电商发展的早期，由于尚未建立与跨境进口电商相应的处理机制，在人力等方面也投入不足，面临大量涌入的海外个人物品，通关效率较低，这就滋生了一批行走在灰色地带（避税）的小型转运公司。这些小型公司提供的"特殊转运"服务，并不符合个人物品跨境购物的入关模式，却因收费低廉，成为个人海淘物品入关的途径之一。这些公司在报关过程中掌握一些核心资源，常以包税进口和补贴税金的方式吸引客户，实际上却是规避关税。这些小型转运公司通过避税降低跨境物流成本，但安全性与时效性没有保障，这与国家一直鼓励阳光化清关的政策相悖。随着跨境电商的发展，我国海关已不断采取措施提高通关效率，灰色转运几无生存空间。

三种进口跨境物流模式下的物流时效、快递费用、通关速度等都有较大的区别，详情如表 11-2 所示。跨境电商企业可以根据实际情况选择合适的模式。总体而言，随着跨境电商的发展，转运模式将会大幅度减少，直邮进口模式和保税进口模式因各有特色，可以满足不同类型消费者的需要，将会在较长的时间内共存。

表 11-2　三种进口跨境物流模式比较分析

B2C 进口物流模式	直邮进口	保税进口	转运
运作模式	国际快递全程配送、清关	货物先集中到保税仓，待商品售出后再清关、国内配送	货物由转运公司运送及清关，再转由国内物流商配送
查询方法	根据单号去国际快递公司官网或第三方物流平台查询	对接保税仓、跨境电商通关服务平台查询相关信息，对接第三方物流平台查询国内物流信息	在转运公司网站查询或在第三方物流平台查询
物流时效	较慢	快	较快
快递费用	高	低	较低
通关速度	较慢	较快	较慢

2．B2C 出口跨境物流模式

在 B2C 出口跨境电商发展初期，邮政小包与国际快递模式发挥了重要作用，在跨境物流运作模式中的使用比重最大。随着跨境电子商务的快速发展，为了更好地满足跨境消费者的多样化需求，国际专线物流、海外仓等新型跨境物流运作模式不断涌现。目前，常用的跨境物流运作模式主要有邮政小包、国际快递、国际专线物流及海外仓四种。

1）邮政小包

邮政小包是指通过万国邮政联盟体系实现货物的进出口运输，多采用个人邮包形式进行发货，以邮政体系为商品实现跨境物流的载体。邮政小包的重量在 2kg 以内，外包装长宽高之和小于 90cm，且最长边小于 60cm。通过邮政空邮服务寄往国外的小邮包，主要分为普通小包和挂号小包两种。前者费率较低，邮政不提供信息跟踪查询服务；后者费率稍高，可提供网上信息跟踪查询服务。邮政小包邮寄方式主要有以下渠道：中国邮政小包、香港小包、DHL 小包、瑞典小包、马来西亚小包、瑞士小包、新加坡小包、荷兰小包等，通邮全球 224 个国家和地区。邮政小包在目前跨境电子商务 B2C 出口业务中使用最多，也是海淘与海外代购最常用的跨境物流模式。以我国为例，据不完全统计，目前跨境电商中有超过 60%的商品是通过邮政小包运输的。邮政小包模式流程如图 11-10 所示。

邮政小包比其他任何物流渠道的网络覆盖面都广，其使用的邮政网络基本覆盖全球，且操作方便、过程简单。邮政为国有企业，有国家税收补贴，因而价格较低。但其通常以个人行邮物品进出境，因此不便于海关统计、投递速度较慢、丢包率也较高，且非挂号件难以查询信息、追溯进度。邮政小包对货物体积、重量、形状等方面限制性较高，如含电、粉末、液体等特殊商品无法通过正常方式在邮政渠道实现通关。在一些国家通关政策变化的影响下，邮政小包的优势受到挑战，如俄罗斯宣布从 2015 年 1 月 15 日起停收邮政普通小包，美国从 2014 年 11 月起逐渐停止扫描邮政小包。因而，邮政小包适合时效性要求不高、体积小、重量轻的商品。

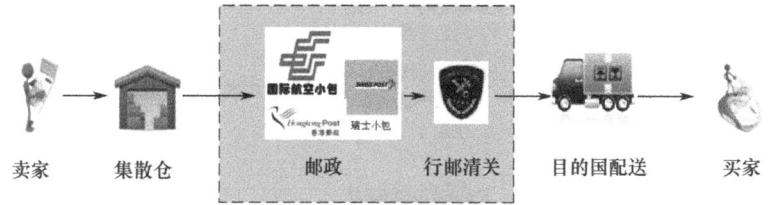

图 11-10　邮政小包模式流程

2）国际快递

跨境电子商务业务中常用的另一种跨境物流模式是国际快递。国际快递是指货物通过国际快递公司实现在两个或两个以上国家或地区之间的物流与配送活动。其流程如图 11-11 所示。全球性国际快递公司主要有 UPS、FedEx、DHL、TNT 和 ARAMEX 等；中国知名的快递公司也拓展了国际快递业务，包括 EMS、顺丰速递、申通、韵达等。这些国际快递服务商通过自建的全球网络，利用强大的 IT 系统和遍布世界各地的本地化服务，为跨境网购的用户带来了较好的物流体验。国际快递包裹重量分实际重量和体积重量两种，国际快递服务商以两种重量中较大的一项为计费依据，并在货物包装方面要求较高。国际快递可以根据不同的客户需求，如地域、货物种类、体积大小、货物重量等，选择不同的渠道实现货物运输与速递。

图 11-11　国际快递模式流程

国际快递与邮政小包相反，具有速度快、服务好、丢包率低的特点，能够实现报关、报检、保险等辅助业务，支持货物包装与仓储等服务，可以实现门到门服务及货物跟踪服务，尤其是发往欧美发达国家非常方便。比如，使用 UPS 从中国寄包裹到美国，最快可在 48 小时内到达；TNT 发往欧洲一般 3 个工作日可到达。但是，国际快递价格昂贵，且价格资费变化较大，特别是在一些国家或偏远地区收取的附加费较高。国际快递也会遭遇一些国家的限定，尤其针对货物种类方面，有些货物在一些国家会成为禁运品或限运品。在美国，一些货物被列入国际快递的禁运目录，如新鲜、罐装的肉类与肉制品，以及植物种子、蔬菜、水果、非罐装或腌熏的鱼类、鱼子等。一般跨境电子商务卖家只有在客户强烈要求时效性的情况下才会使用国际快递，且会向客户收取运费。

3）国际专线物流

国际专线物流一般是通过航空包舱、铁路专线、港口专线等方式将商品运输到国外，再通过合作公司进行目的国的派送，也是较常用的跨境物流方式。其流程如图 11-12 所示。国际专线物流因其能够大批量集中到某一特定国家或地区的货物，通过规模效应降低成本，因此价格一般比国际快递低。在时效性方面，国际专线物流稍慢于国际快递，但比邮政小包速度快。目前，国际专线最常见的物流线路包括美国专线、欧洲专线、澳洲专线、加拿大专线、俄罗斯专线等，有很多物流公司也推出了中东线、南美线。EMS 的"国际 E 邮宝"、中环运的"俄邮宝"和"澳邮宝"、俄速通的"俄罗斯 Ruston 中俄专线"都属于国际专线物流所推出的特定产品。

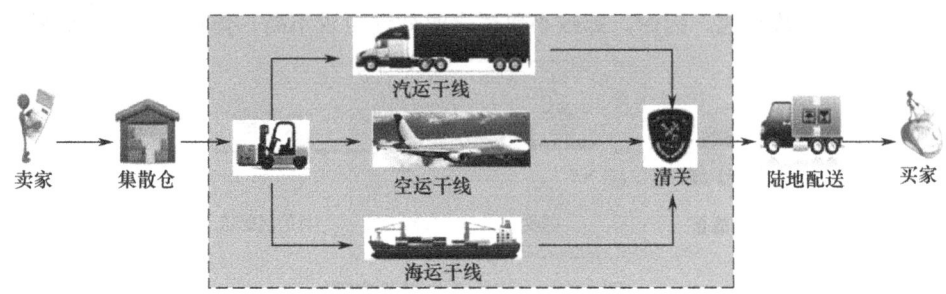

图 11-12　国际专线物流流程

国际专线的优势在于操作灵活，通关能力强，时效快，丢包率较低且服务稳定，可以全程物流跟踪信息查询，价格比商业快递便宜，且大部分地区无须收取偏远地区附加费。与邮政小包相比，国际专线物流的劣势在于运费成本较高，而且国际专线物流的揽收范围有限，覆盖地区有待扩大。因此，国际专线物流适合运送专线覆盖区域内的高价值或时效性要求高的物品。

4）海外仓

海外仓也称海外仓储，是伴随跨境电子商务快速发展新兴起的跨境物流模式。海外仓是指跨境电子商务企业在卖方所在国之外，尤其是在买方所在国租赁或建设仓库，通过国际货运方式，预先将所售商品运至该仓库，然后通过跨境电子商务平台进行商品展示与销售，在接到消费者下单后，商品从该仓库进行出货、物流与配送活动。其流程如图 11-13 所示。跨境电子商务的发展与需求创新推动了海外仓的出现，海外仓是解决跨境物流困境的一个有效方案，也是跨境物流发展道路上的一个突破。海外仓模式自出现后得到广泛关注，从事跨境电子商务业务的企业纷纷建立海外仓，用于解决所面临的跨境物流难题。海外仓可为卖家在销售目的地进行货物仓储、分拣、包装和派送的一站式控制与管理服务，包括头程运输、仓储管理和本地配送三个部分。头程运输是跨境电商卖家通过海运、空运、陆运或者联运将商品运送至海外仓库；仓储管理是跨境电商卖家通过物流信息系统，远程操作海外仓储货物，实时管理库存；本地配送是海外仓储中心根据订单信息，通过当地邮政或快递等陆地配送方式将商品配送给买家。

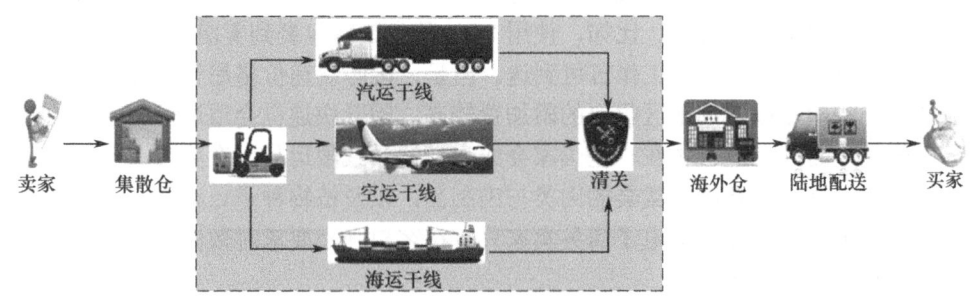

图 11-13　海外仓跨境物流流程

海外仓具有其他跨境物流模式不具备的很多优势：能够实现集中大批量商品运输，发货周期缩短，发货速度加快，既有利于降低跨境物流成本，又有利于提高跨境物流效率，还可有效地解决通关与商检问题；可提供灵活可靠的退换货方案，通过本地化服务提高跨境网购消费者的购买信心；可以降低不同国家所带来的汇率、税费、文化、习俗、语言等风险。此外，海外仓可以帮助卖家拓展销售品类，突破无法经营"大而重"商品的发展瓶颈。但是，海外仓也存在一定的不足，即适用范围和覆盖范围均有限，对卖家在供应链管理、库存控制和动销管理等方面提出了更高的要求。因此，不是任何产品都适合使用海外仓，对于库存周转快的热销单品和体积大或超重等大件物品可以选择使用海外仓。

除上述 B2C 进出口跨境物流模式外，伴随跨境电子商务平台（如阿里巴巴、京东等）的不断壮大，大平台的自建物流模式也将成为跨境物流的重要模式之一。此外，边境仓、自贸区物流等新兴的跨境物流模式也将为跨境买卖双方提供更多的选择。

课后自测习题

一、选择题

1. 绿色物流的终极目标是（　　）。
   A．可持续性发展　　　　　　B．节约资源
   C．保护自然资源　　　　　　D．保持自然生态平衡
2. 在传统物流的基础上结合运用人工智能技术，以此降低物流成本、提高物流运作效率的新型物流模式是（　　）。
   A．绿色物流　　　　　　　　B．智慧物流
   C．第四方物流　　　　　　　D．跨境物流
3. 智慧数据底盘技术不包括（　　）。
   A．物联网技术　　　　　　　B．大数据技术
   C．人工智能技术　　　　　　D．区块链技术
4. 通过中邮小包给法国客户发非圆筒形包装的商品，单边长不能低于（　　）。
   A．20cm　　　B．16cm　　　C．14cm　　　D．9cm
5. 下列不属于跨境电商物流与内贸电商物流区别的是（　　）。
   A．增加了语言和报关等服务　　B．增加了代理类物流企业
   C．增加了保税仓等基础设施　　D．增加了现代物流信息技术的投入和使用

二、名词解释

1．绿色物流　　2．智慧物流　　3．保税进口　　4．海外仓

三、论述题

1. 电商企业开展绿色物流管理可采取哪些主要措施？
2. 试述跨境电商与跨境物流的关系，并分析各 B2C 出口跨境物流的优缺点及适用范围。

案例分析

福州瀚海携手斑马海外仓　突破家具产品跨境物流瓶颈

福州瀚海主营特色小家具，产品为可自由组合形状的柜子和台子等。这种产品非常符合欧

美人钟爱的DIY，因为欧美人经常会有搬迁需求，需要便携拆装的生活用品。瀚海目前已有十多年的传统贸易经验。

这两年，瀚海发现传统贸易的局限在于只能批量出口给目标国家的进口商，赚取一些批发利润和获得一些出口退税，而进口商在当地进行高附加值的零售。所以，瀚海开始思量独立进行海外市场的零售业务。

瀚海雷厉风行，短短一年时间就在亚马逊、eBay、速卖通等平台搭起了店铺，还自建了平台官网，受到许多终端买家的关注，随之有了销售订单。然而，一单单需要从国内直接派送到国外，这样的模式面临着发展瓶颈。

首先，家具属于出口需要商检的产品，以前传统贸易进行整柜出口批量商检，而现在单件跨国件需要单个商检，流程烦琐，耗时耗力。

其次，每一票从国内直发海外的时效过长，经常导致客户的抱怨，终端客户认为不如购买本国当地商家的产品更方便，至少时效更快。

再次，到达目标国家后，如果清关产生关税，经常会找收件人进行支付，这让终端客户颇有意见。

最后，一旦遇到买家需要退货的情况，会非常麻烦，因为好不容易运到国外，又要退回国内，还要重新发给客户，来回共计三次跨国运输，要经历六次海关商检。

基于以上种种问题，海外直销之路走得并不顺畅。但携手斑马海外仓后，客户就得到了一套完善的跨境物流解决方案。

首先，使用头程批量海运出口方式将商品直发斑马海外仓，由于批次出口统一进行了商检，解决了商检烦琐等问题，并且也获得了原本传统贸易的出口退税（单件跨国快递件不能获得国内出口退税）。

其次，商品存储于各国海外仓，一旦有订单，直接从当地仓库发给买家，时效比原本国内直发大大缩短，并且进口关税已在头程端进行了处理，故终端买家不会再遇到被要求付关税后拿货的情况，等同于和当地的同行站在了同一起跑线上。

最后，退货服务也可以做得有声有色。终端买家不需要的商品可以退回海外仓，重新从海外仓发出一个买家需要的商品，而这个买家所不需要的商品依然可以重新进行销售，卖给其他买家，完全没有物流和清关的压力。

随着近两年来瀚海与斑马的紧密合作，目前各地仓库都有大量的库存（国内仓库也不需要布置库存，变相减少了国内的成本支出）。斑马美西仓和美东仓的库存可辐射全美市场，由于美国购买力较强的市场区域主要在东西两线，故两边仓库的库存哪边离终端买家更近，就从哪边发货；德国仓的库存可以辐射全欧盟市场；澳洲仓的库存可以辐射整个澳新市场。

通过电商物流和跨境电商的完美配合，以及海外仓模式和海外零售业务的有机结合，打造出了规模庞大的出口商——瀚海。

资料来源：福步外贸论坛。

请阅读上述材料，回答问题：

（1）结合案例分析福州瀚海为何选择海外仓服务。

（2）福州瀚海与斑马海外仓合作后获得了哪些利益？

参考文献

[1] 韩良晨. 电商物流发展趋势展望[J]. 中国国情国力，2020（3）：9-11.
[2] 刘钊. 浅析电子商务环境下物流模式选择[J]. 西北工业大学学报（社会科学版），2017（4）：34-38.
[3] 林路. 电商环境下零售退换货物流管理模式研究[J]. 农村经济与科技，2020（6）：88-89.
[4] 张东峰，张晓敏. 电子商务模式下退换货逆向物流发展策略探讨[J]. 新经济，2016（4）：43.
[5] 陶丽娟，张丽婷. 电子商务下逆向物流模式选择[J]. 商场现代化，2016（1）：32-33.
[6] 朱海波. 基于电子商务的第三方逆向物流信息系统设计[J]. 物流科技，2008（1）：82-83.
[7] 余利娥，马亲. 基于电子商务的逆向物流系统设计研究[J]. 科技经济市场，2011（5）：5-6.
[8] 杨路明，吴彦艳，等. 电子商务物流管理[M]. 2版. 北京：机械工业出版社，2013.
[9] 谢明，陈瑶，李平. 电子商务物流[M]. 北京：北京理工大学出版社，2020.
[10] 马佳琳. 电子商务云计算[M]. 北京：北京理工大学出版社，2017.
[11] 王帅，林坦. 智慧物流发展的动因、架构和建议[J]. 中国流通经济，2019（1）：35-42.
[12] 龚英. 电子商务物流[M]. 北京：科学出版社，2019.
[13] 张铎. 电子商务物流管理[M]. 4版. 北京：高等教育出版社，2019.
[14] 欧伟强，钟晓燕. 电子商务物流管理[M]. 北京：电子工业出版社，2018.
[15] 刘萍. 电子商务物流[M]. 3版. 北京：电子工业出版社，2016.
[16] 魏修建. 电子商务物流[M]. 3版. 北京：人民邮电出版社，2017.
[17] 朱长征. 电子商务物流[M]. 北京：北京理工大学出版社，2016.
[18] 黎继子. 电子商务物流[M]. 北京：中国纺织出版社，2016.
[19] 刘助忠，周敏，等. 供应链管理[M]. 长沙：中南大学出版社，2016.
[20] 马士华，林勇，等. 供应链管理[M]. 5版. 北京：机械工业出版社，2016.
[21] 但斌. 供应链管理[M]. 2版. 北京：科学出版社，2017.
[22] 汝宜红，宋伯慧. 配送管理[M]. 3版. 北京：机械工业出版社，2016.

反侵权盗版声明

电子工业出版社依法对本作品享有专有出版权。任何未经权利人书面许可，复制、销售或通过信息网络传播本作品的行为；歪曲、篡改、剽窃本作品的行为，均违反《中华人民共和国著作权法》，其行为人应承担相应的民事责任和行政责任，构成犯罪的，将被依法追究刑事责任。

为了维护市场秩序，保护权利人的合法权益，我社将依法查处和打击侵权盗版的单位和个人。欢迎社会各界人士积极举报侵权盗版行为，本社将奖励举报有功人员，并保证举报人的信息不被泄露。

举报电话：（010）88254396；（010）88258888
传　　真：（010）88254397
E-mail：dbqq@phei.com.cn
通信地址：北京市万寿路 173 信箱
　　　　　电子工业出版社总编办公室
邮　　编：100036